楞伽經詳解

——第四輯

平實導師 著

ISBN 957-97840-6-X

自序

《楞伽阿跋多羅寶經》簡稱《楞伽經》，是大乘佛教中極重要之經典；既是法相唯識宗之根本經典，亦是中國禪宗開悟聖者自我印證及悟後起修之依據經典；故初祖菩提達摩大師以此經典連同佛缽祖衣一併交付二祖慧可大師，以為傳法印證。禪者可依此經建立正知正見，避免錯悟大師誤導參禪方向，未來證悟可期。

二者禪宗證悟之人，欲求上進而入初地，必讀此經。佛於此經詳述破參者應進修之知見，指示佛子依此升進初地，成眞佛子，是名實義菩薩，是故悟者必讀此經。

然此經典文辭古樸，艱深難會，證悟之人亦多不解，何況未悟錯悟之人？是故古今大師雖然多有註釋，皆類未悟錯悟諸師依文解義，難得佛旨。現代佛子古文造詣粗淺，又兼未曾證悟，不解佛意，以致發心印經之時，斷句錯誤之處極多，讀者轉更難解；有鑑於此，末學乃予重新斷句，依所悟證如來藏之體驗觸證而作白話闡釋。雖遵佛語，不得明說密意，然已巧用方便，隱於字裡行間，佛子若有緣者，或可依此契證。

此《楞伽經詳解》原於民國八十四年（一九九五）八月十一日起，對我正覺同修會之會衆演示，迄八十六年九月廿六日圓滿。講時手持經文直敘，不預繕講稿，亦不參酌他人註釋。後經譚錦生等同修多人，依錄音帶整理成文，歷時年餘方告竣工。然欲付梓時，發覺太過口語，有時兼有語病，不宜付印；乃由末學依諸同修之謄稿，親自重繕；雖稍有文章氣，而較具可讀性。

復次，此經講畢迄今，已歷二年；二年後之今時，因貫通三乘經論，及慧學增長迅速故，亦不能滿意二年前所說之內容，故作許多增刪，期望能對佛子有更大之利益。然亦因此，必須逐册親自重繕，分期出版，無法一次出齊；又因增述故，雖於每册增加篇幅，可能仍須增為八至九册，方能圓滿，合並敘明。

此《楞伽經詳解》，不作學術上之科判研究，亦不飾文，唯欲引導佛子大衆直入楞伽寶城，故依經文直解為主，避免學術研究之繁文考據；亦盡量不引他經以釋此經，令諸佛子直接獲得此經之意趣。

又考慮讀此詳解者，多係年屆不惑之學佛者，視力較弱；爲免傷眼，乃捨棄花俏討喜之仿宋字體，改以平實易讀之明體字，並加大一級；編排上儘量避免擁擠，紙色亦避免太白太暗，以方便年長者長時間連續重複閱讀；此諸貼心之安排，期望對您有所助益。

此套詳解即將陸續出版，於此簡敘出版因緣，普願有緣佛子早見大乘道；見道已，復依此詳解，速入楞伽寶城，貫通三乘佛法；因之造序，述余私心，普願鑑燭。

娑婆菩薩戒子　蕭平實

時惟西元一九九九年早春序於頑嚣居

張序

民國八十四年夏，余師　平實先生承多位明心見性弟子之再三懇託，請師開示悟後起修之法及成就佛道之次第；余師爲利益廣大衆生及增益彼等見地計，乃假石牌某精舍及正覺講堂開講《楞伽經》，每週宣講二小時，合計八十七講，前後時間長達一年半。

師宣此經雖有錄音，僅供無暇聽課之同學自修使用。然講述未迄，忽聞師云：「譚錦生師兄已經整理好了十講。」每講約有一萬五千字，此是何等廣大之自動發心！整理講稿，必須逐字逐句反覆聽聞撰寫，工程十分艱鉅，有諸同修甚至必須整月時間方能謄寫一卷帶子。爾後，由於譚師兄之發心感動諸多同修，紛紛響應支援，投入整理行列者約有四、五十位；如此之善緣促成往後《楞伽經詳解》之誕生；亦印證了「菩薩發心，如影隨形；一念慈悲，成就廣大佛事。」

後因余師抬愛，令余先行過目已整理文稿，將講演時之口語去蕪存菁，順成文字稿，並分段落標點，以俟來日整理成册。

八十七年秋，所有稿件彙總，前後貫串，義理了然，深感佩余師因長年之弘法利生及無盡悲願，修證不斷向上提升，智慧深利，乃能廣演如此深妙之經典。若能成書發行流通於世，必將利益此時後世無量佛子。余師觀察因緣既熟，囑余將已順好之稿子付呈再作潤飾。不意時經二月，余師閱後竟謂余曰：「以前講得太淺了，我打算重寫！」余大驚詫，私心自謂：「阿彌陀佛！如此洋洋灑灑一百三十萬字，如何重寫呢？」內心驚疑：「如此浩大的工程，一人獨自重繕，何年何月方能竣工？」爾後數月，余於弘法之餘，常聞余師講述其重繕之進度。累牘長篇竟然改頭換面，一改口語講述之冗長繁複，轉化成精湛洗鍊之文字；不僅文詞更爲流暢明確，法義之陳述更是深入井然，令人歎爲觀止。不禁感歎：「需要何等的悲心與智慧？方能成就如此大事！」

《楞伽經》之主要宗旨，乃爲佛子詳述八識、五法、三自性、七種第一義、七種性自性、二種無我。細述阿賴耶識與七轉識間之關係及體性、明心後修道之原理與次第、以及如何以所證之如來藏爲根本，漸漸斷除現業流識，地地增上之道理。

佛法知見淺薄如余，詳閱余師重寫後之《楞伽經詳解》，對於一切有情生命之本體—如來藏阿賴耶識、異熟識、無垢識之體性有更深入之瞭解；對於七轉識之流注生滅也有更細膩之體驗，乃至對於可經由修行淨化染污之種子……以及如何邁向初地乃至佛地，在在具足信心與願力。際此末法，亂象叢生、眞僞莫辨之際，《楞伽經詳解》問世，必有力挽狂瀾之效，得以護持宗門正法日益光大，免於斷絕。

於整理文稿過程中，印象最深刻者，乃是其中二十八講全部都在講「妄想自性」，闡述凡愚衆生不明眞如體性，無法證得眞如，每每認空明靈知之意識心爲眞如，不知不見眞如之非一非異於空靈明覺之意識心，墮於一異斷常邊見；故爾反覆演述，鉅細靡遺，可謂老婆至極。

眞實之理，必須可以觸證、可以檢查論辯驗證；若非眞有修證，誰能如此詳實深入演述如來藏圓滿深妙之法義？若非眞有修證，誰能於定慧二門作如此條理分明、義理了然之剖析？佛法修證，決不可能單憑個人一生之意識思惟而得，必須多生累劫永無休止之聽聞熏習、努力修持方可得致。

於《楞伽經詳解》即將陸續出版之際，為護持余師弘揚正法故，乃不揣淺陋，提筆為文介紹緣起概略，供養諸方大德；尚祈十方善信大德皆具慧眼，普能揀擇解行並具之眞正善知識，同修第一義諦妙法，同證菩提，共成佛道。

菩薩戒子張正圜　敬序

公元一九九九年初夏於正覺講堂

學佛之目標有二：一為親證解脫果，此應修學二乘菩提之解脫道；二為親證佛菩提，此應修學大乘法之佛菩提道。然大乘之佛菩提道中，已函蓋二乘所修之解脫道，是故直接修證大乘佛菩提道，便可同時證得二乘菩提之解脫道功德；由是緣故，大乘學人只需直接修學大乘佛菩提道，便能達成學佛之真正目標。

佛菩提道之修學，應求大乘般若之見道；見道已，便得次第進修而正式進入初地通達位，然後可入修道位中，次第邁向佛地。大乘般若之見道，即是禪宗之破初參明心——親證本來離念、本性清淨之自心如來藏。欲求親證如來藏者，應依真正之善知識修學。真善知識之助人見道，所言所授之法，必須有明確之次第與確實可行之法，學人方有得悟之可能。若親近假名善知識，雖有大道場、大名聲、廣大徒眾，然所說所授者皆屬似是而非之法，縱使學人以畢生之身口意供養之，所得唯是常見與斷見本質之相似佛法而已，必將浪擲一世於相似佛法上，殊堪扼腕！

「大慧！如是意生身，得一時俱：菩薩摩訶薩意生身，如幻三昧力自在神通，妙相莊嚴聖種類身，一時俱生；猶如意生，無有障礙。隨所憶念本願境界，爲成就衆生，得自覺聖智善樂。」

疏：《「大慧！像這樣的三種意生身，可以同時現起：菩薩摩訶薩之意生身，如幻三昧力自在所得神通意生身，妙相莊嚴聖種類身，一時俱同生起；意生身之現起，猶如意念之生起一般，無有障礙。菩薩隨其所憶念之成就衆生本願及其所証得之境界，爲了成就衆生而証得自覺聖智善樂，以意生身，生於諸佛國土諸聖衆中而化度之。」》

「菩薩摩訶薩意生身」：簡稱意生身，此謂菩薩於見道前已曾修得禪定（譬如戒定直往之六住菩薩修得三禪）以及五神通者，以未見道故，其定未與無漏相應，不成無漏妙定，故唯有神足通，不能成就菩薩摩訶薩意生身。然於見道後，其禪定漸漸轉爲無漏妙定，功德增上，令其產生菩薩摩訶薩意生身，能至兜率天親從彌勒菩薩受法。有神通之俱解脫阿羅漢唯得神足通，不得意生身。見道之菩薩摩訶薩或得不得，悉非一定；若未証得禪定，或有禪定而不修神通者，皆不得此意生身。此是七地以前所得意生身。

「如幻三昧力自在神通意生身」：亦名「如實覺知諸法相意生身」，此是八地菩薩所得如幻三昧意生身，不通七地以下及二乘無學。此由菩薩具足三地所修之四禪八定、四無量心、五神通已，復具足前述四種修行無間之大方便，具足心意識五法三自性……二無我智已，復轉捨之；亦由世尊傳授「引發如來無量妙智三昧」之功德加持，如實覺知諸法相已，成就八地如幻三昧；依此三昧力而得自在神通意生身。已如實覺知諸法相者，方能証得如幻三昧；已得如幻三昧者，即能証得此意生身。証此意生身者，於相於土皆得自在，但起作意即能任運變現，無須加行，非如七地菩薩變相變土時尚須加行，非能任運。

「妙相莊嚴聖種類身」：此謂九地菩薩之莊嚴報身也，亦名種類生無行作意生身，簡稱變化身，能隨意變化不同種類之有情身相而度衆生；此是九地菩薩至究竟佛地所皆有之出世間果報。戒定直往之地上菩薩及戒慧直往之三地滿心菩薩有二種法身：法性身及應化法身，此是出世間果報。法性身者，以法性藏識爲本體，集藏第一義諦實相般若慧法，應緣能雨大法水，普潤衆生，以能集藏故名爲身，是名法身。菩薩修諸善根，感此實智法身，次第漸修至九地已，應緣能現六道有情凡夫身乃至佛身而度衆生，隨意變化，是名應化法身，即是妙相莊嚴聖種類身，由實智法性身生故。

然戒定直往之初地滿心菩薩，或戒慧直往（依華嚴經十地品次第而修）之三地滿心菩薩，尚有世間果報：若願受世間果報者，初歡喜地有百寶瓔珞七寶相輪，成四天王，萬子爲眷屬；現一百應化法身，於百佛國中度化十方天下衆生。二、離垢地有千寶瓔珞八寶相輪，爲忉利天王，二萬子爲眷屬。三、照明地有萬寶瓔珞九寶相輪，爲焰天王，眷屬無量。四、明焰地有億寶瓔珞十寶相輪，爲兜率陀天王，眷屬無量。五、難勝地有天光寶瓔珞十一寶相輪，爲化樂天王，眷屬無量。六、現前地有摩尼寶光瓔珞十二寶相輪，爲他化自在天王，眷屬無量。七、遠行地，有千色龍寶光慧瓔珞十三寶相輪，爲梵天王，眷屬無量。八、不動地，有梵師子寶光瓔珞大應寶相輪，爲光音天王，眷屬無量。九、善慧地有不可思議寶光瓔珞白雲光寶相輪，爲淨天王，眷屬無量。十、法雲地，有百萬神通寶光瓔珞無畏珠寶相輪，爲淨居天王，眷屬無量。十一、等覺地有千萬天色寶光瓔珞覺德寶光相輪，成三界王，一切菩薩爲其眷屬。十二、妙覺—究竟佛地，有無量功德藏寶光瓔珞千輻相輪，成法界王，一生補處菩薩爲其眷屬。

若不受世間果報者，乃至九地，亦唯有輪寶及妙相莊嚴聖種類身，不受天王及世間眷屬果報。此妙相莊嚴聖種類身是其報身，若生於天法界者，報身恒現不滅，輪寶恒在足下，或坐或立，動止俱行，依之能至十方佛國。若依大悲願受生人間者，此九地菩薩之莊嚴報身及其輪寶皆不現行，示同凡夫肉身行來去止，唯身光有異爾；須俟欲謁此土他方報身佛時，入等持位中，方現莊嚴報身及與輪寶。

戒定直往菩薩於六住位中已得三禪定力，並修得五神通者，入第七住眞見道已，無漏妙慧與定相應者，唯得第一種「菩薩摩訶薩意生身」；戒定直往之未入地菩薩於等持位中所能現者，其意生身之大小及莊嚴相，隨其定力及慧差別有異；隨身悉有輪寶，共有三種：習種性位菩薩，有銅寶瓔珞輪寶；性種性位菩薩，有銀寶瓔珞輪寶；道種性位菩薩，有金剛寶瓔珞輪寶。依《華嚴經》

五十二階位次第修行之戒慧直往菩薩，未入三地前皆不修禪定及五神通，乃至三地住地心中，悉無菩薩摩訶薩意生身，亦無輪寶，須至三地即將滿心時方有；唯除曾於初地滿心時得佛加持者。

「如是意生身，得一時俱：菩薩摩訶薩意生身，如幻三昧力自在神通，妙相莊嚴聖種類身，一時俱生；」九地滿心菩薩於此三種意生身，得同時俱現，各行其用：或從佛受法，或度有情。八地住地心菩薩，成就「如幻三昧力自在神通意生身」，唯能令如幻三昧力自在神通意生身及菩薩摩訶薩意生身一時俱生。戒定直往之七住菩薩至七地止，唯有菩薩摩訶薩意生身；未修禪定及五神通之戒慧直往菩薩，乃至已成三地入地心之聖位菩薩，此意生身亦無；是故不得以有無意生身及輪寶爲証聖之唯一根據。

「猶如意生，無有障礙。隨所憶念本願境界，爲成就衆生，得自覺聖智善樂。」上述三種意生身，隨意來去，山河石壁不能障礙。亦能隨其所憶念之初地本願，爲護正法、爲度衆生，猶如意去，現身於諸佛國聖衆之中，成就衆生，如是名爲得自覺聖智善樂菩薩。

「如是，菩薩摩訶薩得無生法忍，住第八菩薩地，轉捨心、意、意識、五法、自性、二無我相身，及得意生身，得自覺聖智善樂。是名菩薩摩訶薩成就四法，得修行者大方便。當如是學。」

疏：《「如是，菩薩摩訶薩得初地無生法忍，復進住第八菩薩地。進入第八地已，轉捨心、意、意識、五法、三自性、二種無我等法相執著，以及証得八地意生身，証得自覺聖智善樂；如是名爲菩薩摩訶薩成就四法，獲得修行者大方便。菩薩應當如是修學。」》

菩薩眞見道後不退者，成摩訶薩已，得勝解行，於佛所說經及菩薩所說論，以及上位菩薩所開示法義，能得勝解，則知修道進階，依十住如幻觀、十行陽焰觀、十迴向如夢觀，修學本經所說心、意、意識、五法、三自性、二無我法；起增上意樂，發十無盡願；起聖種性，離凡夫性，方入初地，以道種智故得初地無生法忍。

然成初地無生法忍聖已，仍須世尊加持，於大乘照明三昧中，爲現一切身面言說，成滿地心；復須地地進修，次第增益無生法忍，至七地念念入滅盡定已，寂靜極寂靜境界中，蒙世尊加持，授予「引發如來無量妙智三昧」，成就如幻三昧，生起如幻三昧意生身；而如幻三昧之成就，須以五地蘊處界有之假相觀，及六地七地之眞如實相無相觀，依世尊所授「引發如來無量妙智三昧」成就如幻三昧意生身，入中道實相第一義諦觀，從此以後現相現土皆悉作意任運，不須加行，是名八地解脫道之無功用行。

六七二地之眞如實相無相觀，即是深觀藏識之「心、意、意識、五法、三自性、七性自性、七第一義、二種無我」諸法之細相，如實觀已即能捨之；以此緣故得証念念入滅盡定，恒住寂靜極寂靜境中，欲入無餘涅槃；是故世尊觀察因緣，授予三昧，令入八地作如幻三昧觀行而起如幻三昧意生身，如是名爲菩薩得自覺聖智善樂。

一切大乘眞見道菩薩皆當如是修學，莫墮狂禪，莫隨於《六祖壇經》之方便說法，以佛自居。何況如宜蘭自在居士之尙未見道凡夫，而欲破我法，以八地如幻三昧誘我早期同修，謂彼已証，能授他人；此名大妄語也。眞見道尙無，七住位未階，奢言能証能授八地如幻三昧，奢言悟後不必修行，而派人入我會中興風作浪，導致《正法眼藏—護法集》之出版；猶如跳樑小丑之班門弄斧也。一切佛子皆當以此爲鑑，莫墮狂禪，以免招來後世無窮業障道障。大慧既見此過而問，世尊亦依此緣而示，一切佛子莫墮狂禪，悉應依循佛語，悟後如實修行。

爾時大慧菩薩摩訶薩復請世尊：「惟願爲說一切諸法緣、因之相。以覺緣、因相故，我及諸菩薩離一切性有無妄見。無妄想見，漸次俱生。」

疏：《此時大慧菩薩摩訶薩又復請求世尊：「至誠希望世尊爲我等演說一切諸法緣相及因相。以覺悟一切諸法緣相及因相故，我與諸菩薩都可以遠離一切法有無之虛妄邪見。無『虛妄想』之見地，便可以因此逐漸次第生起，乃至滿足生起。」》

「一切諸法緣因之相」：前來世尊與大慧菩薩往復酬答，已經宣說佛子見道修道直至八地境界次第；然此八地境界次第、乃至初地境界次第，皆非淺學粗証之眞見道位七住菩薩一蹴可幾，何況未見道之錯悟凡夫，知見不具，基本定力未立，云何能知？是故大慧菩薩爲諸初悟之阿毘跋致菩薩，重新問佛，請佛宣示一切諸法緣因之相；佛子若能解了萬法緣相及因相，則能漸漸發起擇法覺分，遠離「一切諸法有」，遠離「一切諸法空」等虛妄見。由能遠離一切諸法有無等虛妄想故，無虛妄想之眞正見地，將會漸漸有次第的全部出生，成就道種智，成就通達位之無生法忍，捨離外聖內凡位，成初地聖；隨復次第進修，漸至八地成就自覺聖智善樂。而此進程悉依深解一切諸法緣因之相，方能轉進。是故一切眞見道位之外聖內凡菩薩，悉當探究一切諸法緣因之相，莫墮狂禪之中──猶如臨濟義玄禪師早期之志得意滿，以免障道。

佛告大慧：「一切法二種緣相，謂外及內。外緣者，謂泥團、柱輪、繩、水、木、人工，諸方便緣，有瓶生；如泥瓶，縷疊、草蓆、種芽、酪酥等方便緣生，亦復如是；是名外緣前後轉生。」

疏：《世尊告訴大慧菩薩：「一切法中有二種緣相，此謂外緣相及內緣相。外緣相者乃說：由於泥團、柱子輪盤、繩索、水、木材、人工，諸種方便施設之外緣，所以瓶罐碗盤產生；猶如泥瓶之產生一般，縷織所成細疊、草編所成之蓆、種子浸泡成芽、乳汁轉成之酪與酥等，由於各種外緣方便而生之道理，亦是一般無二；此即名爲外緣前後轉生。」》

一切法者函蓋山河大地水火風土外法，及有情五陰十八界六入內法，名爲一切法。外法形成之緣即是外緣，內法形成之緣即是內緣。

世尊以泥土所成之陶瓶說明外緣：由於泥團、木柱、輪盤、繩索、水、木材，加上人工之施爲運作，各種方便外緣，方能有陶瓶之前後次第產生，供人裝水使用。縷疊、草蓆、種芽、酪酥等物亦復如是，悉由各種方便外緣而前後次第產生；如是有情身外之物所形成之緣，即是外緣。了知外緣相，則知外法無常—從無而有，衆緣所成；緣散則滅，終歸無常。菩薩眞見道已，當依藏識見地爲根本，觀外法無常，悉從外緣生故，以此觀行，成就世界如幻觀。是名外緣相，十住菩薩之所成就。

「云何內緣？謂無明、愛、業等法，得緣名；從彼生陰界入法，得緣所起名；彼無差別，而愚夫妄想；是名內緣法。」

疏：《「如何是內緣？此是說無明、渴愛、業種等內緣法，而得內緣之名；從彼無明等三法，導致藏識生起五陰十八界六入諸法，而得到內緣所起之名：受想行識；彼無明愛業三法實無差別，受想行識四法亦無差別，而無智愚人、外道凡夫依之作虛妄想；這就是內緣法之相。」》

衆生不明藏識空性離見聞覺知，無得無失；錯以五陰十八界六入諸法爲實有法，依此無明而生渴愛，貪求三界諸法，造諸善染衆業，恒不捨離，遂致後有種子聚集於藏識之中，輪轉受生於三界六道；世世死已，皆求來世五陰，復又受生，故說無明渴愛業種三法名爲陰界入內法之緣；若人能離陰界入內法三緣，執著斷盡，即出輪迴，成無學果。而此三緣彼此無異，業種由身口意行而生故，身口意行由貪愛而生故，貪愛由無明而生渴求故，是故無明渴愛業種三法無有差別，悉依無明而起故，聲聞初果及七住菩薩咸知三法無差別。

緣所起名亦無差別：內緣所起之名，即是受想行識，合稱爲名；內緣所起色，即是色陰；合名與色，即是五陰人我。受想行識四法亦無差別，以有色陰五色根故，合意根末那共有六根；六根具故能觸六塵，名爲六入；六塵六根即名十二處，以六入十二處故六入諸法生焉；六入諸法相分於根塵觸處，六識生焉；六識既生，合意根末那識，則識陰具足；識陰具足，便有苦樂及不苦不樂受產生，受陰生也；受陰生已，便有覺知苦樂之心，是名想陰；想陰生已，隨有欣厭及不欣不厭心生，是名心之行陰；若造口業，即成口之行陰；若造身業，即成身之行陰；行陰起已，五陰具足。若歸結之，緣所起名皆因識陰所起，是故受想行識四法亦無差別，爲便衆生知曉其理，分說爲四。

緣所起名—受想行識，以及色陰，皆由無明渴愛及業種而生；此生乃前後次第轉生，非一時頓生；爲欲令諸衆生解知其理，世尊施設爲五陰十八界六入，方便宣說，爲諸愚痴凡夫方便施設，令知出離三界生死之理；其實皆是八識心王及其心所法等運作而生之現象，菩薩依其所証藏識而生之見地，觀察諸識於陰界入內法中之運作：猶如渴鹿追逐陽焰，不了其幻；如實現觀成就，則陽焰觀成就，成十行滿心菩薩。

愚痴凡夫同彼密宗應成派自續派諸中觀師，不了此理，執識陰內法及其心所有法，以爲常住不壞之法，故令自身及諸徒衆墮於定境，以欲界定爲禪；被定中別境心所法所迷，以彼境界作涅槃想，說住其中即是輪迴涅槃不二，猶如渴鹿不了陽焰虛妄，作水性想；藏密四大派諸祖亦復如是，被定境意識心所法迷惑，不知此是心所法陽焰，猶自心喜，著作密續，向諸徒衆宣示此境即是輪涅不二之境；如是名爲妄想，因不知不解內緣法而生。眞見道菩薩依十住十行次第所修，復於十行位中數數觀行，以如實現觀諸心所法如陽焰故，十行滿足，轉入初迴向位廣修菩薩六度萬行。

「大慧！彼因者有六種，謂當有因、相續因、相因、作因、顯示因、待因。」

疏：《「大慧！一切法緣因之因，有六種，也就是當有因、相續因、相因、作因、顯示因、待因。」》

如上二段佛語乃說如幻觀及陽焰觀；於如幻觀中，說「一切諸法緣因之相若能現前觀察了知，即能遠離一切法有、一切法無之妄想分別，亦能遠離無妄想見之頓生或漸生之虛妄分別」；佛說欲修如幻觀及陽燄觀者，應當觀察「緣、因」二相。並說二相中緣有二種：外緣及內緣。並已為吾人說外緣如幻，虛妄暫有；並說內緣猶如陽焰，依無明、愛、業等法而生內緣；以內緣故生五陰十八界六入等法，陰界入法名為「內緣所起」，乃如來藏大種性自性與集性自性合起之法。愚痴凡夫不曉陰界入虛妄，作眞實想；不知陰界入由如來藏中所藏無明、愛、業法種內緣而生，更不知無明等三法種猶如陽焰，幻有不實，致生諸行輪轉生死。

然若唯有外緣內緣而無因者，不能導致生死業感輪迴，故必定有緣與因配合，方能成就衆生顚倒妄想而有輪迴，故佛說緣之後，復說六種因。

「當有因者：作因已，內外法生。相續因者：作攀緣已，內外法生陰種子等。相因者：作無間相，相續生。作因者：作增上事，如轉輪王。顯示因者：妄想事生已，相現作所作，如燈照色等。待因者：滅時作相續斷，不妄想性生。」

疏：《「當有因的意思是說：已經造作『有』因以後，內外法就會出生。相續因是說：由於所作諸法攀緣完成後，所產生的內外法，及五陰法的各類種子等。相因是說：所作事相不間斷，而產生所作事將會相續出現的勢力。作因是說：已作增上之事，成爲未來產生增上果的因，如轉輪聖王。顯示因是說：虛妄分別等事生起以後，於相上顯現能作與所作，猶如燈光照顯一切色相等。待因是說：一切法若令滅而不起時，能作所作相不再相續，即能生起不虛妄想性。」》

「一切法因緣生，一切法因緣滅」，乃是虛妄想，非第一義諦，乃是三乘凡夫及外道之不如實見；但卻已爲如今娑婆世界之全部佛教徒所信受不疑，乃至奉爲最究竟佛法；大慧菩薩爲當時後世佛子計，故意提出此一問題，求佛開示「一切法緣、因」相之妄想見，導歸正見。是故佛於解說外緣內緣虛妄後，又欲解說六因之虛妄；欲說六因虛妄前，當先解釋大乘凡夫及二乘凡夫所說六因。何以故？阿含經中說二乘有學無學悉知涅槃有本際故，悉知涅槃非斷滅空故。

「當有因」：諸三乘凡夫亦謂此因爲生因。彼等諸人認爲有情受來世五蘊有之原因，乃因造作了導致來世五蘊有之因，所以必受後世有，此已造之因即名當有因。謂前世所造當有因配合內緣外緣，故生此世五蘊；意即凡夫妄想當有因、內緣（無明、愛、業）、外緣（父母四大飲食），三者和合而生此世或來世五蘊。妄想凡夫不肯承認有執持無明愛業種七識種之如來藏，亦不承認有能持母胎中受精卵之如來藏。

「相續因」：諸三乘凡夫說：「由於往世在有爲法上之攀緣而作諸業行，作已即依內外緣而生此世陰界入諸種子，所以輪迴生死」，而不承認有第八識如來藏爲持種識。

「相因」：三乘凡夫認爲有情於世間事相之連續不斷熏習，作相無間，則由此有爲法相之作業無間相，將導致來世於有爲法作相之相續現起勢力—有爲有作法相之執著性及喜樂性；由此勢力故，必致後世輪迴，此勢力即是後世之生因，名爲相因。此諸人等不信有如來藏是後世生因、是一切法之生因，單取相因爲來世之生因。譬如印順法師《以佛法研究佛法》三三九頁三至五行之邪見，即是「相因」，此處姑置不論，留待《宗通與說通》書中再敘。

「作因」，亦名「能作因」：謂前世作增上因，能作此世增上果之因；如往昔世供養世尊、擁護正法……乃至佛滅後起舍利塔等，能作多世之增上果，成爲有大福報之人，多世爲轉輪聖王。以爲作增上因即得配合外內緣而得增上果，而不知須有如來藏持種去至後世，方能成就後世增上果。

「顯示因」：三乘凡夫認爲五陰具足已，只須覺想分別等虛妄想之心相出現之後，即能顯現境相之能作與所作；妄謂顯示因如燈之以明照色等。此諸人等不知須有如來藏之一至八識種流注爲因緣、方能顯現境像及能作所作，若爲說之亦不信受。

「待因」，亦名「觀待因、相待因」：此謂一分佛法修行者認爲：修行之道即是令心不動不轉，則一切法相悉皆滅而不起，此時能作與所作之相續即斷；作相續既斷已，不虛妄想之眞性即可出生；而不知此時仍是意識境界，非是眞性。此不妄想性生之因，觀待於作相之相續與否而生，故名待因。

「大慧！彼自妄想相愚夫，不漸次生，不俱生；所以者何？若復俱生者，作所作無分別，不得因相故；若漸次生者，不得相我故，漸次生不生；如不生子，無父名。」

疏：《「大慧！那些墮於自心虛妄分別相的愚人，他們所說外緣內緣及因、以及一切法，都不是次第漸生，也不是一時俱生；爲什麼這樣說呢？如果外內緣及諸因與一切法是同時頓生的話，那麼能作的緣及因、與所作的一切法，便應沒有差別，求所作之因相—能作—不可得故；如果是次第漸生的話，則不可能有具相的我之故，漸次生法是不生的；譬如尚未生兒子，就沒有父親之名可得。」》

「大慧！彼自妄想相愚夫，不漸次生，不俱生；」云何佛說三乘凡夫及一切外道名爲「妄想相愚夫」？云何謂彼等所說「六因及內外緣生一切法」爲妄想？

此謂外緣非一時俱生而頓生瓶，如泥團、柱輪、繩、水、木、人工及諸方便緣，故泥瓶漸生，非一時俱生也；人之五蘊亦復如是，因、內緣、父母緣、四大緣、飲食緣……故前後轉生五蘊，十月乃成，故五蘊非一時俱生頓生也。內緣亦非一時俱生；無明、愛、業等內緣法，於往世形成時，亦是外緣前後轉生，非一時俱生也。云何非頓生？觀前所述六因之由，即知皆非頓生。是故，若有三乘愚人言內外緣皆是一時頓生者，即是虛妄想。

復次，若有三乘愚人言內外緣是漸次生者，亦名妄想，何以故？此謂一切內外緣皆依如來藏而有，若無共業衆生之如來藏，尙不能有身外山河大地之地水火風，何況能有泥瓶？而如來藏非漸次生而有，乃是本有。若無如來藏執持無明種、愛種、業種、七識種及自身種……等，尙不能有此世陰界入身，何況能有無明等現行？而如來藏非漸次生而有，乃是本有，故不得謂有漸次生。

若有三乘愚人聞余此言，復言：「是則如來藏應名頓生。」此亦妄想，各各有情之如來藏自無量劫來不曾滅壞，云何有生？既無生，云何有頓生漸生之別？故非一時與五蘊俱生，亦非漸次生；古印度有外道謂「持種識因五蘊故有，死已壞滅」，非正說也，拙著《眞實如來藏》中已具述其必須能往來三世，而後能成就世間及出世間法之理，此不重述。

六因亦名虛妄想；有情衆生之生因—當有因—於受生時固因已經具足而不得名無，亦是衆生來世受生之因，故名當有因；然其有也，不能外於如來藏而自有；其現行也，不能外於如來藏而現行。何以故？謂生因（當有因）具足已，若無如來藏之不別善惡利害體性心在，則此當有因是何人所持而至中陰身中現行？若無如來藏持此當有因，豈眞有情造當有因已，由虛空執持？虛空無法，因物之無而顯；既是無法，云何能持當有因？而印順法師不承認大乘經所說異於外道神我之如來藏，無視於大乘經中亦說外道神我爲生滅法，而否定如來藏；然，則當有因應由虛空執持；不然，則無能持當有因者，應一切有情皆無因生，同於唯物論之唯憑父母緣而生。如是，印順法師否定如來藏之說，進退失據，非眞實理，自墮愚夫妄想相中。

「相續因」亦名二乘凡夫之妄想；非獨相續因及外內緣即能成就有情之受生也，何以故？此謂相續因乃由不間斷之熏習而成就其相續之勢力故。熏習者，必須有能熏與所熏，方成熏習事；能熏者謂見聞覺知等六識及處處作主之意根末那識，所熏者謂如來藏（如來藏非是外道神我；外道神我之體性即是前七識性故）；由能熏之七轉識造作身口意事業，諸業作已，生來世之陰界入諸種，此諸種子須有同時同處之如來藏方能受熏；若無如來藏受熏，則熏習種子隨熏隨失，無有集存所熏種子者，相續因即不得成就，一切善惡業行悉無果報，無有持業種者故；以有如來藏之無覆無記性故，與能熏七識同時同處能集藏故，種子不散不壞，故相續因成就；不應離如來藏言相續因，否則必墮外道法中——或成常見外道，或成虛空外道；所說相續因，名爲妄想。

「相因」亦是三乘愚人妄想；有情於往世，雖因世間有爲法相之造作無間相，導致此世對有爲法相之執著好樂，然其作業無間相之熏習勢力，仍需由如來藏執持，方能於此世現行。勢力又名業性、又名功能差別、又名種子、又名界故；若如印順法師及密宗應成派中觀師之否定如來藏、說無如來藏者，則彼等所說相因即不能成就，無如來藏能持熏習所成勢力故，意識唯有一期生死故，意根不能持業故。若否定如來藏而言相因能成就者，名爲妄想。

「作因」亦名「能作因」，亦名「增上因」，亦是二乘愚人墮處，亦是凡夫外道墮處。此謂三乘愚人未見道時，不斷我見我執，無異凡夫及與外道，誤認覺知心作增上福業已，即可成就來世可愛增上異熟果報，如轉輪聖王。然覺知心作已，尚須有「無覆無記性心」持增上業種去至後世，方得受增上果報；此世所作方得成爲後世之作因，此無覆無記性心即是第八識如來藏。然諸三乘凡夫及與外道不知正理，妄以作因及內外緣即能成就來世增上妙果，而否定自身本具之如來藏，名爲妄想。

「顯示因」亦是三乘愚人之妄想；凡愚謂覺知心（前六識）現行已，即有覺想分別，故能顯示六塵而有受報果相；然而此覺知心之覺想分別，非是眞正之顯示因；此謂覺想分別現行已，尚須有不壞之五根爲緣，尚須有如來藏依未壞之五根及意根而對現六塵方能現內相分六塵境，尚須有如來藏依意根之作意及思，而令覺知之前六識種流注於根塵觸處而有覺想分別，如是方能顯示六塵境及能見聞覺知之我，故說斷見凡夫及三乘愚人之否定如來藏、而單說覺知心是顯示因者，皆名妄想。

「待因」云何名爲凡夫妄想？謂諸三乘未悟之修行者起於邪見，妄謂覺知心於六塵境不動不轉，不作一切事業，住於定中，則一切法相悉滅不起，則能作與所作之相續隨斷，名爲待因已滅；謂如是修行，捨壽時即能以覺知心入無餘涅槃，成就解脫果。彼等已知：「於境運轉之覺知心與境相待」，欲令覺知心離六塵境獨存，自謂覺知心獨存時，名爲捨妄存眞、返本還源。此類邪見之人所在多有，大陸之顯者，如河北淨慧法師、上海王驤陸、元音老人、徐恆志，蜀地袁煥仙、義雲高，亦如故黃念祖居士等人，皆此流類；台灣之顯者，如中台山惟覺法師、宜蘭法禪法師（自在居士）、台北南懷瑾老師、法鼓山聖嚴法師、……等人，莫非如是。此外，密宗四大派修行者，不論古今祖師法王及隨學者，以及附密宗之民間信仰者如喜饒根登、釋性圓、釋性海等人，莫非如是，悉墮待因邪見之中。此謂覺知心本是觀待於六塵而有，因於意根末那識恆欲了別一切境而有；上述諸人妄謂「待因滅已，作相續斷，不妄想性生」，名爲破無明、斷無明，欲以此法求取解脫，如是名爲愚痴凡夫虛妄想。何以故？覺知心及作主心即是「我」故，即是聲聞法中佛說蘊處界有之識蘊故，佛說「蘊處界有、無常敗壞、念念變異」故，佛說「滅蘊處界有名爲涅槃」故，佛說「涅槃寂靜，無有覺知者，無有作主者」故，故說彼諸人等墮於待因，不解四阿含佛意，名爲愚痴凡夫妄想。

綜以言之：墮於內緣、外緣、六因等見者，皆墮「諸法緣因之相」中；彼諸人等或不知諸法如幻，或不曉覺知心如陽焰，妄謂諸法依於「因、緣」而有漸生頓生一時俱生等，皆名妄想相愚夫。何以故？謂一切法非漸次生、非一時俱生，皆因如來藏而生故；一切法因緣生者，皆依如來藏而因緣生故；一切法因緣滅者，皆因如來藏而因緣滅故；若如密宗黃教宗喀巴及歷代達賴法王依應成中觀而否定如來藏者，或如印順法師之否定如來藏者，彼等所說「一切法緣起性空」之「佛法」，嚴重誤解四阿含緣起正理及四聖諦正理，皆墮「諸法緣因相」邪見，所說外於第八識之緣起性空之中觀般若，悉皆不離諸法因緣漸生邪見，皆是「妄想相愚夫」也。

「若復俱生者，作所作無分別，不得因相故」：若謂諸法得一時俱起者，則能作與所作即無差別，則諸法悉皆無因也，則「諸法因緣起」之說即成妄說；譬如作因不得與轉輪聖王增上果俱起，今世作已，後世得果故；譬如貪等煩惱種，不得與相續因及相因俱起，前世於貪等煩惱作相無間，作已成就相因與相續因，死已中陰現行，於後世父母起顛倒想，因貪入胎；出胎成人長大已，又復起貪等煩惱，故一切人蘊處界所生萬法皆非一時俱生。若一切法俱生同起者，則一切法即無能作所作差別，即無因果相；然一切法必有因果相，一切法輾轉生起故。

「若漸次生者，不得相我故，漸次生不生；如不生子，無父名。」諸法固非俱生，亦不得因此而言「諸法漸次生」，何以故？所謂生者，有相之我方能有生故；生他法故方名能生故；猶如生子已，方得父母之名；若不生子，不得父母名。諸法俱依六因二緣，而由如來藏生，由是故說諸法非是能生之法，無有能生之我，云何所生諸法可言「先有我，而後生汝」？獨因獨緣、乃至因緣和合，皆不能漸次生諸法故，云何可言諸法漸次生？唯有如來藏是能生諸法者，除如來藏外，不得言別有他法能漸次生諸法或一時俱生諸法；如不生子者，不得父名。

「大慧！漸次生相續方便，不然；但妄想耳。因、攀緣、次第、增上緣

等，生、所生故。大慧！漸次生不生，妄想自性計著相故；漸次、俱不生。自心現受用故，自相共相外性非性。」

疏：《「大慧！漸次而生諸法、相續不斷方便而生者，是不正確的；只是虛妄猜想而已。又如有人主張蘊處界萬法皆是由四緣所生：因緣（諸法種子）、攀緣（所緣緣）、次第緣（等無間緣）、增上緣；這樣的主張也是凡夫妄想，因為這四法也是有生之法，非本來不生之法；這四法也是所生法——由如來藏所生故。大慧啊！諸法漸次生，或諸法緣起性空故不生，都是虛妄想像自性、及計度執著諸法相的緣故而有的妄想；諸法漸次生，及諸法一起俱生等法，實際上是不存在的。一切法都是自心如來藏所顯現而自受用的緣故，所以諸法自相、共相、及心外一切法，都不是眞實自在的體性。」》

「漸次生相續方便，不然；但妄想耳。」由以上所說正理，佛遂作一總結：「諸法由因與緣互相展轉漸次而生，生已又因相續故，方便再生諸法，是故延續不斷者；如此說法並非正確，我不以為然，這只是一種虛妄想而已，沒有意義。」

「因、攀緣、次第、增上緣等，生、所生故」：有一種法師居士，專作佛學研究，以研究佛法名爲學佛；他們不承認佛所說三轉法輪唯識諸經之如來藏法，否定如來藏而研究唯識，誣指如來藏同於外道所說神我，依此邪見而演說弘傳唯識學、乃至著作唯識學書籍。彼諸人等演繹唯識時，外於如來藏而說因緣、攀緣、次第緣、增上緣四法和合生一切法。此名邪見，非眞佛法；其理似是而非，學佛人雖衆，少有能知其謬者。

譬如印順法師云：《識與名色是同時相依而共存的，經文說得非常明白。……因爲入胎識是不通於六識的；說六識，一定是指認識六塵境界的了別識。……又依雜阿含經：「內有此識身，外有名色，此二因緣生觸，此六觸入所觸」看來，識與名色是主觀客觀的對立，經過感覺機關六入的聯合，才能生觸，觸是認識作用的開始；識是有認識作用的心識當體。總之，「二和生識，三和合觸」，是佛教的常談，用它來配合緣起支的次第，形式上總難免有些參差；倘能從多方面去解釋它，這「識、名色、六入、觸」四支的意義，也就顯而易見了。》（摘自《唯識學探源》頁一九—二一）

印順法師此說，嚴重錯解佛法也。此謂「識緣名色」之識，異「了別六塵」之識，印順法師竟將之混爲一譚，其謬大矣！分述如左：

一者：印老云「識與名色是同時相依而共存的，經文說得非常明白」，既如是，可見別有一識與名色「同時相依而共存」。色謂五色根，名爲意根及受想行識（六識）；如是，則吾人存活於世間時，於名色外必定別有能緣名色之識，此識當知即是第八識也；何以故？謂名色之內已具七識也──六識及意根末那識故。若名色已具七識，而別有印老所說「與名色同時相依而共存的」識，此識非第八識而何？云何印順法師於諸書中否定第七識及第八識？其理邪謬不通也！

二者：印老言：「因爲入胎識是不通於六識的，說六識，一定是指認識六塵境界的了別識」，既如是，顯見六識外別有入胎識，則印老即不應於書中否定第七識第八識，自語相違故，所宗不能成立故。何以故？吾人甫入胎時，在受精卵位中，乃至三四週內，色身之法尚未發展成眼等五根，唯有一團不斷分裂之細胞而已；既未具足五根，當知意識等六不能現行，眼等六識須依五根方能現行故。甫入胎之數週內，既無前六識，然仍有「識」所緣名色之「名」，當知此「名」必是意根末那識也。如是故知必有「第七識名」及緣「名色」之第八識也，印老自語已顯示此二識，云何復於諸書中否定第七第八識？由此當知其理邪謬、思想淺薄，乃竟時人為彼召開「印順導師思想研討會」，而聚衆褒揚推崇之，如是諸人豈非更為邪謬淺薄乎！

三者：既已證實有第七第八識，印老復認同佛說「識緣名色」之識，復謂六識「一定是指認識六塵境界的了別識」；今者現見一切有情甫入胎已，及住胎初期悉皆無有了別六塵之六識，而佛說於此際中仍有名與色，仍有「緣名色之識」，是知此識即是如來藏第八識也；第八識離見聞覺知、捨受相應故，於現實與佛說，二俱相符故。是故印老不應於《勝鬘經講記》中說言如來藏有覺知，佛未如是說故，諸證悟菩薩未如是說故，余諸同修證得如來藏時均已證實其無三界中之見聞覺知故。今者印老既認同佛說有「緣名色之識」，佛復說此識離見聞覺知，一向不作主而隨業漂轉，復又現見甫住胎位無有了別六塵境界之六識，則知必有能緣「受精卵色」及緣「末那意界名」之第八識，云何印老於別別書中說唯因緣即能出生一切法？此理不通也。何以故？若無能緣名色之第八識，受精卵必將爛壞，尚不能發展成形、具足五色根，云何能有了別六塵之前六識？云何而有胎生有情之出生？是故，十二因緣之一一因、一一緣，皆不得離於藏識而有；是故印順法師否定第七識意界及第八識如來藏識已，單說十二因緣之緣起性空者，其理邪謬，所宗不成，似是而非，非佛法也，云何衆人推之爲導師？依之修學？

四者：印老說「內有此識身，外有名色，此二因緣生觸，此六觸入所『觸』看來，識與名色是主觀客觀的對立」，既如是語，已自證明有七八二識，云何又自否定七八二識？自語相違？已自說有名色之七識及「對立」之另一識故。印老若謂其身中名色之名唯有六識、無意根末那識者，則違佛說十八界法，六根唯餘五色根故，則成十七界法，成爲印老之創見，不符佛說。印老否定第七八識之說，是耶？非耶？彼諸隨學者！請試說看！

五者：印老言：「經過感覺機關六入的聯合，才能生觸，觸是認識作用的開始；識是有認識作用的心識當體」，此說亦謬。其一：六入謂色等六塵入於名色，六入已方生六塵觸，感覺機關觸六塵入已，方生認識作用；非先由感覺機關聯合六入方生觸而生認識作用，乃由感覺機關觸六塵入已，然後生六識而了別六入六塵，若六識不生，則感覺機關亦不能辨別六塵入也。其二：人於眠熟位，六識見聞覺知心不現，故於外六塵無有覺知者，但仍有感覺機關存在而恆觸六入，是故若遇有人急喚，眠熟者之感覺機關即能喚起六識見聞覺知心而醒轉；六識心既斷已，無有之法不能忽然自生故，此亦印老自己所認同之見解故；六識見聞覺知心於眠熟位斷已成無，而又復能於他人急喚時再度現起，則知必有能感覺他人急喚之機關及能生六識見聞知心之識；此感覺機關由三合成：不壞之五根、能觸內法塵之意根末那識、能依不壞五根所觸五塵而生內相分六塵之第八識如來藏，若缺其一，則永眠熟不起；此說方符印老所說「又依雜阿含經『內有此識身，外有名色，此二因緣生觸，此六觸入所觸』」等佛意，印老曷可否定「內有此識身」之第八識如來藏？曷可否定「外有名色」之意根第七識？其三：「觸是認識作用的開始」，此觸意涵有三，非印老所知。首爲第八藏識之觸外相分五塵，次爲意根末那之觸內相分六塵，末爲藏識依意根之命所現六識之觸內相分六塵，不可如印老之單謂六識觸六塵也；何以故？若無前二觸，尚不起六識，何況能有六識與六入之觸？是故印老不應否定第七第八識而謗無如來藏。其四：「識是有認識作用的心識當體」一語亦有過失，謂「識緣名色」之識乃是第八識，無量劫來不曾起三界見聞覺知等認識作用，云何可說祂是認識作用的心識當體？印順法師若改謂「識是前七識認識作用的心識所依之當體」，則符佛說，名為正說；今者印老之說不符佛旨，名為邪說。

六者：印順法師言：「總之，『二和生識，三和合觸』，是佛教的常談，用它來配合緣起支的次第，形式上總難免有些參差；倘能從多方面去解釋它，這『識、名色、六入、觸』四支的意義，也就顯而易見了」；如是說法，錯誤連連，正是治絲益棼，無怪乎從學者愈學愈亂，離正法愈遠。「二和生識、三和合觸」雖是佛家常譚，然而少有眞知者，身為「導師」之印順，尚且錯解至此，餘諸後世末法佛子何能眞知眞解？如是，印老否定十八界中之意界末那識，復否定無常變易之十八界之根源—第八識如來藏，將如來藏視同外道神我，而單說無有意界（意根）、無有能持業種之第八識之十二因緣，則此十二因緣不能成立，一一有支悉成戲論；所說緣起性空中道之理論，悉墮斷見外道論與常見外道論中，悉名邪見。

今觀全球南北傳佛教大德，及密宗一切法王、活佛、巨聖，迄無一人能如實證解十二緣起支者，何況能知十二因緣所俱之法界實相涅槃心？是故佛於三乘法中俱言緣起之法甚深極甚深，以二乘緣起觀與大乘緣起觀互有異同故——二乘緣起觀共大乘故，大乘緣起觀不共二乘故。今者全球佛教最高修行者之印順法師，尚不能眞知二乘緣起，何況能知不共二乘之大乘緣起？而自謂彼之著作皆是義學、非爲玄學，余今觀之，悉是玄學，無一義學；未入二乘見道位故，尚且錯會十八界基本佛法故，未是聲聞見道之初果人故，執細意識爲涅槃心、墮於常見外道見中故。

諸方「大德」亦復如是，每多離於藏識而說四緣：因緣（諸法種子）、攀緣（所緣緣）、次第緣（等無間緣）、增上緣。其過不可謂小，分述如下：

若無藏識之阿賴耶性，因緣——七識種及諸業果種子——憑何而起？豈眞由無法之虛空所持而於吾人身中現行耶？抑由上帝造物主所持而於吾人身中現行耶？或如自然外道所說自然而有耶？是故因緣一切種，必有所依識；若非由個個有情各各自有之「唯我獨尊」之第八識而生因緣一切種者，其過失極多，行者但於因果、業行、流注、熏習、士用、異熟、離繫、所緣緣、增上緣等一一思之，自知其過；此處限於篇幅，且不一一列舉。

若無藏識所集七識種之攀緣性，云何佛說有「識緣名色」之入胎識？云何佛說吾人住世生活之名色十八界七識外別有駐於身中之有分識？若無能攀緣之入胎識，云何有入胎而住、無所覺知之住胎識？是故凡說攀緣法者，不論是說親所緣緣，抑說疏所緣緣，皆不得離於藏識、否定藏識而說所緣緣，否則必定悉墮七識妄心之所緣緣中，不能具知所緣緣也。

若無藏識之持種性及種子變易流注性，而言諸識之次第生、而言諸識心種之等無間緣者，悉墮無因論；何以故？既無藏識，阿誰持七識種而流注於根塵觸處？若無藏識持此識種流注而生，何能有見聞覺知之六識心？若無見聞覺知之六識心，阿誰見色聞聲乃至知法？如是，否定藏識已，單說次第緣（等無間緣）者，即墮無因論中，非佛法也。

若無藏識不分善惡之持種性，尚不能有三惡道有情之輪迴生死，何況能有轉輪聖王及菩薩可愛異熟果報？所熏習之此世一切善惡業行種子，無有能持者，作已即滅故；佛子所造一切增上業行之布施、禪定、般若等，悉皆唐捐其功，無有能持一切增上業行種子者故，十八界之六識界世世不相及故、死已永滅故，意根末那識非是能持種者故（詳拙著《真實如來藏》闡釋），意根界非能本來自在故。如是，否定藏識已，而說有來世菩薩可愛異熟果者，而言此世諸識之增上緣者，悉成戲論妄語；一切世間善惡業行悉成無有果報，何況能有增上果？則諸法師悉皆不必出家持戒、勤苦修行利生，無因無果故。

此段經文中，佛又開示此四緣者乃是「生、所生故」，既然因緣等四法皆是有生之法，有生之法必定歸滅，滅已復生；印老以如是生滅之法，外於藏識而言諸識所生萬法之漸次生已、能自行相續方便者，悉名妄想，妄想者所說不得言是佛法也，是故不應離於藏識而說因等四緣。

復次，此四法是「所生故」，既是所生，則必有能生此四法者；既有能生此四法者，則應於說此因緣四法時，依於能生之藏識而併說此四法，能生者是此四法之根本故。離藏識根本法而說四法者，唯能令知「虛妄唯識」七轉識妄心門，不能令知「眞實唯識」第八識眞心門之「眞唯識量」。如是而爲人開示「因緣、次第緣、攀緣、增上緣四法漸次生諸法相，相續方便不斷」及「滅已復生，相續方便不斷」者，悉名妄想；猶如不生子者不得父名，法亦如是，若無能生因等四緣之法者，不得名爲藏識；而今現見有能生因等四法者，可證有藏識；如見已生子者，可名之爲父也。

「大慧！漸次生不生，妄想自性計著相故；漸次、俱不生。自心現受用故，自相共相外性非性」：諸法不依如來藏而能漸次生，生已相續不斷，其實都是妄想自性計著相者之虛妄想像；又如印順法師諸書中，主張諸法皆是緣起性空，終歸壞滅空無，故名不生者；如是名爲將滅止生，非眞不生不滅者。不生不滅者，乃是本來不滅，是故不生，不可將滅止生而言不生也。

乃至諸法漸次生、諸法俱時生，如是法相永無可能生於三界中，故名「漸次、俱不生」。諸法藉因等四緣而可外於如來藏漸次生者，名爲妄想自性計著相。若言諸法藉因等四緣而可外於如來藏俱生者，亦名妄想自性計著相，現見因等四緣非可俱生，非不俱生故，亦見其不能自外於如來藏而漸次俱生故。若言諸法與如來藏俱生或漸次生者，亦名妄想自性計著相；現見諸法藉如來藏之因等四緣或俱生、或漸次生時，如來藏悉皆不滅不生故。是故佛言「漸次、俱不生」。

如前三輯中所述，一切法皆是自心如來藏所顯現：如來藏現起相分六塵，而復現起見分七識，七識共取藏心所現相分六塵，於中遂有苦樂憂喜捨受，六識於中覺知而名想陰；以想陰覺知故，於六塵法相中起諸行陰，以求捨苦得樂，遂至輪轉生死。凡此皆因對於「諸法皆是自心藏識所現，受用自心」之理不能證知，是故墮於諸法自相、共相及心外一切法中，而執以為實；不知自心藏識外一切法皆無眞實不壞之體性，彼等諸法之自相共相皆是虛妄，何可外於「眞實唯識門之自心藏識」而言「虛妄唯識門之六識虛妄」？更何況如印順法師之效法應成派中觀師，將「被生、所生」之意識妄心分為粗細意識，而執其細者為不生滅法乎？俱名愚人也，俱皆不解「自心現受用」，俱墮「自相共相外性非性」中也。

「大慧！漸次、俱不生，除自心現；不覺、妄想，故相生。是故，因緣作事方便相，當離『漸次、俱』見。」

疏：《「大慧！諸法漸次生及俱生，此二法相必定不能生；唯除自心藏識所現，方有諸法漸次生及諸法俱生之法相。彼諸愚痴凡夫，由於不覺自心現量，起諸妄想，故有『諸法離於自心藏識而漸次生、而俱生』之妄想相生。由此緣故，佛子們對於因緣攀緣次第緣增上緣之成就三界諸事之方便相，應當離『漸次生、俱生』之邪見。」》

若人不能證知諸法之漸次生與俱生俱是自心現量，外於自心藏識而說諸法漸次生俱生、而說因等四緣生諸法者，皆名「不覺」位之凡夫，墮於妄想之中。若欲離此虛妄想者，當求通達三乘（尤其是大乘）經教。然而大乘經教法義甚深，非未證悟之人所能知解，唯有眞實證悟自心者方能起深勝解，唯有初地菩薩方能通達。大乘證悟如是重要，故諸佛子應發大心，不畏勤苦而求證悟自心藏識，方能了知「因緣作事方便相」，方能遠離「漸次、俱」見。

爾時世尊欲重宣此義，而說偈言：

一切都無生，亦無因緣滅；於彼生滅中，而起因緣想。
非遮滅復生，相續因緣起；唯爲斷凡愚，痴惑妄想緣。
有無緣起法，是悉無有生；習氣所迷轉，從是三有現。
眞實無生緣，亦復無有滅；觀一切有爲，猶如虛空華。
攝受及所攝，捨離惑亂見；非已生當生，亦復無因緣；
一切無所有，斯皆是言說。

疏：《爾時世尊欲重宣此義，而說偈言：
一切法都無因緣生，也沒有因緣滅；
然諸愚痴無聞凡夫卻於彼生滅之中，
而起因緣生與因緣滅之虛妄想。
我釋迦牟尼並非遮止「諸法滅已復生」之現象，
也不是遮止「諸法相續因緣而起」之法相；
我只是爲了斷除凡夫愚人之愚痴迷惑虛妄想像等惡緣。

有無等緣起法，都是不能出生；

被習氣所迷惑而輪轉，從這習氣而使「三界有」等衆生出現了。

眞實涅槃妙心沒有出生之一切緣，而且永無滅壞之緣，

以此妙心所住涅槃境界來觀察一切有爲法，

全部都像眼翳時所妄見之虛空花朶一般。

如實觀察能攝受之覺知心我，及所攝受之六塵相，

捨離迷惑痴亂之邪見；

便知其實未有一法能外於自心藏識而已生當生，

也不可能外於自心藏識而有因緣所緣緣等四法；

我說三界一切法都無眞實不壞之自性—皆依自心而有，

而我所說的這些言辭，也都只是言說而已。》

「一切都無生，亦無因緣滅；於彼生滅中，而起因緣想」：一切法都不能外於如來藏而唯憑因緣出生，否則應當一切有情不分三界六道苦樂果報，悉同一報；阿羅漢斷盡見思惑已，應當見思惑復生、復成凡夫，三界中有諸因緣能

令阿羅漢之見惑思惑法復生故。若有如來藏持見思惑種，則阿羅漢斷盡其藏識所持二惑種後，方能不復出生二惑種；若無如來藏者，應見思二惑種子可以外於如來藏無因而生，則阿羅漢是斷了甚麼？而說他證得涅槃？若無如來藏持諸煩惱障種，則衆生是被甚麼所牽引而輪迴三界六道？故說一切法都不能自生，都須依於自心方有因緣生，也都須依於自心方有因緣滅。然而愚痴無聞凡夫不知此理，於彼一切法相之生住異滅中，妄計外於如來藏而有因緣法，起諸不如理作意之虛妄因緣想。

「非遮滅復生，相續因緣起；唯爲斷凡愚，痴惑妄想緣」：我釋迦牟尼並非遮止「諸法滅已復生」之現象，因爲這種現象亙古以來一直存在；我也不是在遮止「諸法相續因緣而起」等法相，因爲這是三界中隨處可見之現象；然而衆生不知道「諸法滅已復生」之現象，其實是依自心藏識而有；衆生也不知道「諸法相續、因緣而起」之現象，也是依自心藏識而有；他們不能現前證驗的緣故，墮於「諸法因緣生、諸法因緣滅」中，而否定自心如來藏爲非有。我只是爲了斷除這些凡夫愚人之愚痴迷惑及虛妄想像等惡緣，所以說因緣等四法漸次生、俱生之自共相，都不能外於自心如來藏而有，令他們遠離痴惑妄想緣。

「有無緣起法，是悉無有生；習氣所迷轉，從是三有現」：「有」之緣起法，即是流轉十二因緣，所謂無明緣行，行緣識，識緣名色……乃至生緣老死憂悲苦惱；此是三界有—欲界有、色界有、無色界有—之緣起法。有無明故有八識心王及五蘊十八界之身口意行（此非唯往世有此行支，於今現在一切有情悉皆有之，唯證悟者能具足知，辟支佛尚不能具足知也；故說大乘般若唯識名為別教—不共二乘），所謂此有（無明有）故彼有（行支有）是也。

「無」之緣起法即是還滅十二因緣，所謂無明滅故行滅，行滅故識滅（識中煩惱種滅—阿賴耶性滅也），識滅故名色滅……乃至有支滅故生支滅，生支滅故老病死憂悲苦惱滅；此是滅有之緣起法，所謂此滅（無明滅）故彼滅（行支滅），乃至生老病死等皆滅，是名「無」之緣起法。

未證悟者所說「有、無」二種緣起法，其實皆不生；必須依自心藏識，方能使「有、無」二種緣起法出生現行，此理一切凡夫聞之不信，一切定性二乘無學悉皆信受而不能證驗。如今全球南北傳及顯密善知識所說流轉門及還滅門之順逆觀法十二因緣，皆外於自心藏識而說有無門之十二緣起；悉皆不見緣起法之實相；若依證悟實相之菩薩所觀──若離自心藏識，十二因緣之一一有支悉皆不能現起，何況能有「此有故彼有、此滅故彼滅」之可言？而此正理，未悟之人所不能知，故說為凡；定性二乘無學雖知而不能現觀，故名為愚；凡愚俱不能知，故說緣起甚深極甚深，難解難知難證故；是故辟支佛唯能現觀十二因緣之表相而證解脫果，證悟菩薩兼能現觀十二因緣一一緣起支之實相，故名不可思議。

是故，外於自心藏識之有無緣起法，本來都是不可能出生的，須依藏識方有緣起法生起；眾生不知一切境界都是自心所現，因此產生貪著，被習氣所迷惑而流轉於各種法中，復由此種習氣之牽引，便有「欲界有、色界有、無色界有」等三有眾生出現而輪轉於六道之中。

「真實無生緣，亦復無有滅；觀一切有為，猶如虛空華」：法界之實相──涅槃無相妙心，遠離一切出生之內外緣，也永遠不會有滅壞之內外緣，祂於三界一切有為法無為法都不生起憎厭及喜樂，苦樂憂喜俱皆不受，一向不墮見聞覺知之六塵貪著境中，於外六塵中如鏡現像而顯現內六塵相，於六塵境中不起見聞覺知；體常寂靜不壞不滅，常不壞滅故永無生緣。諸佛菩薩以其親自觸證領受之自心藏識，由其本來寂靜恒不壞滅之性，而現前觀察一切有爲法—見聞覺知與六塵相及定中不觸五塵之微細覺知意識心—皆是虛幻暫有，猶如翳眼所見空華，雖有非實。

「攝受及所攝，捨離惑亂見；非已生當生，亦復無因緣；一切無所有，斯皆是言說」：證得自心藏識者，能如實現前觀察攝受者（覺知六塵相之覺知心）及所攝受之六塵相，皆是自心藏識所生幻有暫有之法，無有眞實不壞之自性。由此如實現前觀察故，自能捨棄及遠離迷惑痴亂等不如理作意之邪見；佛子由是如實現觀故，確實證知未曾有一法能外於自心藏識而已生當生、而由吾人見聞覺知心所見聞覺知；也不可能外於自心藏識而有因緣、等無間緣、所緣緣、增上緣；三界六道中之一切世間法，人間天上之無爲法—緣起性空涅槃寂靜諸法無我等法—也都是依於自心藏識而名言施設，一切都非眞實有法，都非恒不壞滅之法，乃至我釋迦牟尼所說一切佛法法相種種演繹，無非都是言說而已，唯有自心藏識方是諸法緣起緣滅之根源，祂才是諸法之實相。

爾時大慧菩薩摩訶薩復白佛言：「世尊！惟願爲說《言說妄想相心經》。世尊！我及餘菩薩摩訶薩，若善知言說妄想相心經，則能通達言說所說二種義，疾得阿耨多羅三藐三菩提；以言說所說二種趣，淨一切衆生。」

疏：《爾時大慧菩薩摩訶薩又向佛稟白說：「世尊！很希望佛爲我們說《言說妄想相心經》。世尊！我及其餘菩薩摩訶薩，若善於了知《言說妄想相心經》，就能通達『言說、所說』二種道理，便可迅速證得無上正等正覺；然後以『言說、所說』二種道理之意旨，來清淨一切衆生。」》

人及天人最容易墮入「言說、所說」二種妄想相中，因於言說習氣而妄想不斷；或因他人之所說邪謬，或因自己不正思惟，而於所說產生虛妄想像；或因不解事相之實相而生執著，以致心中言說妄想不斷；或因誤計言說即是眞實義，墮於所說之中，以所說爲佛法。如是皆名言說妄想相，若不了知此相，即爲之所惑，於覺知心中妄想纏綿難以捨離；或生法義之虛妄想像，以致遠離佛法正義，乃至以之誤導衆生，是故大慧菩薩以之問佛。

佛告大慧：「諦聽！諦聽！善思念之，當爲汝說。」大慧白佛言：「善哉世尊！唯然受教。」佛告大慧：「有四種言說妄想相，謂相言說、夢言說、過妄想計著言說、無始妄想言說。」

疏：《佛告訴大慧菩薩：「詳細的聽好！詳細的聽好！還要善於思惟、憶念不忘啊！我當爲汝說明。」大慧菩薩白佛言：「好極了！世尊！我們專心聽受教導。」佛告訴大慧菩薩：「有四種言說妄想相，這就是相言說、夢言說、過妄想計著言說、無始妄想言說。」》

《言說妄想相心經》有三個內容：言說之種類，言說之本質虛妄，言說與所說非一非異。下說第一部份：

「相言說者，從自妄想色相計著生。夢言說者，先所經境界，隨憶念生；從覺已，境界無性生。過妄想計著言說者，先怨所作業，隨憶念生。無始妄想言說者，『無始虛偽計著過』自種習氣生。是名四種言說妄想相。」

疏：《「相言說者，是從自己所虛妄分別的五塵色法相上，不解其幻而誤計爲實，執著此諸相故而生言說妄想。夢言說者，是由於先前所經歷的境界，隨後因爲憶念於心而在夢中現行；從夢中醒覺以後又憶念夢中境界而起言說妄想，此種言說妄想是從不實境界而生。過妄想計著言說者，是因先前曾有怨家對自己作了違逆事業，自己隨後憶念而生言說妄想。無始妄想言說者，是無始劫以來，對於世間一切有爲有漏法、及出世間法（無漏無爲法無漏有爲法）之實相本際無所證解，故於世間一切法及出世間法產生虛偽計著之過失，藏於自心藏識之內，復由此類無始虛偽計著過失之自心所藏種子習氣而生無始妄想言說。這就是四種言說妄想相。」》

「相言說者，從自妄想色相計著生」：衆生對於有相境界不如實知，學佛者亦有多人於有相境界不如實知，故生種種妄想。譬如有人於自心妄想所生夢境之現行因由，不如實知故，於夢中所現境像，產生貪著，憶念不捨，爲人言說，名爲相言說。亦如有人經由攝影圖片見某美景、或親到而見，於美景色相之實相無有所知故生誤計貪著，憶念不捨，隨處為人言說，名為相言說。亦如密宗修觀想者，觀想本尊色相廣大莊嚴殊勝及以威德，觀想成就後執以為實，計有眞實本尊色像；執著已，心中大喜，轉為人說，令人修習，謂此名為證得廣大莊嚴報身，而不知皆是自心藏識相分所成，以藏識所生相分法為究竟；如是為人傳法言說，名為相言說。俗人於日常生活中之一切言說悉不離相，皆因五塵相而生故，所說言語悉屬相言說。相言說者，皆是從自己所虛妄分別的五塵色相法上，由於不解其幻而生計著，執為實有，故於自相貪著；貪著已，復因共相而轉述他人，令他人亦於彼五塵相中起於觸受，凡此言說悉名之為相言說。若人因所經歷五塵相而憶念不捨，於自心中以語言思惟憶念之，亦名之為相言說，佛子於此應當遠離。

「夢言說者，先所經境界，隨憶念生；從覺已，境界無性生」：佛子所夢，有時是佛菩薩感應託夢；但有時是鬼神假藉佛菩薩形像託夢，以遂其個人目的；有時則是對於自己先前所曾經歷之極殊勝或極恐怖境界，由於憶念深刻，故於夢中隨憶念生，於夢中便有極多言說，此即夢言說也；若夢中出聲語言而為旁人所聞者名為夢囈，亦屬夢言說。從夢中醒覺已，方知皆是由於憶念往昔所經境界而生，皆是不實境界夢像；若有人於夢境覺醒已，又復轉述於人者，如是亦名夢言說。

「過妄想計著言說者，先怨所作業，隨憶念生」：世間多有如是學佛人，「只許自己負人，不許人負自己」；若人負己，其事雖小，亦記恨一生；若己負人，其事雖大，亦不許他人稍瞋，否則復受其責。乃至此人於他人有所希冀而不遂其願時，亦振振有辭、扭曲事實誹謗他人，將彼不遂其願之人視同怨仇，百般誹謗。正誹謗時，彼諸言說悉名過妄想計著言說，因於先怨所作諸業，於後隨意念生諸過失妄想言說故。於進行誹謗前，心中籌謀如何扭曲事實、如何言說誹謗等，其心中之一切思惟亦名過妄想計著言說，因自己之過失而導致先怨所作業隨憶念生故。

受彼扭曲事實而作無根誹謗者，往往心中憤恨不平，籌謀蒐證舉證反駁等，於心中起諸思惟言說，及與向人反駁說明等，悉亦屬於過妄想計著言說，計著彼過失為對方所有，非自己所有故；因於先怨所作業隨憶念生故。菩薩知此即便遠離，受謗之時亦不起過妄想計著言說。唯他人對自己之無根誹謗，若有傷害正法之虞者，爲法之故應當舉證澄清，以免損害正法之弘傳，此是例外，不應故步自封、一成不變。

「無始妄想言說者，無始虛僞計著過自種習氣生」：此一言說妄想相之涵義極廣，幾乎無所不包；舉如世間一切有爲有漏法，所謂謀生、學習、養兒育女、家庭生活、長幼倫理、治理天下、法律刑罰、文學、藝術、玄學、練氣、長生久視、行善生天、修定求通、……無量有漏有爲諸法之理論思惟與教導，皆名無始妄想言說。

學佛人中亦有許多無始虛僞妄想言說，顯而易見者，譬如密宗之修練氣功，欲藉氣功而令肉身飛升天國，如是思惟及與傳授言說，名爲無始妄想言說。又如修練明點及觀想度母之法，欲藉身中明點之觀想成就，及度母影像（尤其是對度母私處影像）觀想成就，幻想捨壽時可將身中明點自頂門出，射入度母私處而入其子宮，由度母將自己之明點攜往極樂淨土、空行淨土等，名之爲遷識法，此亦無始妄想；若於心中思惟此諸理論，或爲人傳授言說，俱名無始妄想言說。密宗法門之無始妄想極多，此不一一敘述，且待二〇〇一年底之《狂密與眞密》書中一一詳敘；由於密續經典及密續祖師著作，十之八九皆是無始妄想思惟所得，故說密續多屬無始妄想言說。以上是四種言說妄想相，佛子知已，皆當遠離。次敘言說之本質：

爾時大慧菩薩摩訶薩復以此義勸請世尊：「惟願更說言說妄想所現境界。世尊！何故？云何？何因？眾生妄想言說生？」佛告大慧：「頭、胸、喉、鼻、脣、舌、齗、齒，和合出音聲。」

疏：《此時大慧菩薩又以言說妄想相之義理勸請世尊：「希望世尊更爲我們說明言說妄想所現境界。世尊！是什麼緣故？現象是如何？是什麼原因？而使得眾生妄想之言說出生？」佛告訴大慧菩薩：「由有頭、胸、喉、鼻、脣、舌、牙齦、牙齒，這些眾法和合，才能出現音聲言說。」》

此段問答乃顯示一切言說皆是因緣展轉而起，無有眞實不壞之自性，顯示言說之本身虛妄，欲令佛子遠離言說之名相執著，而入眞實義中。

大慧白佛言：「世尊！言說妄想為異？為不異？」佛告大慧：「言說、妄想，非異非不異；所以者何？謂彼因生相故。大慧！若言說妄想異者，妄想不應是因；若不異者，語不顯義，而有顯示；是故非異非不異。」

疏：《大慧菩薩白佛言：「世尊！言說與虛妄想，這二者是不同？還是沒有不同？」佛陀告訴大慧：「言說與虛妄想，二者並非不同，也非沒有不同；什麼道理呢？就是說以彼虛妄想為因，而生言說相故。大慧！如果言說與虛妄想不同的話，虛妄想便不應該是言說之因；如果二者沒有不同的話，那麼語言就不應該能顯示虛妄想之意義，然而現見語言能顯示虛妄想之意涵；由此緣故，證明言說與虛妄想非異非不異。」》

「言說、妄想，非異非不異；所以者何？謂彼因生相故」：佛續開示《言說妄想相心經》之第三部份—言說與所說非一非異。言說與虛妄想、此二法不可說不同，亦不可說沒有不同；因為四種妄想相所產生之相言說、夢言說、過妄想計著言說、無始妄想言說，皆是以虛妄想為因；由此妄想因，所以藉鼻舌唇吻而生言說。言說既以虛妄想為因，便不可謂言說異於虛妄想。

「若言說妄想異者，妄想不應是因；若不異者，語不顯義，而有顯示；是故非異非不異」：如果言說與妄想不同—是二者—則虛妄想不應是言說之因；如果言說與虛妄想沒有不同—是一—則應該言說語言不能顯示心中虛妄想之意思而令人知。虛妄想起於各人心中，人人不能互知；需藉言說顯義，他人方能知悉吾人心中之各種虛妄想。今者現見言說能顯吾人心中虛妄想之意涵，既有能顯之言說、與所顯之虛妄想，則是二者，非爲一者。然而妄想卻是言說之因，言說無非顯示妄想之義，故亦不可說異，不可說是二者，故說妄想與言說非一非異。

大慧復白佛言：「世尊！爲言說即是第一義？爲所說者是第一義？」佛告大慧：「非言說是第一義，亦非所說是第一義，所以者何？謂第一義聖樂言說所入是第一義，非言說是第一義；第一義者，聖智自覺所得，非言說妄想覺境界；是故言說妄想，不顯示第一義。言說者，生滅動搖，展轉因緣起；若展轉因緣起者，彼不顯示第一義。」

疏：《大慧菩薩又向佛請示：「世尊！是否言說就是第一義？或者言說所說是第一義？」佛告訴大慧菩薩：「並非言說即是第一義，亦非所說即是第一義，這是什麼緣故呢？也就是說：依第一義聖智妙樂言說所入才是第一義，並非第一義聖智妙樂言說本身是第一義。第一眞實之正義，是聖人智慧之自心覺悟所得，並不是凡夫於第一義言說生起妄想知覺之境界；所以，於第一義言說所生之虛妄想，不能顯示第一義。第一義之言說，是生滅動搖暫有之法，展轉依附各種因緣而生起；若是展轉依附各種因緣而生起的法，祂本身並不顯示第一義。」》

大慧復白佛言：「世尊！爲言說即是第一義？爲所說者是第一義？」古今中外普遍存在此一類人：將佛法名相誤認爲佛法，將第一義言說錯認爲第一義；如人以指示月，智人循指見月，愚人則觀指不見月，以指作月；佛門中亦如是，多有將第一義文字表相認作第一義者，是故大慧菩薩乃有此問，求佛開示。

佛告大慧：「非言說是第一義，亦非所說是第一義，所以者何？謂第一義聖樂言說所入是第一義，非言說是第一義」：學佛弘法者中，以言說爲第一義者極多，然皆不肯承認自己以言說爲第一義；譬如印順法師言：

《一切煩惱空，生死不再生，以涅槃爲勝義空，『無礙解道』已說到了。但著重涅槃空而發揚起來，最足以代表聲聞法空說的，是龍樹所說的「空門」。法空說的主要理由，上文曾歸納爲五項，除「無我所」爲法空外，都與涅槃空有關。「五陰散滅」是行者滅五陰，愛盡苦盡而作苦邊際。「不落四句」，涅槃正是不能以四句—有、無、亦有亦無、非有非無來說明的。「非諍論處」這是言說所不及，超越於名言的。「智者不取著一切」，正由於涅槃智的自證。法空說，是從涅槃空（或佛證境）來觀一切法的。一切法空，所以修行者隨順、趣向、臨入於「無對」（絕對的）的涅槃。》（摘自印順著《空之探究》頁一二八）

涅槃非必即是勝義空，亦非不是勝義空，此中微妙正理，由於篇幅所限，一時難以敘說，且置不論。而龍樹中論所說空，實非印老所說一切法空，其《中論》不唯敘述蘊處界及其所生一切法空，亦述其中有不空之空性，不墮空有，故成中道；印老誤會龍樹《中論》意旨，謂之爲「空門」，自墮一切法空之邪見中；余於一九九八年十月曾造《中論正義》頌，略明其旨，然迄無暇造文闡釋；頌中有言：「一分大乘空見者，誤解大乘般若慧；遮遣名相謂中觀，撥無世出世間法」，並斥責應成派中觀見者，即是印順法師一類人也；今將全頌附錄於本輯之後，用供諸方大德參酌。

涅槃可以四句而作說明，令諸佛子知曉涅槃而遠離印老所墮「想像之涅槃空」；證得涅槃本際（第八識）已，如實證驗涅槃之有無等四句後，自能遠離四句戲論，非如印老未證涅槃之人徒以情解思維者能離四句戲論。是故涅槃非不能以四句而作說明，利根聞者往往依於言說而入，證知涅槃本際；故知印老所謂不能以四句說明者，乃是謬說也。

復次，印順法師否定第七識及第八識已，復謂「一切法空，所以修行者隨順、趣向、臨入於無對絕對的涅槃」，則墮斷滅；一切法空故，無有心識住於涅槃中故，與斷滅見外道無二無別故。

若謂第八識如來藏非有，但有涅槃本際，即是眞如者，亦復有過；此謂印老所言「眞如」只是意識所生之一種概念，非眞實心——非涅槃本際故。印順法師如是說：《三、眞如、法界、法性、實際：實際是大乘特有的；眞如等在「阿含經」中，是表示緣起與四諦理的。》（詳印順著《空之探究》頁一四五）如是，眞如既只「是表示緣起與四諦理的」，則只是意識覺知心瞭解證實緣起與四諦理之概念（或說為聲聞慧），則阿羅漢入涅槃已，此概念與慧必隨意識俱滅，歸於空無，無有眞如心存，符合印老一切法空之主張，則是標準之斷滅見外道；徒以佛法名相解說，有何意義？

印老不承認有七八識，僅承認有六識，以六識爲「心」，而此「心」亦非眞如，乃是以此「心」必滅爲眞如；入涅槃而滅此「心」已，滅此「心」之滅相不滅，以此滅相之不滅爲非斷，故謂涅槃爲眞如、爲非斷滅，如是謂爲眞如，眞乃強詞奪理之人也。譬如印順法師所言：《心已滅了，是不能再生起的。心生起了，就有滅相，這滅相卻是不滅的。滅相是不滅的，所以問：「那就眞如那樣的住嗎？」是眞如那樣的，卻不是常住的。這一段問答，不正是「非常非滅」嗎？》（詳《空之探究》頁一七二）

試問：意識心滅已，亦無「離見聞覺知而不作主」之第八識眞如，則是斷滅空；復以斷滅空之滅相空相不能復滅而謂爲非滅，寧有此理？若此理得成，亦應左列之理得成：

如人家藏巨額紙幣，忽逢回祿，又遭大風吹散湮滅，一文不名，彼人卻來衆中倡言：「我已燒卻巨款，一文不名，故今我財非常；燒卻之巨款既滅，不可復得；而此巨款之滅相永遠不滅，故名非滅，是故名爲非常非滅。」印老宗旨若成，此人宗旨必成，同以滅相不滅爲非滅故。如是，斷見外道之理即成佛法正理；斷見外道亦謂五蘊、十二處、十八界皆無實性，終歸壞滅，只是不懂得將彼滅相說爲不滅而已。如是，即同愚人見牛有角而言「牛角形相壞已，名爲無角」，以此無角法爲眞實理，謂爲聖諦。如是謂非戲論，復有何法可名戲論？如是印老所謂眞如，迥異三乘法教所說眞如，云何得名佛法？彼之邪謬如是嚴重，而仍不肯承認自己以佛之言說爲第一義，自謂能入能知佛諸言說所述之第一義，非實語者也。

印順法師不信有七八二識，不信眞如即是第八識，因此處處誤解佛意、誤導衆生，謂一切法滅之斷滅空相爲眞如，否定第八識爲眞如，復謂滅相不滅即是眞如，不信眞如是心，不信眞如心即是實相，則彼涅槃中道應如是解：「阿羅漢入涅槃已，陰界入悉滅，一切法皆空，心亦斷滅；以此滅相不復能滅，故名非斷，名爲眞如。」是故印老不信三轉法輪唯識諸經，彼復評論唯識諸經所說第八識眞心不生不滅之理，提出質疑：《一般說諸行無常，但論到前滅後生間，總不免有中斷的過失。如唯識學者提出了「前因滅位，後果即生；如秤兩頭，低昂時等」的解說，也不免有前後同時的嫌疑。同時，怎能有前後呢？》（詳《空之探究》頁一七二）

當知唯識經中所說「前因滅位後果即生，如秤兩頭低昂時等」之心乃是第八識阿賴耶，非印老所說之意識也。若印老以前段語質疑意識具有此性，則是正難，一切常見外道（如義雲高、喜饒根登、釋性圓、釋性海……等人）所不能答，無斯理故；若以之質疑三轉法輪所說第八識，則爲邪難，非正難也；何以故？謂唯識諸經已如印老之質難而廣破意識，謂意識滅已復起之間，不能前後同時也，不待印老之質難也。

印老之困境，在於走入死胡同，若不返身回走，必定永困於死胡同內，不能出離。死胡同者，即是「不承認有七八二識，不承認眞如是心，堅執眞如即是『滅相不能復滅』之概念」，如是應成派中觀之邪見若不棄捨，必定永劫絕緣於三乘見道之外；則楊惠南教授爲邱敏捷著作所造序文：「（印順）導師僅是無修無證之學問僧的耳語，更廣泛流傳於禪密教團之間」，語即成實；並將繼續流傳此一耳語，永不斷絕；唯除印順法師捨棄邪見，承認有第八識如來藏—因地眞如；並依禪宗之法觸證第八識眞如心，領受第八識之本來自性清淨涅槃，比對二三轉法輪諸經，證驗阿含經旨，而後一改已往謬說，燒毀《妙雲集、華雨集……》等庫存書籍，重新依己所證第八識—涅槃本際眞如心—另造新書新論。否則，終不能免「無修無證學問僧」之評論，此一評論符合印順法師之佛法「修證」實況故。

意識心不論分爲幾種細心，皆是斷滅心，依意根爲緣而生故，不得名爲常不壞心；乃至非非想定中之極細意識心，仍是依於意界末那爲根，方能由第八識依「三和合觸」而生起；意識滅已不能自起，不可能有前後同時之用，此是印順法師所認同者；然於正死位，若無第八識恒不壞滅，於漸捨肉身之際，同時漸生中陰身者，試問：中陰身由何處生？豈眞由虛空無因生耶？若由虛空生，即不得謂彼中陰身爲死者之所生；則彼中陰身受生何處，悉與死者無關，亦非死者之未來世，無因無果無善惡報故。

若非第八識捨一分肉身而生一分中陰身—肉身尚有九分，中陰身唯有生一分；肉身尚有五分，中陰身唯有生五分；肉身唯存一分，中陰身則生有九分—如秤兩頭低昂時等；如是由第八識漸捨肉身、漸生中陰身，前後同時。如人跨越水溝前後同時：後腳持身重九分，前腳持身重一分；後腳捨重成五分，前腳則持重五分；後腳捨重唯餘一分時，前腳持重必增至九分—如秤兩頭低昂時等，前後同時。如汝併腳躍過水溝亦復前後同時：若無色身不壞，於空中漸移至對岸者，云何能至對岸？是故必須身存方能前後不壞。若身躍起，至水溝中線即告滅失，是何人能至對岸？若以中陰意識不能去至來世之斷滅心，即不可能有前後同時之義；亦不可能有捨身而生中陰身之前後同時正理，意識覺知心於正死位斷滅已，不能自行復起故；既不復自起，則不應有中陰身之覺知五塵境也。然諸天眼陰眼者皆悉現見人間有情死已復生中陰身覺知心，故知必須外於意識別有離見聞覺知之第八識，方可能有前後同時——一邊漸捨肉身、一邊漸生中陰身也。今者印老以第六識生滅心之不能前後同時，而責唯識學者所說第八識之前後同時，即成非難，不是正難也。

印順法師若不棄捨學問僧之情解臆度，若仍不肯承認自身見解錯誤，若仍不肯進入禪宗以求證悟自心藏識，若仍不肯推翻所著諸書邪見、對衆懺悔，而繼續任令徒衆否定三乘佛法之根本（第八識）者，莫冀來世尚能保住人身。平實直言，語重悲切，還望法師三思復三思，思惟再思惟。

如是印順法師以佛說緣起緣滅之法，而誤執滅相永遠不滅，以爲眞如者，即是認指作月—將佛說緣起緣滅法相之言說錯認爲第一義。復於大乘般若空經，以言說空之一切法空錯認爲般若，亦是以言說爲第一義也。

「第一義者，聖智自覺所得，非言說妄想覺境界。是故言說妄想不顯示第一義。言說者，生滅動搖，展轉因緣起；若展轉因緣起者，彼不顯示第一義」：所謂第一義者，是聖人智慧自心覺悟所得；非謂一切法空之斷滅空，此是凡夫言說妄想覺知之境界。

二乘聖人乃至無學位俱脫阿羅漢，於大乘別教中，俱不名聖，尚未證得大乘聖智自覺所得之如來藏阿賴耶識故。然諸二乘有學無學聖人，悉皆不墮斷常二見，唯未入中道實相而已。云何不墮斷常二見？謂常見外道（如義雲高、釋性圓……等人）執見聞覺知心不壞、乃至有諸學人執定中不觸五塵之覺知心意識爲常恒不壞心，然諸二乘聖人悉已現觀此心虛妄，夜夜斷滅，依他復起，是故不墮外道常見中；斷見外道亦觀覺知心意識之夜夜斷滅，死已永斷，而不知其依他復起之理，覓其所依心而不可得，故墮斷見，撥無三世因果；然二乘聖人現觀已，信佛說有涅槃本際之阿賴耶識，是故不墮斷見而取涅槃，是則二乘之中道。然未能入大乘中道實相，以未親自觸證領受涅槃本際之阿賴耶識，不解實相故，故說二乘聖人於別教中不得名聖，尚未能入七住賢位之般若正觀故；此藏識實相般若正觀不共二乘，故名別教。

今觀印順法師諸多著作言說，皆非第一義，非聖智自覺所得，乃是「言說妄想覺境界」—乃是依佛之言說而於自心起虛妄想覺知，如是境界所得妄想覺知，名爲言說之妄想；如是言說之妄想，永無可能顯示第一義。

復次，乃至佛之一切第一義言說（包括第一義經典文字），悉不能顯示第一義；何以故？謂第一義言說及文字皆是生滅動搖，皆是展轉因緣起；若是展轉因緣起者，如何能顯示第一義？要須依於第一義言說文字所入之第一義心—涅槃本際之第八識如來藏—方能顯示第一義。若離自心藏識（未能證得自心藏識）而將佛說第一義言說，生吞活剝、情解思惟、強作卜度者，終不能得聖智自覺所得般若，故說第一義言說亦不能顯示第一義。如余諸書處處開示第一義，然讀者雖衆，亦難於書中顯示第一義；唯有依書所言證得離言空性—一向遠離言說之藏識空性，而後余諸著作方對彼人顯示第一義，彼人已證第一義言說所入眞如心故。彼諸常見外道義雲高、釋性圓……等人，於余諸書必定百讀不解，誣謂爲讀經思惟所得，皆因彼等未能証得第八識如來藏故。

「大慧！自他相無性故，言說相不顯示第一義。復次大慧！隨入自心現量故，種種相外性非性，言說妄想不顯示第一義；是故大慧！當離言說諸妄想相。」

疏：《「大慧！凡是有自他相者，都沒有眞實體性的緣故，所以說：言說相本身是不能顯示第一義的。復次大慧！由於第一義乃是隨入自心現量的緣故，種種相都是自心外法，非有眞實體性，所以第一義言說所生一切妄想都不能顯示第一義；由於這個緣故，大慧！菩薩應當遠離第一義言說所生之各種妄想相。」》

「自他相無性故，言說相不顯示第一義」：凡有自他相者，既墮於相，則必無眞實不壞之體性；既無眞實不壞之體性，絕非第一義諦。第一義言說本身有自相，有共相；一切悟者同皆可有第一義言說故，不離自相他相共相；既然有相，則第一義言說相不能顯示第一義。

「隨入自心現量故，種種相外性非性，言說妄想不顯示第一義；是故大慧！當離言說諸妄想相」：第一義乃是證悟自心藏識者，隨入自心現量之所入故，方能眞知第一義諦。證得自心藏識以後，方能隨入自心現量；自心現量者，謂現前觀察五陰十二處十八界六入，皆是第八識自心所現；現前觀察證實如是，非由思惟臆想忖度所知，故名現量。悟後現前觀察證實一切法皆是自心所現者，名爲隨入自心現量。

由於隨入自心現量故，佛子漸能現觀種種有相法，皆是自心藏識顯現於外之法，如是心外諸法，其性悉皆非有其眞實不壞之自性；由如是觀故，便能現前觀察：第一義言說相亦不顯示第一義；同是有相法故，同有自他相故。唯有第一義心—自心藏識—是無相法，祂才能顯示第一義；一切證悟者所說第一義，悉皆由祂而出故，悉皆由祂而顯示故，故說第一義言說亦不能顯示第一義。然而古今多有大師不曉此義，誤以第一義言說爲第一義，墮於第一義言說妄想相中；不自知過，又復以之教人；受教者亦不能辨之，轉復教人，展轉生過互相耽誤，永劫不得見道；故佛最後咐囑：佛子應當遠離對於第一義言說所生之各種妄想相。

爾時世尊欲重宣此義而說偈言：

諸性無自性，亦復無言說；甚深空空義，愚夫不能了。

一切性自性，言說法如影；自覺聖智子，實際我所說。

疏：《爾時世尊開示言說與所說已，欲重新宣示此一正義而說偈言：

諸法都是沒有自性的，也是沒有言說的；

非常深奧的空相空性正義，愚人與凡夫都不能了知。

一切法的自性，以及言說宣示時，皆如影像而非眞；

唯有自覺聖智的佛子們，他們所證的一切法實際才是我所說的法。》

「諸性無自性，亦復無言說」：一切法都有生住異滅，正當住時皆是念念變異，無有恒常不變之性；現觀色身如是，受想行識如是，六入十二處如是，十八界如是，外世界亦復如是；人所受用法如是，餘五道衆生所受用法亦如是，生已念念變異，終歸壞滅，無有常恒永住之不壞自性，故說諸法之性無自性。

諸法亦復無言說：人類生而學習語言、受用語言，習慣於語言；時久顚倒，便認心中無語言時爲無妄想及無言說。然而一切人心中起言說妄想前，其實皆已先有「離語言相之妄想」出現，而後方起語言思惟；非待起諸言說思惟而後有妄想也。細心之人，長時向心中觀察，皆可證實余言之不虛也。是故諸法於心中現行時，本來即無言說；諸法猶如靈光一現，於心中現行後，方有言說繼起；此一後起之心中言說，即是一般人所言之妄想。然而於證道者言，吾人心中靈光一現之時已是妄想。

如人靜坐修定，住於四禪等至位中，息脈俱斷，捨念清淨而住自心（意識）內境；其間若於心中有念一閃而過（此念究是何意？當人亦不自知，只覺意識自心於十分之一秒內動了一下），僅此一念亦名妄想，因之導致行者氣動、脈起、息生，退入三禪等至；既此一念有如是力用，不可謂非妄想也。如是妄想極細，行者尚不能知此妄想是何意？何況前述靈光一現而知其意之妄想？更何況最後起於心中之言說妄想？

然而此諸定境少有人証知，今日爲說「諸法無言說」故，於此略述，令諸佛子普知：諸法於心中現行之時，本來皆無言說，以吾人之言說熏習故，漸忘初生嬰兒妄想時之無言說相，遂生顚倒想，以爲諸法皆依言說而現。

傍生有情心中諸法現起時，本來亦無言說；現起後，即以音聲之種種差別而向同類異類有情表達意思，彼等表意之叫聲亦名言說也。傍生以此熏習故，眠夢之中亦必現起如是種種叫聲，此亦表義名言之一類也，不可謂傍生有情無言說相。然其言說相之現起，亦如吾人一般，必先有法於覺知心中出現，而後方有言說相生，而諸法本來是離言說相的。

「甚深空空義，愚夫不能了」：依此頌四句，對照後頌四句，即知前空爲空相，後空爲空性；非謂人空與法空也。何以故？前頌說諸法空相而後頌說諸法實際故，諸法實際即是空性心故。

空相者，謂諸法依他而起，起已變異滅壞，無有自在體性，終歸於空—斷滅空。譬如覺知心乃依他起—依六根未滅之時由自心藏識於根塵觸處而起，起已念念變異，每夜五根累時，覺知心暫時斷滅不起，故名空相。若人修入定境，覺知心不處五塵，仍是依人間五根及意根而有此一定境，五根若壞，覺知心隨滅，故正死位中無有覺知，需中陰身起，藏識移至中陰身中，依於中陰身之五根及本有意根，方能再有覺知心，是故定中覺知心亦是不離諸法空相範疇。乃至意根（處處作主之心）雖然自無量劫來未曾暫斷、未曾眠寐、未曾悶絕，然亦不離諸法空相；依自心藏識而現行故，現行之時念念變異、同時攀緣無量法故，入無餘涅槃時即告斷滅故，亦復不離諸法空相範疇。

乃至佛子以覺知心了別性爲其工具，參禪證道，悟得二乘菩提之智慧，以及悟得自心藏識空性而起大乘菩提之般若智慧，悉皆不離諸法空相；謂此諸慧雖以證得藏識空性而有，然此三乘菩提智慧卻需依於覺知心而存在現行，唯與覺知心相應，不與空性心相應；是故四諦八正十二因緣等，乃至大乘般若智慧，悉皆不離諸法空相，若入藏識實際（無餘涅槃）時，覺知心及作主心悉滅，二心滅時諸智亦悉不起，尚無知覺，何況有智現行？何況能爲人說？而此空相正義，其理甚深，二乘無學尚不能完全證解，故名爲愚；何況新學凡夫，云何能知？說之普皆不信也。

空性者，非如印順法師所謂一切法空；斯名空相，不名空性。亦非印老所謂「諸法滅已」，其滅相永不壞滅，故名「眞如空性」也。何以故？壞已成空，空即是無，無既是斷滅空，同於虛空無法；無法乃是人之施設概念，非有自體性，云何可名眞如空性？

若一切有情皆以「壞滅後無」爲空性眞如者，皆以「壞滅後之滅相不滅」爲空性眞如者，則是悉依此壞滅空爲主體而受生後有；如是受生後有者，名爲無因而有。彼人蘊處界滅壞後，既無七八二識留存持種，而唯存壞滅之滅相，即是斷滅空無；於斷滅無法中，而能有業種導致受生入胎者，斯非佛法，此非佛說也。是故空性非謂一切法空也，印順法師誤解般若經中空性與諸法空相，不解其分際，不知經旨，自生無量謬見，所造諸書非眞佛法也。

空性眞如乃謂自性清淨心—第八識如來藏也，此心溯自無量劫前，迄至於今，不曾起三界六塵法之見聞覺知，不曾貪著或厭惡六塵，不曾有刹那作主；隨緣任運，離一切有漏有爲法性，又復能生五色根及意根，輪轉於三界六道中，而自恆守清淨性—離見聞覺知復不欣厭作主；故名因地眞如，具眞如性故。

此空性心無形無色，無見聞覺知，故名空性。復次，衆生多因病有執有，是故輪迴生死；以病有故，佛名此心爲空性，以資對治，非謂一切法空之諸法空相爲空性也。若爲病空如印順法師及其徒衆者，當爲敘說因地眞如名爲有性，以對治斷滅空。眞如雙具空性有性，故以此性生一切法而恆住性淨涅槃之空性中，此理若得證悟，隨入十二因緣觀，便得徹見一一緣起支之實相，非辟支佛之所能知。是故若有聲聞緣覺謂「緣起法不過爾爾」時，佛則告誡：「汝不應作如是言：緣起甚淺甚淺」。所以者何？緣起甚深極甚深，辟支佛亦不能盡知。何以故？謂辟支佛雖知一一緣起支之空相，而不知一一緣起之空相所並存之空性實相。菩薩證知空性心已，雖已了知一一緣起支之實相，亦未究盡能知，唯佛究盡；云何二乘中之未入有學位者，可言緣起法彼已盡知？云何民間信仰之「大法王」仰諤益西諾布等未見道者而能知緣起法？

三世一切法，悉依因地眞如空性心而有而顯，而此甚深空性義，非二乘無學聖人之所能知，何況凡夫？莫道空性難知難解難證，諸法空相之空，一般佛子已難知解，何況如印順法師之墮於斷滅見之中者？是故佛云：「甚深空空義，愚夫不能了。」

「一切性自性，言說法如影；自覺聖智子，實際我所說」：一切法之自體性，以及一切法之言說相，皆是假藉蘊處界及四大爲緣方能現起，暫有而念念變異，終歸壞滅，如影如響，似有非眞。唯有自己親自覺悟聖人智慧之佛子們，他們所證悟之涅槃實際——法界空性心如來藏——才是我釋迦牟尼所說的正法。

爾時大慧菩薩摩訶薩復白佛言：「世尊！惟願爲說離一異、俱不俱、有無非有非無、常無常，一切外道所不行，自覺聖智所行，離妄想自相共相，入於第一眞實之義，諸地相續漸次上上增進清淨之相，隨入如來地相；無開發本願——譬如衆色摩尼境界無邊相行——自心現趣部份之相一切諸法。我及餘菩薩摩訶薩，離如是等妄想自性自共相見，疾得阿耨多羅三藐三菩提，令一切衆生，一切安樂具足充滿。」

疏：《爾時大慧菩薩摩訶薩又再一次白佛言：「世尊！至誠希望您爲我們說：遠離一異、俱不俱、有無非有非無、常無常等，一切外道所不能行之佛子自覺聖智所行、遠離妄想自相共相，證入第一眞實之道理；並開示悟後進修諸地相續漸次上上增進之清淨相，隨著道次第修入如來地之境界相。並請開示：

證得第一義般若慧之後，不必特別加行自然漸生智慧及悲願—猶如依於摩尼寶珠自身境界所起之無邊勝相示現—漸漸能自然了知自心所現一一部份心相一切諸法。由世尊如是開示故，使得我及其餘大菩薩們，能遠離一異有無等妄想亡性所生之自相見與共相見，迅速證得無上正等正覺，轉令一切衆生，全都獲得安樂，圓滿一切功德。」》

「一異」者：謂未證大乘見道之三乘凡夫，必墮一異邊見。聲聞凡夫不解十八界虛妄，執爲實有，故執我與蘊是一是異，墮於一異自相見，由是起一異之共相。如印順法師不知十八界之意根界與意識界，尚無力解釋意根（妙雲集、華雨集、如來藏研究等解釋皆謬），尚無力正解意識（將生滅斷滅之意識分出另一細心冀以貫通三世），執意識細心能往來三世而不壞，如是必墮此意識細心與蘊是一是異之窠臼中；口中自謂一切法空，一異亦空，然實不離一異妄想境界，名爲凡夫一異妄想自相見。聲聞見道者則不如是，初果人已經現前觀察十八界之虛妄—現觀意界著我、念念生滅，並現觀一切粗細意識俱是依他起性、生滅不住、終歸斷滅，以如是現觀故，十八界之我我所見斷，復信佛說有涅槃實際之第八阿賴耶識，是故不墮一異邊見中；此非否定七八識而不解十八界法之印順法師等人所能知之也。如是，印順法師尚不能解十八界法，聲聞初果人所現觀者彼亦未證，則禪宗淨土宗行人評其爲「無修無證之學問僧」語，可謂實至名歸也。

「俱不俱」者：謂有愚人計著「涅槃實際與蘊處界俱」，計著「涅槃實際與蘊處界不俱」，俱墮妄想自相見及共相見中。

於《四阿含》中，佛有時說「涅槃本際、涅槃實際」，有時說「阿賴耶、眞如、識、如來藏、我、有分識、窮生死蘊」，種種名稱說涅槃之眞實際。未見道凡夫不解涅槃實際，妄想涅槃實際與「蘊處界我」俱或不俱，墮於妄想自相見中，故於《雜阿含經》中佛說「謂識名色共俱」及「彼（色）一切非我，非異我，不相在。如是觀者是名正慧，受想行識亦復如是」等語便生錯解。

如俗諺云：「你沒有吃過豬肉，至少也看過豬吧？」今仿此諺以問印順法師：「您沒證得涅槃本際阿賴耶識，至少也讀過四阿含所說之阿賴耶識吧？您沒證得涅槃、不解涅槃，至少也讀過四阿含佛說『無餘涅槃中蘊處界皆滅』之開示吧？」

云何作此問？謂印順法師處處錯解四阿含佛語故。例如彼著《華雨集（四）》頁一一六、一一七如是示：《經上說：「壽、暖及與識，三法捨身時，所捨身僵仆，如不（編案：應為木）無思覺」。壽、暖、識—三者不再在身體上生起，也就是沒有這三者，才是死了。倒在地上的身體，與砍斷了的樹木、落地的蘋果一樣。「識」—不但沒六識，內在的細意識，十八界中（六識界以外）的意界，也不再生起了。》

如是開示，名爲未見道凡夫之開示。然而佛世之初學聲聞法者，尚且不墮此謬，云何印順法師思維縝密之人而有如是大謬？此謂印老之語若無誤者，則應一切販夫走卒貓狗魚鳥死已，俱入無餘涅槃，盡成慧脫無學聖人，何以故？謂印順法師云「（死已）十八界中的意界也不再生起了」。

當知人死之後，五根漸趨敗壞，六識漸漸不起，乃至六塵相分俱皆不現，故名爲死；然而意根（或名意、意界）從來不壞不斷，乃至俱脫無學入滅盡定中時，意根仍未滅而不起。四阿含一切佛語及南北傳小乘大乘諸論所說，莫不如是。以意界不滅故，有情再受生死，必起中陰身（當生無色界及地獄者除外）再受生死；一切有情之生死大病——世醫所不能治者——皆坐此心不滅所致。若有人於見道後，斷盡三界貪愛者（特別是無色界愛——處處作主之四空定中微細覺知心），死已方能斷除意界不起，入無餘涅槃；佛說此唯阿羅漢所能，非凡夫及三果有學境界也。今者印老所言死之境界同於無餘涅槃；是，則四阿含佛語成妄，一切有情不須學佛，吃喝玩樂以了此生即可，死後盡出三界——十八界俱滅；非，則印老之語成妄，聲聞初果所修十八界現觀，彼尚未證，猶是三藏教之凡夫，何況於大乘別教中云何能成賢聖？禪淨二宗行者說其爲無修無證之學問僧，絕非誣謗也。如此淺易之理而生誤計，於餘阿含經語，如「謂識名色共俱」及「彼（五蘊）非我，非異我，不相在」等佛語之橫生誤計，亦可預料也；限於篇幅，姑且置之，暫不評論。

經中說：壽暖識三住身，故有命根。此識非謂前六識也，不可如印老誤會佛語、作彼邪說。譬如《長阿含經》中佛常開示之語：「當知所謂緣識有名色……當知所謂緣名色有識……謂識名色共俱也。」只此「識緣名色、名色緣識」一語，已證吾人必有八識也，乃印順法師窮究佛經學問而竟不知，復又否定七八識為無有，云何可謂於佛法有修有證？印順法師如是，現今南傳佛法諸比丘衆亦復如是，悉於阿含密意懵無所知也。如是南傳比丘，聘來臺灣傳授禪法佛法，何益臺灣佛子？

何故言「識緣名色」一句已密意說有八識？謂佛於《四阿含》經中俱曾言甫入胎時必有名色，識入胎故受精卵(羯羅藍)不壞；識住胎故受精卵增長，乃至五色根具足而成人出生。甫入胎時尚無意識等六，當知彼時名色之名乃是意根（末那識）也；若無意根一識，應初入胎時有色無名，然佛說入胎時必有名與色。既有「名」—意根為第七識，復因五色根未成故無六識，復有能緣名色之識，則此能緣名色之識非第八識而何？印老云何不知此理而否定七八二識？

復次，佛亦云一切人存於世間時，悉有能緣名色之識，如是開示散見於四部阿含諸經，印順法師所知、所常引用者焉。既於吾人身中必有緣名色之識，當知必有八識，非唯六識。色謂肉身五色根（眼耳鼻舌身根），名謂六識及意根末那識，此謂名色之名已具七識，非無第七識也，意根是心、能觸知六塵故；名色中既有七識，則能緣名色之識必定外於七識別有，不可是由意根引生之意識細分而成也；此理非爲深奧，印順法師云何不解？處處錯謬？

凡此皆因印老受彼密宗應成派中觀否定第八七識之邪見影響，令邪見根深柢固盤據心中，不信三轉法輪諸經佛語，謂爲佛滅後集成者，思欲否定之，故生諸邪。由此諸邪，便於第八識與名色俱不俱等，產生非如理作意之邪思惟，遠離正見；非正見故，所作所爲因此遠離八正道、遠離四聖諦，空披衲衣，何益於佛子？

「有無非有非無、常無常」者：謂有一分佛子執取無妄想之覺知心爲常恒不滅之心，謂此心有，如今密宗一切「大修行者」，亦如臺灣惟覺法師、聖嚴法師、法禪法師（自在居士）、陳履安居士、南懷瑾居士……河北淨慧法師、上海元音老人、王驤陸、四川義雲高、仰諤益西、釋性圓、釋性海、袁煥仙、台灣喜饒根登……等人，莫非如是，墮於常見有中。

復有一分佛子墮於無中，誤會大乘般若空，謂般若所說乃是一切法空，此如印順法師及其從者，否定十八界之意界末那識，否定「識緣名色」之識（第八識阿賴耶），同於斷見外道之執一切法空，墮於斷見中。

復如上述諸師及諸居士執覺知心為不滅常者，為防他人責其墮於常見，便向徒眾云：「覺知心無形無色，故名非有，不墮常見；有其覺知之用，故名非無，不墮斷見；離有離無、離常離斷，故名非有非無非常非斷，是名中道實相觀。」此乃凡夫淺薄邪見，覺知心夜夜斷滅，云何名為非斷？不能往來三世，云何得名非斷？正是常見外道見也，如是即是祖師所責之「自性見」也，墮於我我所見故。

復如印順法師否定七八識已，為防他人責彼否定阿含經中所說眞如，便謂：蘊處界滅已，滅相不滅故名不滅、故名眞如。以滅相永遠不滅，為常恒不壞之法；墮於斷滅見戲論中，名為惡取空者。

大慧菩薩欲令佛子遠離此諸邪見邪行，是故請求世尊開示「離一異、俱不俱、有無非有非無、常無常，一切外道所不行、自覺聖智所行離妄想自相共相，入第一眞實之義」。第一眞實之義者，乃是萬法之實相、生命之本源—第八識如來藏也。若人否定第八識而弘揚「佛法」者，皆名邪見；不唯悖離第一眞實之義，並且必令二乘法義墮於斷滅見中，嚴重毀壞三乘法之根本，罪不可赦。如是之人尚不能知十八界法及識緣名色之粗淺表義，云何能知四諦八正緣起性空所涵微妙正義？彼等所說所著諸書，云何可名佛法？皆外道邪見也！

復次，大乘法中多有錯悟之人主張「一悟即至佛地，與佛無異」，而不知六祖所謂一悟即至佛地之語乃方便說，依「理即佛」等意而說，非謂初悟即成究竟佛也。迷人不知，以錯悟故不見佛道進階，乃敢狂言一悟成佛、悟後不必修行，皆名狂禪邪謬之人也；譬如月溪法師、自在居士等人，即此類人。余於一九九〇年自悟破參及見性已，迄今十年整，其間雖於諸方大師多有破斥辨正、筆鋒犀利，致令外人誤解余爲傲慢人者；而不知余之自念卑微，迄今未敢起念欲望諸大菩薩項背，何況想望諸佛項背？更不敢自命成佛。何故如是自微？謂已深知道次第故。大慧菩薩預見於此，爲後世佛子復求世尊開示「諸地相續漸次上上增進清淨之相，隨入如來地相；無開發本願、譬如衆色摩尼境界無邊相行、自心現趣部份之相一切諸法」，欲令已悟佛子地地增進而至佛地。

「諸地相續漸次上上增進清淨之相」：此謂菩薩初地至十地之修道，必是次第相續上上增進，由初地而二地，由二地而三地……乃至由九地而十地；其修行時間無妨以時分秒及刹那刹那為一劫而超劫精進，於一世中頓超一大無量數劫而由初地入於八地，但此世中超越一大無量數劫之過程，必須是由地至地，非可由初地而頓超入八地者。於諸地之相續漸次上上增進之過程中，必皆於地地各有清淨相；若於初地未得清淨相者，不得入二地；乃至於七地未得清淨相者，不得入八地。大慧菩薩以此問佛，欲令佛子了知悟後進修之要旨也。

「隨入如來地相」：如來地相之證知，非依虛妄想像研經窮論所能知之，須依別教七住證悟如來藏空性總相智為根本智而漸生後得智，次第超過十住習種性位、十行性種性位、十迴向道種性位，而後入初地聖種性位，修證鏡像光影谷響水中月……等清淨相，地地相續上上增進，而後隨入佛地。此是依於增上慧學、增上戒學、增上定學之地地轉進而水到渠成，非以妄想強求而可得也，故云隨入。譬如十地滿心，入等覺位後，若未經百劫修相好者，終不能消磨最後殘餘之極微習氣，徒憑諸多功德而亦不得成佛也；是故成佛所得之如來地清淨相，須由福慧雙圓方得隨入，不能強求，故云隨入。

「無開發本願—譬如衆色摩尼境界無邊相行—自心現趣部分之相一切諸法」：無開發本願者，謂依別教般若慧之根本無分別智，自然任運而生後得無分別智；復依後得智而任運出生種智（新學菩薩悟已須從善知識學），漸次上上增進而至八地。於八地中，由此自然任運之無生法忍慧，自然任運漸生上地無生法忍慧，名爲無開發般若慧。八地菩薩由七地之念念入滅盡定所得解脫功德，及佛加持傳授三昧，自然而生自度度他、永不取無餘涅槃之本願，非如十迴向位之欲入初地者依於心中作意而發十無盡願，故名無開發本願。

依於無開發本願，能使八地菩薩，猶如衆色摩尼寶珠任運顯現無邊相行一般，不須加行而自然任運顯現自心藏識之無漏有爲一切法相。大慧菩薩請求世尊開示：欲證八地以上任運而顯自心能生之無漏有爲一切法，故有此段稟白之語。若佛能如請開示其理，則令佛子得以速證無上正等正覺也，以能遠離一異俱不俱……等妄想自性之自共相見故。

佛告大慧：「善哉！善哉！汝能問我如是之義，多所安樂，多所饒益，哀愍一切諸天世人。」佛告大慧：「諦聽！諦聽！善思念之，吾當爲汝分別解說。」大慧白佛言：「善哉！世尊！唯然受教！」

疏：此段對答，文淺易解；依文取義，不勞再解。

佛告大慧：「不知心量愚痴凡夫，取內外性，依於一異、俱不俱、有無非有非無、常無常，自性習因，計著妄想。譬如群鹿爲渴所逼，見春時燄而作水想，迷亂馳趣，不知非水；如是愚夫，無始虛僞妄想所熏，三毒燒心，樂色境界，見生住滅，取內外性，墮於一異、俱不俱、有無非有非無、常無常想，妄見攝受。」

疏：《佛告訴大慧菩薩：「不知一切諸法皆是自心現量之愚痴凡夫們，由於無始妄習爲因—執取內法外法，依於一異、俱不俱、有無非有非無、常無常等妄想自性熏習爲因，誤計外法內法之一異乃至常無常等邪見爲如實見，因之而起虛妄想，執彼虛妄想爲眞實正理。譬如群鹿，由於口渴所逼迫，看見春末之遠處沙地熱燄流動，誤作水想，心中迷亂而奔馳往趣，不知熱燄實非是水；

猶如渴鹿之愚痴凡夫，被無始以來之虛僞妄想所熏，貪瞋痴三毒於其內心燃燒，喜樂貪著各種色法境界，於諸色法中見諸境界生住異滅，執著內法外法自性，墮於一異、俱不俱、有無非有非無、常無常等想中，都是因爲攝受不實的觀察而有的。」》

「不知心量愚癡凡夫，取內外性，依於一異、俱不俱、有無非有非無、常無常，自性習因，計著妄想」：不知藏識自心之現量者，皆是愚癡者或凡夫人，二者必取其一或其二。若得證知自心之現量，不墮於比量者，則非愚痴者，亦非凡夫人；不依內外諸法之妄見而生一異……等四句虛妄想故。

未悟得自心藏識者，或以六塵中之覺知心爲眞實不壞心，或以一念不生之覺知心爲眞實不壞心，或以不觸五塵之定中覺知心爲眞實不壞心，皆必墮於一異……等妄想中；謂覺知心或處於六塵境中，與六塵之色及法境界相待；或處於五塵境界而不執取五塵，安住覺知心之無妄念境界中，與定境法塵相待而住；或處於不觸五塵境界，唯與覺知心定境相待；如是諸人或取內法或取外法，必墮一異……等四句妄想。

又如密宗行者之觀想本尊影像，以彼本尊影像爲自心，復觀本尊及自皆化爲光，二光相溶合而爲一，如是或名成佛、或名證悟自心，亦必墮於一異……等四句妄想中，皆非親證自心之現量故，皆是執取內外法之生住滅相而起妄見，不如實知自心之現量，執彼虛妄觀察之邪見爲眞理。

如實親證藏識自心現量者，皆非取於內境法及外境法，而依藏識自心現前觀察：一切內外法性皆無實質，悉依藏識展轉而有；依自心藏識現觀諸法與自心藏識之非一非異，不墮一異中；現觀二者非俱非不俱，不墮俱與不俱中；現觀藏識非有非無，不墮有無中；現觀藏識離見聞覺知，不墮非有非無想中；現觀藏識非常非無常，不墮常無常想。以如實現觀而起如理作意故，遠離妄見攝受。

「如揵闥婆城，凡愚無智而起城想，無始習氣計著相現。彼非有城，非無城。如是外道，無始虛偽習氣計著，依於一異、俱不俱、有無非有非無、常無常見，不能了知自心現量。」

疏：《「猶如海市蜃樓空中影像，凡夫愚人無有智慧，不了其幻而作城想，皆因無始以來虛僞熏習城市法相而生計著，故於海市蜃樓起於城想。然而海市蜃樓並非眞實有城，亦非無城。同樣的道理，那些外道們，由於無始來之虛僞習氣誤計執著，而依於一異、俱不俱、有無非有非無、常無常等言說而生戲論，不能了知一切法皆是自心藏識所現之事實。」》

海市蜃樓非有城，唯是影像現故，非有實法，不應執爲實有；亦非無城，有影像現前故，不應言無；有智之人見之，不起有城無城想，知是戲論故。

吾人所觸六塵相分亦復如是，非有六塵相分，非無六塵相分，智者不應作想。衆生於三界中恒觸六塵相，於六塵相中，一切證悟藏識之佛子，皆應了知六塵相乃是自心藏識所現相分（詳拙著《眞實如來藏》）；如實了知已，應離有無一異等言語法相戲論。吾人於三界中所觸者，既然一向皆是內相分六塵，不觸外六塵，當知彼六塵相：非有相，非無相。非有相者，謂內相分六塵唯是自心藏識所現於身中之似有色法六塵，非如外塵之眞有色塵等相，故言一切有情見聞覺知心之所觸六塵，非眞有相；非眞實有中，卻有相分似有質境現起，而爲吾人見聞覺知心所觸，故非實無六塵相；如是，六塵所生一切法俱非實有，亦非實無，唯是自心藏識所現，不得言有，不得言無，不得言非有，不得言非無；於一異、俱不俱、常無常等亦復如是，不應起於戲論，皆是自心藏識所現故，藏識離於一異、俱不俱、有無非有非無、常無常故。

「譬如有人夢見男女、象馬、車步、城邑、園林、山河、浴池，種種莊嚴，自身入中；覺已憶念。大慧！於意云何？如是士夫，於前所夢憶念不捨，爲黠慧不？」大慧白佛言：「不也！世尊！」佛告大慧：「如是凡夫，惡見所噬外道智慧，不知如夢自心現性，依於一異、俱不俱、有無非有非無、常無常見。譬如畫像，不高不下，而彼凡愚作高下想；如是未來外道，惡見習氣充滿，依於一異、俱不俱、有無非有非無、常無常見，自壞壞他。餘離有無無生之論，亦說言無；謗因果見，拔善根本，壞清淨因；勝求者當遠離去，作如是說：『彼墮自他俱見有無妄想已，墮建立誹謗；以是惡見，當墮地獄。』」

疏：《「譬如有人於夢中看見男人女人、騎象騎馬、乘車步行、都市縣城、園苑林木、山河浴池，其中種種莊嚴，夢見自己身在其中遊戲；醒覺之後憶念不已。大慧！你的意下如何？像這一種人，於以前所夢境界憶念不捨，是聰明的人嗎？」大慧白佛說：「這不是聰明的人哪！世尊！」佛告訴大慧菩薩：「猶如這類不知夢境虛幻的凡夫一般，那些被惡見所呑噬的外道們之智慧，不知一切法猶如夢境，不知一切法都是藏識自心所現的事實。不知一切唯心所現故，依於妄心而生妄見，轉依於一異、俱不俱、有無非有非無、常無常等理論而生邪見。譬如畫像中的圖畫其實沒有高低──都是平面的，然而那些凡夫愚人卻於圖案中作高低之想；同樣的道理，未來世諸外道輩，充滿了惡見習氣，依於一異、俱不俱、有無非有非無、常無常等戲論惡見，不但破壞了自己的菩提道與解脫道，也影響和破壞了別人的菩提道與解脫道。其餘正知正見者所說「離有無之無生之論」，他們那些外道卻說沒有「離有無之無生之論」；誹謗因果正見，拔除了善法的根本，破壞了清淨正因；一切有殊勝心的求法者，應當遠離他們而去，並且應當對人們說：『他們那些人，墮於自見他見及分別有無等妄想已，又墮於建立見及誹謗見；由於這種惡見，將來會下墮地獄

受苦。』」》

「如是未來外道，惡見習氣充滿，依於一異、俱不俱、有無非有非無、常無常見，自壞壞他」：此句所謂外道，非謂外教之修行者，他們大多不談一異有無俱不俱等。此處所言外道，主要是說佛門內之外道見者；既在佛門內修學或弘傳佛法，因何名為外道？以其向自心藏識外而求佛法，名為心外求法，故名外道。

像末之季，佛門內之外道極多，個個向人誇言證悟，其實皆是外於自心藏識而誤認見聞覺知心為恒不壞滅之自心，或誤認定中之覺知心為眞實自心；如余所造公案拈提諸輯中所述諸師，皆是外於藏識自心而求佛法，皆名心外求法之外道。彼等以覺知心為眞實自心，而引般若法義，依於一異、俱不俱……等理以解釋之，以此為佛法；此即六根本煩惱中之惡見也。惡見細分有五：我見、邊見、邪見、見取見、戒禁取見。

惡見又名不正見，之所以名為惡者，謂此不正見導人邪入非正道，以致輪迴生死，乃至墮於三惡道，永無解脫之期，故此不正見又名惡見。而此不正見依何而生？皆因外於自心藏識而求佛法，不知一切佛法皆在自心藏識中，故生不正見。大多數之法師居士悉知此一正理，而仍患不能離於惡見，其患要在不能親證自心藏識；不能親證者，皆因病在不知藏識體性，故余多年來不斷開示藏識之體性，欲令諸方學人知其體性，而後易於觸證自心藏識也。一旦觸證領受自心藏識，則能遠離外道一異俱不俱……等惡見，正向佛道；亦能引人正向佛道。若不能證悟自心，終不能免於外道惡見之自壞壞他，猶堅執自己所弘是眞正佛法，而反非議他人正法爲不如法，桃園喜饒根登及四川義雲高、釋性圓、釋性海……等人，即此類人也。

「餘離有無無生論，亦說言無；謗因果見，拔善根本，壞清淨因；勝求者當遠離去，作如是說：『彼墮自他俱見有無妄想已，墮建立誹謗；以是惡見，當墮地獄。』」：「離有無無生之論」者，此謂了義佛法也。此乃大乘般若空性之總相智、別相智，及三轉法輪之般若種智也。二三轉法輪之般若空性智慧，皆是教人以妄心七轉識之見聞覺知性，取證一向離見聞覺知之空性—自心藏識。

自心藏識自無始劫來，不曾壞滅暫斷，故永無生；一向離見聞覺知，一向不自知我，一向不自作主（恒不思量）；與一切見不相應，故於無始劫來，一向遠離有無一異俱不俱常無常非有非無等一切見。證悟此心者，觸證領受其如是體性已，轉爲他人論說，如是論說，名爲「離有無無生之論」。當知「離有無無生之論」，非如印順法師所謂「諸法緣起緣滅故非常，滅已其滅相不滅故非斷，滅相不滅故名無生」，如是知、如是見，名爲戲論，與法界根本實相無涉故，無關第一義故。

「離有無無生之論」乃是依自心藏識之離有無體性而言，依藏識之從來不滅而言無生，非「一切法空之滅相」可言般若無生之義也。如印順法師云：《「中論」與「阿含經」的關係明確可見，但「阿含」說空，沒有「中論」那樣的明顯，沒有明說一切法空。說種種空，說一切法空的，是初期大乘的「般若經」。「般若經」說空，主要是佛法的甚深義，是不退菩薩所悟入的，也是聲聞聖者所共的。「阿含經」說法的方便，與「般若經」有差別，但以空寂無戲論爲歸趣，也就是學佛者的究極理想，不可說是有差別的。》（摘自《空之

探究》頁二一三）

然而龍樹中論所說中道，實非說「一切法空」，乃是依自心藏識而說「蘊處界及相應煩惱空」，處處偈偈不離藏識空性，處處破斥「一切法空」之邪見；青目梵志亦依藏識而釋龍樹中論，龍樹所造《十二門論》亦依藏識而說中道。提婆菩薩造《百論》亦如是，依自心藏識廣破蘊處界法及諸戲論煩惱爲空，悉破斥已，復於破空品第十，廣破「一切法空」，回歸藏識，如是方名般若空，方是眞正之中觀也。是故三論中之法義實非單說蘊處界等一切法空，實乃闡釋諸法緣起空中之導致緣生緣滅者，以諸法緣起性空中有不壞不滅之空性自心恒存不滅，故名無生。《般若經》及《中論、十二門論、百論》所述諸論，皆是自心藏識遠離有無無生之論，非以「一切法空」之論可名爲「離有無之無生論」也。是故印順法師不應主張「般若經及中論皆是說一切法空」。

此外，「般若經」所說義理，非如法師所說「也是聲聞聖者所共的」，何以故？謂其中法義有共不共。共者謂蘊處界及所生一切法空——有情無我、無我所；此通二乘，名爲通教。三轉法輪諸經中，亦有如是通於二乘者，亦是通教。然二轉法輪除此通教外，有不通二乘者，此謂菩薩所證般若，乃是觸證領受藏識空性心—緣生緣滅之因—諸法緣起性空眞理之本源、涅槃之實際，此一智慧證已，爲人論說，名爲「離有無無生之論」，統名般若第一義，絕非聲聞聖者所共，故名別教；唯除迴心大乘後已證藏識空性心者。

阿含與般若，本無差別，但因阿含偏顯涅槃寂滅之修證，般若偏顯藏識空性之修證，導致無爲法之內容及修證有異，是故三乘無爲法有通與不通、有共與不共，是故《金剛經》云：「一切賢聖皆因無爲法而有差別」，其故在此。

印順法師又云：《「中論」闡明的一切法空，爲一切佛法的如實義，通於二乘；如要論究大乘，這就是大乘的如實義，依此而廣明大乘行證。所以龍樹本著大乘的深見，抉擇「阿含經」及「阿毘達磨論」義，而貫通了「阿含」與「般若」等大乘經。如佛法而確有通教的話，「中論」可說是典型的佛法通論了！》（摘自《空之探究》頁二一四）

通教者，謂二乘法義教理通於大乘；蘊處界及所生一切法空，證解脫果，此亦大乘菩薩所修所證者，是故二乘教得名通教，解脫道之如實論（非謂未見道者所開示之解脫論）得名三乘通論。別教者，謂大乘所證空性——自心藏識離我我所、離於有無，證者發起般若慧，此乃佛菩提智之修證，不共二乘，乃別於二乘而有之智慧，故名別教。

《中論》非說「一切法空」，乃說「蘊處界等一切法空」，亦說不空之空性藏識；其中所說者，有通教、有別教；二轉三轉法輪諸經悉皆如是，闡釋「蘊處界等一切法空」已，同皆破斥「一切法空」之邪見；是故「一切法空」絕非印老所說「這就是大乘的如實義」。今者印順法師否定七八識，於三轉法輪諸經佛說「自心離有無無生之論」，藉後人之考證而說為佛滅後數百年集成者，不承認有「自心離有無無生之論」；認為唯有「一切法滅壞空已，其滅相永不壞滅，名為一切法空」，以此為「離有無無生之論」；於餘人所言「第八識離有無無生之論」予以否定，即是此段經文中佛說「餘離有無無生之論，亦說言無」者。如是即成「謗因果見，拔善根本，壞清淨因」者。云何否定「藏識之離有無無生之論」者，必成「謗因果見，拔善根本，壞清淨因」者？此理已於拙著《眞實如來藏》書中詳述分明，讀者逕閱可解，此處從略。

「勝求者，當遠離去，作如是說：『彼墮自他俱見有無妄想已，墮建立誹謗；以是惡見，當墮地獄。』」勝求者謂：不唯求解脫果，亦兼求佛菩提果者，謂求大乘法之大心佛子也。不迴心之二乘定性人，唯求出三界之解脫果，捨壽便入無餘涅槃；大心佛子不唯修證出三界之解脫果，並發大心，證有餘涅槃而不入無餘涅槃，起受生願，世世修學種智自度度他；乃至成佛示現人間色身入滅，而以莊嚴報身永不入滅、恒攝佛子。如是發心者，是即勝求者。

「墮建立誹謗」者，譬如印順法師及達賴喇嘛、月稱、寂天、宗喀巴等應成派中觀師皆是。謂彼等人否定七八識故，墮於「誹謗見」，謗無涅槃本際之第八識阿賴耶，謗無「阿賴耶識離有無無生之論」，是名墮於誹謗見中。謗無第八識已，則令彼等所說「因果、善惡、無漏清淨、緣起性空」等理，悉墮「兔無角」戲論中，即成無因無果之法；爲免此譏，乃建立意識「細心」爲連繫三世之恒不壞心，因此復墮「建立見」中。

云何說彼所言意識「細心」爲建立見？爲非實有心？此謂意識之粗心、細心、極細心，悉皆依意根而現行，乃依他起性心，云何可爲恒不壞滅之涅槃本際？又：意識之根—意界末那識—仍屬十八界所攝有爲有漏法，尚非涅槃本際之恒不壞心，四阿含諸經佛語具在，云何依第七識意界而生之意識細心，得是恒不壞心而貫通三世？此理不通也，故說應成中觀師建立意識細心連貫三世者爲「建立見」。自墮「誹謗見、建立見」中，而自稱超勝於一切宗派，自謂應成中觀是最究竟佛法；實則見道亦無，翻以凡夫邪見而著書立說、破斥禪宗證悟祖師之公案爲「無頭公案」、破斥三轉法輪種智諸經爲不了義說，以凡夫身而破斥玄奘三地菩薩之種智修證爲凡夫法；猶如愚人以包裹金箔之礫石堆謂爲珍寶，嘲笑大富長者庫藏明珠寶玉不如彼諸金箔礫石，令人啼笑皆非也。

如是諸人，即佛所說：「墮自他俱見有無妄想已，墮建立誹謗」者。如是諸人所知所見名爲惡見，將導衆生遠離正法、永無證悟三乘菩提之緣、是名惡見。以是惡見而藉出家身相，吸取佛教資源，用來弘傳常見斷見外道法，以常斷見外道法代替佛之正法；此一事實，若依鄉愿心態而不予公佈週知者，佛法滅在不久，是故佛說「以是惡見，當墮地獄。」

今諸勝求佛子依此詳解、已知佛意者，當速遠離彼等一切應成派中觀師；

離去之後，應遵佛示，向其他佛子作如是說：「彼墮自他俱見有無妄想已，墮建立誹謗；以是惡見，當墮地獄。」若不爾者，即成「假名佛子」。

「譬如翳目，見有垂髮，謂衆人言：『汝等觀此。』而是垂髮畢竟非性、非無性，見不見故。如是外道妄見希望，依於一異、俱不俱、有無非有非無、常無常見，誹謗正法，自陷陷他。」

疏：《「譬如眼有翳障之人，不知是自己眼前垂髮，妄見空中有物，向大衆說：『你們大家來看這些物事。』其實他所見者只是垂髮之幻影，而垂髮所成幻影終究非是有法，亦非無法；可見而非眞實見故。同理，外道由於虛妄之見解而生非分之希望，依於一異、俱不俱、有無非有非無、常無常所生見解，而誹謗正法，自己陷於地獄業中，也陷害他人同墮地獄業中。」》

「而是垂髮畢竟非性、非無性，見不見故」：眼若無翳，明見是垂髮，則不生虛妄想。眼若爲翳所障，見眼前垂髮，誤認爲空中有某物事，欣喜己之所見而餘人不見，舉向他人言：「汝等大衆觀此空中物事。」然而這是垂髮翳目所現幻影，畢竟無有眞實之自體性，亦不可謂全無體性；若謂彼垂髮所現影像有自性者，乃是戲論，非眞實見故，餘人有不見者故；若謂無性者，卻有影像可見，非眞實無見，然餘人不見故。

「如是外道妄見希望，依於一異、俱不俱、有無非有非無、常無常見，誹謗正法，自陷陷他」：舉凡一切否定自心藏識，外於此心而說一異……常無常見者，俱是誹謗正法、自陷陷他之徒；例如印順法師云：《「般若經」立三假，著重但「名」無「實」，「名」與「實」不相應，所以說：名字「不（在）內、不（在）外、不中間（住）。」約但名無實，「但以假名說」，「中論」也採用這通泛的假施設，但論到緣起說，一切依緣而有（而生、而無、而滅）。緣性與所生法，不可說一，不可說異。緣起法的不一不異，在時間中，就是不斷不常。這與犢子部說的受施設，不可說一，不可說異，也不可說是常、是無常，有共通的意義。不過犢子系但約補特伽羅說，而「中論」約緣起一切說。》（摘自正聞出版社《空之探究》頁二四〇。）

如是解說般若中道，即是「外道妄見希望」；外於自心而說法求法故，名為外道。《般若經、中論》依空性心如來藏之中道性而說非一非異等八不中道，非如印順法師之以「名、實」之非一非異等而說中道，非如印老以「緣性與所生法」之非一非異等而說中道。如彼所說即是妄見，以是妄見、於佛法修證而生希望；復如前段彼語之依於一異、有無、生滅、斷常、常無常等妄見，而謗自心藏識之八不中道眞正了義中觀正法，說言無此「離於有無無生之論」，以此妄見，廣造諸論諸書否定第八識，影響今世後代佛子，同墮「謗因果見、拔善根本、壞清淨因」之地獄業中，名為「誹謗正法，自陷陷他」。

當知「名、實」二法皆人施設；緣起緣滅一切法則，悉依自心藏識而有而現而滅；若離自心藏識，尚無我人，何況能有緣生緣滅一切法？何況能有八不中道？

若離自心藏識而言「名實、緣起性空、八不中道」者，若不誹謗自心藏識為無，唯名未見道凡夫弘傳佛法，不名「誹謗正法，自陷陷他」，唯名未悟凡夫；若否定自心藏識及第七識意根，而說「名實、緣起性空、八不中道」者，即名「誹謗正法，自陷陷他」；其所說法名為外道惡見，其所「修證」名為惡見希望—依於惡見希望解脫涅槃。

「譬如火輪非輪，愚夫輪想，非有智者；如是外道，惡見希望，依於一異、俱不俱、有無非有非無、常無常想，一切性生。譬如水泡，似摩尼珠；愚小無智，作摩尼想，計著追逐；而彼水泡非摩尼，非非摩尼，取不取故。如是外道惡見妄想習氣所熏，於無所有，說『有』生；緣有者，言滅。」

疏：《「譬如油布燃火繫繩輪轉，見似火輪；愚夫見之便作輪想，非是有智之人。猶如此理，彼諸心外求法之外道輩，心懷惡見希望，依於一異、俱不俱、有無非有非無、常無常等種種虛妄想，妄見有一切法生起。譬如大雨滴落地面濺起水泡，漂於水面，像似寶珠；愚人小兒無有智慧，見已便作寶珠想，由誤計故貪著追逐；而彼諸水泡實非寶珠，亦不可謂非寶珠，彼珠可取故，取已隨壞故。如是，一切心外取法之外道們，由於心外求法之惡見妄想習氣所熏習故，於無所有之虛妄想像中，說有法依因緣生；復緣於三界有法，而言實有法滅。」》

「譬如火輪非輪，愚夫輪想，非有智者；如是外道，惡見希望，依於一異、俱不俱、有無非有非無、常無常想，一切性生」：心外求法之外道們，於佛所建立十二因緣法之表相中，執有十二因緣諸法實有—執著緣起性空是眞佛法、是究竟義，猶如愚夫妄見火輪爲輪、起於輪想；此謂十二因緣法乃依自心藏識之能生性與能滅性、而建立蘊處界之緣起性空法則，此緣起性空之法則猶如火及火輪，蘊處界猶如油布及繩，自心藏識猶如人工；若無人工、油布，則無火輪，同理，若無自心藏識及蘊處界，即無緣起性空之十二因緣法。如是，心外求法之外道凡夫，外於自心藏識、否定自心藏識而主張緣起性空之十二因緣法爲實有者，以此蘊處界所生之緣起性空道理爲第一義諦，名爲外道妄見；以此外道妄見，希望大乘般若之修證者，必不可得。如是之人所有外道妄見及希望，皆是妄想；彼若爲人說法開示、著作疏論，皆不可信；何以故？謂彼所示佛法，皆依外道惡見而作一異、俱不俱、有無非有非無、常無常等思惟，乃有一切彼所說法出生，皆非如理作意故。

「譬如水泡，似摩尼珠；愚小無智，作摩尼想，計著追逐；而彼水泡，非摩尼、非非摩尼，取不取故。如是外道惡見妄想習氣所熏，於無所有，說『有』生；緣有者，言滅」：否定自心藏識者，由於自身之不如理作意思惟熏習，或由邪師之邪教導故，不承認自己亦有第八識如來藏，是故否定藏識而主張緣起性空爲佛法之究竟義，如是計著追逐虛妄之法以爲「佛法」，猶如愚小無智者之追逐水泡以爲摩尼寶珠，一般無二。

「於無所有，說有生；緣有者，言滅」：於《入楞伽經》中別譯爲：「說非有法，依因緣生；復有說言實有法滅。」此謂彼諸否定根本藏識者，於「無所有法」說有法生；復說一切緣生之有法必定歸滅。

譬如印順法師主張一切法空，認爲三界一切法皆依十二因緣而生，生已必滅，此即外於自心而主張「緣有者」必滅，故言滅。復於滅已無所有中，虛妄想像有一不滅之法──建立緣起性空之滅相恒不滅失──主張緣起性空之滅相不滅，是依於十二因緣之「此滅故彼滅」而生；如是滅相依因緣生，滅相之法恒不壞滅，故名非無。此乃由彼心外求法之惡見妄想習氣所熏，於無所有法，說有生，非正法也。何以故？諸法滅已，即無所有；如是滅相，唯是名言施設，虛無頑空，何可說言「滅相不滅」爲非斷？何得謂爲佛法？唯是玄學戲論爾。既不涉涅槃實際，亦無關第一義諦，皆依外道惡見妄想而有也。

「復次大慧！有三種量、五分論，各建立已，得聖智自覺，離二自性事，而作有性妄想計著。大慧！心、意、意識，身心轉變，自心現攝所攝；諸妄想斷，如來地自覺聖智修行者，不於彼作性非性想。若復修行者，如是境界性非性攝取相生者，彼即取長養、及取我人。」

疏：《「復次大慧！有一類人，建立三種量及五分論；一一建立之後，自認已經證得聖智自覺，自謂已離依他起自性及遍計執自性，心中卻作有爲法性上之誤計與執著。大慧啊！菩薩證知自心藏識、意界末那識、意識，並驗證了知三種識之自性後，身心開始轉變，現觀能取與所取皆是自心藏識所顯現，無有絲毫外法可得；由如是現觀故，各類虛妄想便斷除了，像這種如來地自覺聖智之修行者，不會像那些建立三量五分論的心外求法者，於三量五分論上作有法無法之虛妄想。如果另外有修行人，像這樣於能取所取境界之有無法性上生

起執著相的話，他就是執著長養見及我見人見。」》

「三種量」：謂現量、比量、非量。建立三種量者，乃爲方便向人示現自己已眞實證得聖智自覺，以三量證明自己已離遍計執性及依他起性。菩薩不作此三量妄想。

現量者，謂現前住彼境界中，如實現前觀察證知；此是自相。比量者，謂以己之現量，推度思量他人亦住同一境界中，與己無異；此是共相。非量者，謂推度錯誤，唯是自相，無有共相。

證悟自心藏識之人，能現前觀察自心藏識，此一現觀及認知，是其現量；其所知之悟境，是其自相。證悟者依他人之言行，推度思量他人之證悟而無誤判者，則其推度思量他人之悟境名爲比量；自他悟境相同，即是共相。若他人未悟，而推度爲悟，則名非量，不成共相。亦如錯悟之人推度證悟之人，推度思量自身悟境同於證悟之人，亦名非量，無有共相。

「五分論」：謂弘法者破他之論及立自宗之論悉分五分：立宗、述因、譬喩、合述、結論，以此五分論法先破他宗，破已隨以五分論成立自家宗旨。此乃因明之學，弘法之人所應學者，以此五分論破他及立自宗，無往而不利也。

此三量五分論交叉運用，得於一切法會無所障難。然此三量五分論乃是外論因明之學，須依內明之證悟，方能眞實無礙；若未向自心內識明自法界實際而破無明者，終不免內明正覺菩薩之所破，雖善三量五分之論，亦無用武之地。內明菩薩若具道種智者，輔以三量五分論，乃至能於無遮大會中舌戰群倫，所向皆靡。

往昔禪宗之摩訶衍前往藏地弘法，而敗於密宗之蓮花戒者，以其思慮不夠縝密，不善三量五分論，是故敗北。二人見地並無高下，皆墮常見法中，摩訶衍若有因明學之助，勝負猶自難料也，是故菩薩欲弘法者，當學因明三量五分論。然未悟之前切勿學之，徒增見取見故，於道無益；應當專心參禪，悟後已具內明功德，方可學之。

外道妄想者亦復如是，外於自心藏識，或墮常見，或墮空見，或墮斷見，而以三種量及五分論，各自建立宗旨；一切錯悟之人皆難破之，此人便增見取見，向人誇言：「實有聖者自覺智慧，我已證之，今得遠離依他起性及遍計執性。」而其心境實未遠離有爲法之妄想遍計與執著。

「有三種量、五分論，各建立已，得聖智自覺，離二自性事，而作有性妄想計著」：此謂外於自心藏識而求法者，以三種量及五分論，將其錯悟之常見心—無妄想之覺知心—建立爲不生不滅之實相心，墮於建立見中，自謂已得聖智自覺、已離二種自性之一切執著事相，而於有性妄想起誤計執著；無語言妄想之覺知心是「欲界有」性故，執此覺知心爲實相心者是「有性」妄想故。

復有一類人，建立三種量及五分論已，將其錯解佛法之緣起性空建立爲般若實相，說大乘般若即是一切法空，一切法空即是緣起性空，隨以彼所建立之三種量五分論，爲人開示錯誤之緣起性空法，墮於誹謗見—謗無自心藏識；自謂已得聖智自覺、已離二種自性事相，然實未離「三界有」性之妄想計著；何以故？一切法空及緣起性空皆依「三界有」之體性而言性空故，依「三界有—蘊處界有」之體性而立緣起性空者，猶如兔無角乃依牛有角而建立故；如是，外於自心藏識而言一切法緣起性空者，悉皆未離三界陰界入有之有性妄想；於「有性」計著，翻破自心藏識正法之說，無有是處。

復次，如是心外求法之外道惡見妄想者，自言能離二種自性事相執著，然實未離；謂彼等所執一切法緣起性空者乃依「陰界入有」而生，是故未離依他起性之事相；如是外於法界實相心，而執緣起性空之「滅相不滅」，執「滅相」爲恒不壞滅之實有法性，謂此爲眞如者（詳見印順法師著《空之探究》頁一七二第三、四、五行），名爲「有性妄想計著」，諸法之滅相即是斷滅空無，將此斷滅空建立爲「實有眞如」，建立爲「非常非斷」者，即墮遍計執性虛妄想中。如是之人名爲「未離二自性事，而作有性妄想計著者」。

「大慧！心、意、意識，身心轉變，自心現攝所攝；諸妄想斷，如來地自覺聖智修行者，不於彼作性非性想」：心謂自心藏識—第八識阿賴耶，意謂十八界之意根—第七識末那，意識謂分別識—了知六塵之覺知心。攝謂攝取，能取之意界及意識也；所攝謂所取，意根與意識所取之相分六塵也。

佛子依善知識教，證得自心藏識已，現觀意與意識之能取性，現觀所取六塵皆是自心藏識所現之內相分，現觀能取之意與意識亦是自心藏識所現，現觀能取與所取皆是自心藏識所現已，了知三界六道二十五有一切有情輪轉生死之中所受者，皆是自心取自心，實無外法可得；有情不知，執有外法可得，於中受諸苦樂，更造衆業。大乘佛子善聞、善思惟、善修、善證已，如實現觀一切能取所取皆唯是自心所現，實無外法外受可得；現前觀察已，身心轉變，各種虛妄想悉斷，遠離不如理作意，漸入如來地之自覺聖智而修正其身口意行；如是「如來地自覺聖智修行者」不於一切法之「緣生有」及「緣滅空」而作有性無性妄想，自然住於無爲無作之地，了知萬法悉皆不離自心所現之能取性及所取性故。

「若復修行者，如是境界性非性攝取相生者，彼即取長養及取我人」：如果有修行人，猶如前來所說於諸境界之有性無性而生取著的話，他們即是取著我相、人相、衆生相、壽者相。長養者謂壽者相也。

是故一切佛子不應否定自心藏識而言諸法緣起緣滅、緣起性空，墮於誹謗見中，否則即成「境界性非性攝取相生者」，執一切法空故；執一切法空者，即墮「取長養及取我人」中，「一切法空」依我人衆生壽者四相而有故，一切佛子應當遠離如是外道惡見。

一切佛子應當認取自心藏識，莫認藏識所生之意及意識爲自心，否則即成心外求法者、即成「境界性非性攝取相生者」，意根於一切境界中處處作主故，意識於一切境界中處處分別故。如是，誤認「清清楚楚明明白白之覺知心」爲自心藏識者，不離依他起性，墮於建立見中，非眞實法性；誤認「處處作主之心」爲自心藏識者，不離遍計執性，亦墮建立見中，非眞實法性。如是二者悉墮我相人相衆生相壽者相中，名爲常見外道惡見妄想。

「大慧！若說彼性自性自共相，一切皆是化佛所說，非法佛說。又諸言說悉由愚夫希望見生，不爲別建立趣自性法、得聖智自覺三昧樂住者分別顯示。譬如水中有樹影現，彼非影、非非影，非樹形、非非樹形；如是外道見習所熏，妄想計著，依於一異、俱不俱、有無非有非無、常無常想，而不能知自心現量。」

疏：《「大慧！如果是演說那諸法自性之自相共相的話，這一切佛法都是應身佛化身佛所說法，不是法身佛所說法。而且，這些言說都是由於愚夫希望見聞佛法，所以應化身佛出生如是言說，不是爲了別的建立趣向藏識自性法、而證得聖智自覺三昧、並且樂於在此三昧中安住不退的人而分別顯示。譬如水面有樹影示現，那樹影不是眞的影子，也不可說不是影子；那水面樹影不是眞正樹的形狀，也不能說不是樹的形狀；就像是這個道理，那些心外求道惡見習氣所熏的人們，虛妄想的錯誤推度及執著，使他們皈依於一異、俱不俱、有無非有非無、常無常等虛妄想，而不能知一切皆是自心藏識所現之事實。」》

「若說彼性自性自共相，一切皆是化佛所說，非法佛說。」：「性」謂一切諸法，「性自性」謂一切諸法之自性；一切諸法之自性者，悉皆緣生緣滅──依緣而起、緣散則壞、其性是空；是故諸法自性者即是緣起性空，一切諸法不離緣起性空故；若有人外於自心藏識而言緣起性空者，斯人則墮諸法自性見中。如今教界人士心生顚倒見，若聞他人言有自心藏識、言藏識有眞體性，非是假名建立，便責彼親證藏識者爲自性見；殊不知自身墮於一切諸法緣起性空之見中，正是自性見，翻以自性見而責證悟者遠離自性見之正見爲非，此殆末法之象乎！

若有佛說一切諸法緣起性空之自性，並說諸法緣起性空之自共相者，這一些法皆是應化身佛所說，並非法身佛所說法。蘊處界一切諸法無非緣起緣滅，皆是緣起性空之自性：無有一法不依緣生，無有一法不隨緣散而壞，其性非眞實有，是故歸空，故說蘊處界及所生一切法莫非以緣起性空爲自性；此諸二乘法者依於應化身佛之自相而說與衆聖弟子，衆聖弟子聞已親証，即入自相；以此自相現觀一切有情，即入共相。如是，一切法自性之自共相，全部是應化身佛所說，並非法身佛所說法。然應身佛於四大部《阿含經》中，已處處隱覆密意而說一切法界之實相—涅槃本際阿賴耶識—是故阿含不得自外於大乘，大乘亦不得自外於阿含，皆以涅槃本際之第八識而一脈相連故；若有人言大乘外於阿含，或言阿含中不說大乘法，斯人即墮諸法自性見中，不解阿含眞實義也。

「又諸言說悉由愚夫希望見生，不爲別建立趣自性法、得聖智自覺三昧樂住者分別顯示」：愚夫希望見聞佛法，出離生死；然無智慧，或以見聞覺知心爲涅槃心，捨壽時欲以此妄心入住涅槃；或以初禪定心、二禪定心、三禪定心乃至以四禪定心爲涅槃心，欲冀捨壽時以四禪定心而入涅槃解脫，悉皆是粗細意識覺知心，斯名外道五現涅槃邪見。中台山惟覺法師即墮此五現見中，彼以欲界中之覺知心錯認為涅槃心，欲以之了生死，乃是五現涅槃邪見中之最粗淺者；此名外道惡見，外於自心藏識而求佛道故名外道，引導攝持衆生入邪道故名為惡見。如是應化身佛初轉法輪阿含四部所說諸法自性空者，即是為此等「愚夫希望及惡見」者而生而有，故有初轉法輪四部阿含諸經說法，此一切法皆是化佛依此等愚夫因緣而說。

佛為此等愚夫演說蘊處界及所生一切諸法之自性，並說其自共相已，一切佛子即得因此遠離常見外道之五現涅槃邪見，入二乘法中。如今中台山、法鼓山師徒之不能遠離常見外道法者，病在未能眞解十八界法之自性，墮於愚夫希望見中，翻以「愚夫希望見」而誹斥了義正法；欲袪此病者，必須如實證解及現觀十八界法自性，通達其自共相，而後能遠「心外求道」之惡見。通達已，方能改易已往之誹謗排斥余法之惡行；若未如實通達十八界法自性之自共相，終將繼續誹斥余法猶如已往，無能改絃易轍也。

然諸菩薩慧根深利，樂修依於自心藏識自性所建立之趣向自性法門，依於藏識自性法門修證，獲得聖智自覺三昧，亦復樂住此三昧中；以此趣向自心藏識之自性法門，而住大乘之空、無相、無願三昧中，如是樂住，不取涅槃寂滅。阿含四部偏顯之諸法自性自共相等二乘法門，不為如是菩薩根性者分別顯示；為此諸菩薩根性者，唯說一切法之能取所取皆是自心藏識所現——一切唯心萬法唯識。

「譬如水中有樹影現，彼非影、非非影，非樹形、非非樹形；如是外道見習所熏，妄想計著，依於一異、俱不俱、有無非有非無、常無常想，而不能知自心現量」：水面有樹木之倒影顯現，此影實非樹木之真影，亦不可說不是樹木之影子，倒影而非正影故，有影而非無影故。倒影所現非真樹形，亦不可說非樹之形，是顛倒之樹形故，其形非異於樹故。如是心外求道之惡見習氣所熏，將能取之心及所取之相誤認為即是真實不壞之法界實相，猶如愚人於樹影起顛倒想，執樹影為實有法；彼等不知能取之意與意識（清清楚楚明明白白處處作主之心）乃是自心藏識所現，猶如水面樹影依樹而現，將彼能取之意與意識執為本來實有之法，起虛妄想而誤計及執著自己，依於一異、俱不俱、有無非有非無、常無常而起虛妄諸想，不能了知能取之知覺心是自心藏識所現之事實。

密宗之取相觀想諸法亦是心外求道之惡見熏習所生之法，將觀想本尊影像認作自心，復觀自心化光溶入其中，所觀皆是自心藏識影現，實非自心藏識；而諸密宗行者愚無智慧，認作自心，如諸愚人認取水面樹影爲樹，不能了知彼諸觀想影像及光，皆是自心藏識所現之事實；猶自以爲成佛，依於一異……常無常等理而起虛妄想，以之著作密續誤導眾生，不離心外求道之惡見妄想也。

「譬如明鏡隨緣顯現一切色像，而無妄想；彼非像、非非像，而見像非像，妄想愚夫而作像想；如是外道惡見，自心像現，妄想計著，依於一異、俱不俱、有無非有非無、常無常見。」

疏：《「譬如明鏡隨著外緣顯現一切色塵影像，而不於色塵中起任何妄想；明鏡中所顯現的影像，不可說是眞正的像，是色塵之鏡影故，非是吾人直接看到之色塵像故；亦不可說鏡影非色塵像，依色塵而照影故；然而一切人於明鏡中所見色塵像其實並非色塵之本來影像，虛妄想之愚夫卻以爲他直接看到了色塵像，而將鏡中影像認作是色塵本身之像。同樣的道理，心外求道的惡見者，不知能取之覺知心以及所取之六塵像，都是自心所現，由於虛妄想之誤計與執著，認定外六塵是自己所接觸者，便依外六塵及能取心而生一異、俱不俱……等惡見。」》

「譬如風水和合出聲，彼非性非非性；如是外道惡見妄想，依於一異、俱不俱、有無非有非無、常無常見。譬如大地無草木處，熱焰川流，洪浪雲湧，彼非性非非性，貪無貪故。如是愚夫無始虛僞習氣所熏，妄想計著，依生住滅、一異、俱不俱、有無非有非無、常無常，緣自住事門，亦復如彼熱焰波浪。」

疏：《「譬如谷響，是由風聲水聲和合而起；不可謂谷響爲實有法性，依緣而起故，不斷變易故；亦不可謂無有法性，谷響可聞故；心外求道之惡見妄想者亦復如是，不知能取與所取俱皆非有實性、非無實性，而生妄想，計著是

一、是異、是俱、是不俱、是有、是無、是非有非無、是常、是無常，而起諸見。譬如大地無草木處，日光照觸時，焰波似水流動，巨大的熱浪如雲洶湧，而彼陽焰熱浪似水者，非有眞實性，非眞是水故、依大地日光緣合而有故；亦不可說它無有法性，無貪想倒想者，現見其爲陽焰而非水故，實有陽焰可見故，亦令渴想倒想有情生於貪著故。同樣的道理，那些愚癡凡夫們，由於無始以來虛偽戲論習氣所熏習的緣故，起虛妄想，錯誤的認知能取與所取，計爲實有而生執著，依於生住滅法及一異、……常無常等想，以如是惡見、緣於聖人內身自證智慧諸事法門，也是同樣如彼熱焰波浪。」》

今者諸方自謂證悟大乘者極多，各各自言已經成就般若中觀、證得中道，及至觀其所著諸書、聞其所說言語開示，悉皆執取意識覺知心爲法界實相心，自言已證眞如；或如印順法師誤計諸法滅相爲眞如，自謂中觀之觀行應當如是；其實皆是依於意識覺知心之生住滅法，而以一異俱不俱有無非有非無常無常等見，自謂已經親緣聖人自身內證智慧之行門，都同樣是緣於熱焰波浪一般──不知能取之見分七識與所取之六塵相分，皆非有法性非無法性。

能取之覺知心與所取之六塵內相分，非有眞實法性；由自心藏識及業愛種爲因，父母及四大種爲緣，故有能取之見分與所取之相分，故非眞有恒不壞滅之法性；亦非無眞實法性，一切有情皆可現前證驗見相二分諸法故，見相二分實即自心藏識之一分法性故。而今諸方知識不曉此理，昧於自心藏識，覓不著自心藏識，便謂藏識爲無，遂外於藏識而取藏識所生之見分六識以爲自心，執之不捨，余雖百般解說，彼等仍執惡見不捨；猶如渴鹿之誤計陽焰爲水、追逐不捨，誠可哀愍。

「譬如有人咒術機發，以非衆生數、毗舍闍鬼，方便合成，動搖云爲，凡愚妄想計著往來；如是外道惡見希望，依於一異、俱不俱、有無非有非無、常無常見，戲論計著，不實建立。大慧！是故欲得自覺聖智事，當離生住滅、一異、俱不俱、有無非有非無、常無常等惡見妄想。」

疏：《「譬如有人善用咒術或機關之力量，以非衆生數之機關裝置，令木人像於機關發動時起身來往、動搖云爲；或以咒力驅使毗舍闍鬼，將死屍起身來往動搖云爲；其實乃是機關與咒術暗中運作之力，凡夫愚人不知其故，起虛妄想，錯誤地認作木人死屍本身能有往來動搖。就像是這樣，那些外於自心藏識而求佛道者，由於惡見而起佛法修證之希望，依於一異、俱不俱、有無非有非無、常無常等錯誤見解，生起各種戲論和不實之認知，執著其惡見而作各種不眞實之法義建立，用來度化衆生。大慧！由這道理之故，想要證入自覺聖智之修行法門者，應當親證自心藏識、應當證知能取與所取皆是自心藏識所現，應當遠離生住滅法—見聞覺知心所生之一異、俱不俱、有無非有非無、常無常等惡見所生之虛妄想。」》

「毗舍闍鬼」：以人類精氣及血肉爲食之鬼類也。如密宗胎藏界曼陀羅：外金剛院南方部之太山府君，其西方繪有六尊毗舍闍鬼（又名臂奢柘鬼），或持人手足而噉，或持人之頭蓋骨盛血而飲等；詳見《大日經》卷三普通眞言藏品、《佛母孔雀明王經》卷一、《灌頂經》卷八等所載。若人欲役使之者，應持其相應咒，以死人血肉供養之。古時趕屍人即是以咒力役使此鬼而趕死屍往目的地。

爾時世尊重說偈言：

幻夢水樹影，垂髮熱時焰，如是觀三有，究竟得解脫。
譬如鹿渴想，動轉迷亂心，鹿想謂爲水，而實無水事。
如是識種子，動轉見境界，愚夫妄想生，如爲翳所翳。
於無始生死，計著攝受性，如逆楔出楔，捨離貪攝受。
如幻咒機發，浮雲夢電光，觀是得解脫，永斷三相續。
於彼無有作，猶如燄虛空，如是知諸法，則爲無所知。
言教唯假名，彼亦無有相，於彼起妄想，陰行如垂髮。
如畫垂髮幻，夢揵闥婆城，火輪熱時燄，無而現衆生。
常無常一異，俱不俱亦然，無始過相續，愚夫癡妄想。
明鏡水淨眼，摩尼妙寶珠，於中現衆色，而實無所有。
一切性顯現，如畫熱時燄，種種衆色現，如夢無所有。

疏：《爾時世尊重新以偈開示說：「

如幻、如夢、如水面樹影，

如眼翳所見垂髮幻相、如熱時所見陽焰似水，
像這樣來觀察欲界有、色界有、無色界有，
一定可以證得解脫而出三界。
譬如野鹿由於口渴而起虛妄想，
遠處熱沙地上陽燄動搖而迷亂其心，
野鹿妄想以爲遠處陽燄是水，
然而實際上遠處並沒有清水的事相。
就像是這個道理一般，
諸識的種子流注動轉而知見六塵境界，
愚痴凡夫之虛妄想便因此生起，以爲實有六塵境界，
就像是眼睛被白內障所遮的人一樣不能看見眞相。
對於在無始劫以來的生死輪迴中，
一再的錯誤認知而執著覺知心能取六塵的體性，
若能像木匠以細楔出粗楔及逆楔出楔的話，

就可以捨離能貪六塵的能取性—覺知心。
三界有情如幻，皆如咒力起屍、機發像起，
亦如浮雲變幻不定、如夢不實、如閃電光隨即歸滅，
能這樣如實觀察三界之五（四）陰十八界六入的人可以得到解脫，
永遠斷除三界有或惑業苦等三種相續。
於三有之因—惑業苦之因，無有所作，
現觀三有一切行如陽焰、自心藏識如虛空，
如是證驗諸法的人，則是無所知的人。
一切言說及經教都只是假藉名相施設而已，
他們也沒有眞實不壞之自相，
若於那些名相上起虛妄想，
就會有想陰示現之行陰，猶如垂髮所現幻境一樣出現。
自心藏識顯現能取所取性，猶如畫布上顯現彩繪衆圖，
亦如垂髮於翳眼之顯現幻相，

亦如夢境有我於六塵中受苦樂，亦如愚人所見海市蜃樓，
亦如小兒妄見火輪、渴鹿妄見熱時陽焰，
其實都是在不眞實的幻有之中顯現衆生諸行。
凡夫所言常與無常、一與異等名相，
以及他們所常談論的俱與不俱等名相也是一樣，
都是由於無始世來錯誤的所知所見相續不斷而有，
是無智凡夫的愚痴妄想。
猶如明鏡現像、水中樹影、淨眼見色，
亦如摩尼奇妙寶珠顯現影像，
於明鏡、水、淨眼、摩尼珠中雖顯現出各種色相，
其實並非眞實有色像，只是外境的映現而已。
有情之心中所顯現的一切法——六塵相，
猶如畫布上之各種彩繪、猶如炎夏之陽焰，
種種不同的色相顯現，

都如夢境一樣非眞實有。」》

「如是觀三有，究竟得解脫」：有情之不能依於修行而證解脫者，咎在不能如實現觀三有；不能如實現觀三有者，咎在不能現前觀察十八界法；不能現觀十八界法者，咎在邪師及邪教導；邪師及邪教導之所由，在於邪師之無始妄想熏習成種，於此世現行而起邪見，妄將「三界有」誤計爲實相涅槃心。

欲界有者乃謂見聞覺知之心及處處作主之心，恒欲覺觸五塵及處處取捨，中台山惟覺法師是此類人也。色界有者有二：一爲初禪等至中恒觸「色聲觸」三塵及「初禪定境法塵」中之覺知心與作主心，此名色界之有；二爲二至四禪等至中不觸五塵而恒觸定境法塵之覺知心及作主心，此亦名爲色界有；當代善知識中，容有前者，未見有後者，諸多宣說已證二三四禪定境者，其所宣說定境並非眞實二三四禪等至故。無色界有者，謂四空定中之了知心及作主心。

欲界有及色界有悉具五蘊，有色身故；「無色界有」唯有後四蘊，無色身故。「欲界有」衆生身中具足十八界法，「色界有」衆生身中具足十二界法，缺鼻舌根故（鼻舌根不嗅香嚐味，唯扶塵根，無勝義根），不起鼻舌識，不觸香與味塵故；此說初禪至四禪天一切有情住於等持位中者，亦說初禪天人住於等至位中者；二至四禪天人住於等至中者，唯餘四界法—色界天身身根、意根及定境法塵、定中覺知心。「無色界有」衆生心中唯有三界法—意根、定境法塵、定中覺知心。意根即是處處作主之心、刹那刹那作主之心，佛於四阿含中有時說爲意或意界者，乃無色根之末那識也。

若人得遇二乘法中之初果聖人，皆得依彼所教，親自現觀欲界中十八界法，成初果人；今者觀諸南傳佛法，傳說中之大修行者「阿羅漢」等人，迄未見有如實現觀者，仍執一念不生之覺知性爲涅槃實際，同於常見外道，我見未斷，尚非初果聖人，焉得名爲「阿羅漢」？

若人得遇大乘法中六迴向位菩薩，皆得依彼所教而現觀欲界中十八界法，圓成別教六住滿心，六度行滿；隨後若得觸證自心藏識、領納其體性，證得根本無分別智；若能信受而起勝解不退者，即入別教七住不退，般若智慧不共二乘無學，故名別教。今觀大乘法中顯密諸師，未見有能如實證驗十八界法者，諸「證悟聖人（如義雲高、喜饒根登）」悉將意識界錯認爲眞如心，猶墮十八界法中，不離十八界法，尚非別教六住滿心，外門六度未圓；尚未觸證自心藏識，所說「般若」不離一異……常無常等妄想、尚非七住內凡賢位菩薩，云何名為聖人？悉墮大妄語業中。是故，如實現觀三界有，乃是當今北傳大乘法及南傳二乘法中一切修行者當務之急，惜乎未見有眞善知識能傳十八界現觀之法者，何況證悟自心藏識者？此乃末法佛子之根淺福薄障重所致；何以故？謂余以著作如實陳述此諸現觀之理，而仍多有佛子一見著者為蕭平實「居士」，便心生嫌惡，不肯閱讀；以為蕭平實是喜歡批評他人者；以拒讀故，喪失建立正見及證悟大法因緣。

殊不知無上了義正法之弘傳，必須藉諸摧邪辨正，方能顯示了義正法之異於表相正法處，方能顯示無上正法之異於心外求道者之似是而非處，諸菩薩造論皆緣此理而為；玄奘菩薩摩訶薩言：「若不破邪，難以顯正」，其故亦在此；古時世尊踵隨六師外道之後，遍至各方大城一一破斥以度衆生，其故亦在此，不可謂世尊「喜歡罵人」也。余諸書中舉示衆例，其故亦復如是；佛子若以情執、而不以正理辨正者，離道遠矣！斯名攀緣有名聲大師情執，不名修學佛法智慧也，有智佛子當然余言。

「如是識種子，動轉見境界，愚夫妄想生，如爲翳所翳」：六識種子一旦流注，動轉相現，必見境界；六識種若不前後相繼流注不斷，則不見境界，此理已於第一輯中敘述，茲不重複。現今南傳佛法諸大師輩皆教人於四威儀中保持清醒明覺，則同今諸大乘顯密大師令人認取「不生妄想妄念之覺知心」，同墮常見外道法中。此過之普遍而難斷者，咎在不解六識種之流注動轉體性；若知六識種流注動轉必見境界者，我見則斷，知其念念流注生滅變異故；若能證知此理，則不於能覺及所覺中起虛妄想——不認能覺心爲涅槃實際。愚夫不知此理，於六識種子流注動轉中見諸境界，遂返認能覺者爲涅槃實際，如此妄想邪見普遍存在於現今南傳佛法諸大師之中，正是「愚夫妄想生，如爲翳所翳」。

「於無始生死，計著攝受性，如逆楔出楔，捨離貪攝受」：衆生於無始生死中，世世誤計能取之性（攝受性）爲常不壞滅我，以爲此我能往來三世，故執「能取境我、能觸境我」爲恒在不滅；而不知此我唯有一世，死已永滅，我執邪見熏習故，無明種子由藏識攜至來世現行，復現另一全新之覺知心而取諸境，渾然不知藏識於前世所現之覺知取境心。如是名爲「於無始生死，計著攝受性」也。

然而欲斷我執者，萬勿效法諸方知識之打坐入定，冀以斷除覺知取境心之現行而出三界；此非佛法也。何以故？謂三乘無學悉以智慧現觀「能覺知、能取境心」之虛幻而證三乘菩提，方出三界，慧脫俱脫聖者無一非是如此現觀，未曾有人依於入定滅除覺知而出三界也。

譬如已證非想非非想定佛子欲入涅槃而不可得，後因佛教，以覺知心現觀覺知心自己之幻有非眞，如實現觀後，覺知心之自我執著斷滅、作主心之自我執著斷滅，遂由非非想定中轉入滅盡定，成俱脫無學。是故，欲除無始生死以來之計著能取性，必須以能取性心（覺知心）觀察自我之緣生緣滅、暫有非眞；非以壓制此心令其不現之定法得成解脫果也，否則必墮無想定中，不離生死輪迴。猶如木匠欲行拆解一件木器，乃製細楔以出粗楔（古時木器傢俱皆不用鐵釘，唯以鑿孔入楔之法固定之），粗楔既出，細楔亦捨；修行者亦復如是，以能取境心（能觀察之覺知心細楔），觀察自己（能取境攝受心性之粗楔）幻有非眞，我執隨斷，即同木匠之逆楔出楔也。

此乃解脫道之觀行也，若求大乘見道，亦復不離此理，故余諸書皆示佛子：「應以覺知心，覓取離覺知心；覓得離覺知心時，覺知心之自己亦不滅除，而與離覺知心同時同處，眞妄二心並存不悖；不可捨覺知心而覓離覺知心；覓得離覺知心已，我見隨斷。」其故亦在此，即是逆楔出楔之法也。亦如俱解脫阿羅漢之現觀「覺知心我、作主心我」虛幻不實，我執斷盡，而不妨仍有「覺知心我、作主心我」之現行而住世間，度化衆生。是故解脫修證，並非斷除「覺知心我、作主心我」之取境性，乃是斷除對於「覺知作主心」自我之執著煩惱，不畏自我滅失，對於「自我恒欲現行了知境界而不滅失」之攝受性執著，以慧滅除；滅除已，捨壽前，不妨仍有了境性，而無貪取性，是名解脫。然而欲證解脫而棄覺知心者，不得捨棄覺知心作觀行，不得捨棄覺知心而斷煩惱，要以覺知心之觀行來斷覺知心之我見我執煩惱；譬如木匠欲出木器之楔，還須以楔方能出楔，其理無二。

「如幻咒機發，浮雲夢電光，觀是得解脫，永斷三相續」：二乘所證解脫之人無我，如前偈所述；大乘人無我則有二觀—雙觀空性與空相。觀空性者，謂於幻咒起屍、機發像起，如實現觀實相；觀空相者，謂於蘊處界諸法現觀猶如浮雲、如夢、如電光。如是雙觀空性與空相者，永斷我見；若已修得四禪八定者，如是雙觀已，永斷三界有之相續，依於見道而證俱解脫果。

「於彼無有作，猶如燄虛空，如是知諸法，則爲無所知」：於大乘法中，若以不起妄想之覺知心爲實相心者，墮於我見中，必生慢心；以有「覺知心我」，必與有爲有作相應。唯有菩薩雙觀空性與空相者能斷我見，了知無有我所，方與無爲無作相應；此後若有所爲所作，皆爲佛敎及爲衆生，不自爲己。何以故？了知蘊處界覺知心及萬法猶如陽燄故，了知空性藏識自心猶如虛空故；如是了知諸法—証知能知心及所知境虛妄者，方可名爲無所知。

凡夫之無所知者，謂於十八界無所了知，於藏識空性心無所了知。於大乘法中，若不證得自心藏識，則不入別敎七住位，於空性無所知；若不依自心藏識修行而證自心三昧者，則不入初地、不如實知佛道次第，必如宗喀巴等人之顛倒佛道次第，名爲於大乘聖智無所知之凡夫也。

大乘聖智之無所知者，謂於十八界法現觀無我、無我所已，復不離十八界法而覓得空性藏識，現前領受自心藏識之體性：離見聞覺知、離分別、無來去、無所住、不起想、不觀六塵、亦不返觀自己。復由現前領受自心藏識之故，現觀藏識空性心於衆生身中之無爲性、猶如虛空，證知虛空無爲；由此虛空無爲，再來現觀藏識所生能取所取之五蘊十二處十八界法，悉如陽燄現而非眞，如是現觀了知諸法故漸除執著，處於六塵中而不加了知，乃至對於自心藏識亦不起觀，是即大乘菩薩聖智之無所知也——一切所知皆非實際故。

「言教唯假名，彼亦無有相，於彼起妄想，陰行如垂髮」：言教唯是假名，非眞實法，是故佛子於課誦佛經之餘，當勤探究佛語所示空性眞義，唯有空性自心方是眞實正義。三乘十二部經教，無非爲令佛子依於自心空性而證涅槃及與佛乘菩提；若人否定空性自心，而以「緣起性空」之名義、或以「緣起性空即是眞如空性」之名義爲佛法正義者，斯皆假名所起妄想，不離想陰─覺知。不覺想陰者，便以入住定中不生妄念以爲涅槃境界，悉墮想陰行陰境界，猶如眼翳者於自垂髮而起妄見。

餘偈所說言義淺白，依文解義皆可知之；前來佛語亦已敘之，勿煩重解，以免厭煩。

「復次大慧！如來說法，離如是四句：謂一異、俱不俱、有無非有非無、常無常。離於有無、建立、誹謗、分別。結集眞諦、緣起、道滅、解脫，如來說法，以是爲首。非性、非自在、非無因、非微塵、非時、非自性相續，而爲說法。復次大慧！爲淨煩惱爾燄障故，譬如商主，次第建立百八句無所有；善分別諸乘及諸地相。」

疏：《「復次大慧！如來說法時遠離這四句：也就是一異、俱不俱、有無非有非無、常無常。遠離有無、建立、誹謗、分別。結集第一義眞諦、緣起性空俗諦、修道證滅之法、證得四種涅槃解脫，如來說法，以結集這四種法門爲首要。不是數論外道所說不眞實法、不是大自在天創造一切、不是無因而自然生、非是四大微塵成諸有情、非由時節因緣形成有情、非是覺知之性相續不斷，離如是過失而爲衆生說法。復次大慧！爲令佛子清淨煩惱及無明障的緣故，譬如商主巧設方便一樣，如來次第建立一百八句無所有法；善於分別三乘諸法差別，及分別十地差別相。」》

「復次大慧！如來說法，離如是四句：謂一異、俱不俱、有無非有非無、常無常」：如來說法皆以實相涅槃而說，實相涅槃者即是自心藏識；依自心藏識而顯實相涅槃，若離自心藏識而言實相及涅槃者，皆成戲論，非眞實相、亦非涅槃故，唯是言語故。是故一切未曾證悟自心藏識之二乘無學所說涅槃，非是究竟涅槃，與實相不相應故；是故一切尚未證悟藏識自心之大乘法師居士，彼等依於一異、俱不俱、有無非有非無、常無常等句而說實相者，悉皆言不及義；乃至如印順法師以般若經之不來不去、不一不異、不生不滅、不斷不常說法而否定自心藏識者，亦皆戲論，所說悉墮名相，有名無實，未能觸及第一義心，所說八不中道悉成戲論。如來所說，遠離四句，於三轉法輪中，唯說自心藏識——一切唯心造，心即法界性。於二轉法輪經中所說八不中道，亦依實相涅槃心而說，非如印順法師以一切皆滅之滅相不滅爲八不中道也。

「離於有無、建立、誹謗、分別」：有無者謂衆生愚癡無明所障，執有過未現在三世、執無過未現在三世，執有不生滅心與蘊是一是異，執有不生滅心與蘊俱或不俱，執有不生滅心是常或非常，名爲執有無者；佛說自心離於有無非有非無，自心藏識與見不相應故。

建立者，謂如中台山惟覺法師、法鼓山聖嚴法師、自在居士等人，同執「不起妄念之覺知心」爲涅槃實相妙心，將此念念變異、夜夜間斷而不能來往三世之斷滅心，建立爲涅槃實相妙心，名爲建立見，常見外道法是也。佛說法時遠離此見，謂佛已於初轉法輪四部阿含一切經中，廣破建立見之常見外道法，故不墮此見中。

然有印順法師者，於其所著《如來藏研究、唯識學探源、妙雲集諸書……》中，處處指稱第八識如來藏法爲外道神我思想；如是名爲弘揚佛法，實乃破壞佛法根本，不解初轉二轉三轉法輪諸經也。佛既早於初轉法輪阿含諸經處處破斥外道神我梵我思想爲常見外道法，焉有可能復於三轉法輪時返執外道神我思想爲如來藏法？此理不相通也。

而印順法師非議如來藏思想爲外道神我思想已，返執外道神我思想所說之微細意識——不可知之意識細心——爲恒不壞心，爲能貫通三世因果者，正墮初轉法輪所破之外道神我思想中；猶如賊人反誣屋主爲賊，豈非可笑？而無智學人乃竟信之迷之，不以爲怪，翻謗余所弘傳如來藏法爲非佛法。

誹謗者，謂諸斷見論者，亦謂應成中觀師（如印順法師、達賴喇嘛等人）之謗無七八識者。以依三轉法輪唯識諸經尋覓如來藏阿賴耶識，而覓之不得，遂謗爲無，名爲誹謗見者。

分別者，謂諸三乘學人，外於自心藏識而分別三乘佛法、爲人說法，是名分別者。佛於初轉法輪四阿含中，開示三乘法時，雖然偏顯二乘空相諸法，然於處處隱含空性藏識密意，依如來藏而說四聖諦、八正道、十二因緣之緣起性空；異於凡夫之否定自心如來藏而廣分別二乘緣起性空等法，是故不墮分別論中。佛世之二乘無學雖然多有未證第八識者，然亦多有無學聖人知有第八識阿賴耶、知是涅槃實際者，故彼聲聞無學所說二乘緣起性空諸法，亦能不墮分別論中。

「結集眞諦、緣起、道滅、解脫，如來說法，以是爲首」：結集眞諦者，謂結集第一義諦諸經。第一義諦乃說法界之眞實體性—第八識如來藏；《華嚴經》云：「若人欲了知，三世一切法，當觀法界性，一切唯心造。」一切法界之眞實體性即是自心藏識；三世一切法，一切有爲無爲法界，莫非自心藏識所生所顯，故說唯心；此自心藏識既是一切法界之根源，當知此心即是第一義諦之法源也，唯此藏識所顯眞理是究竟眞理，餘者皆是相對眞理，故名第一義諦。結集一切闡釋藏識之眞實義理經法，名爲結集眞諦。

結集緣起者，謂結集緣覺法之一切正理。緣覺法者，謂依蘊處界而現前觀察十二因緣，以現觀故除斷我見我執，成辟支佛。緣起亦謂緣生，乃順觀十二因緣也；緣滅亦謂性空，乃逆觀十二因緣還滅法也。然順觀者，亦得爲還滅之法，亦名緣滅。

此有故彼有，是即緣起法；以有無明故有行，乃至生有故有老死；緣起之法，必歸於滅，其性必空，故五蘊十二處十八界性空，是名緣起性空，或名緣生性空。此滅故彼滅，是即還滅法；以無無明故無行，乃至無生故無老死；一一有支皆是緣起之法，依緣而起者必可依緣而滅，其性是空，故名緣起性空；十二有支之無明滅已，一一有支隨滅不起，故得解脫。結集一切緣起性空之相對眞理經法，名爲結集緣起。

結集道滅者，謂結集四諦八正之法義。四諦八正乃是聲聞之道，以苦集滅道四聖諦法之眞實理，令佛子解知；以八正道爲修行之法門，現前觀察五蘊十二處十八界之無常空相：無常故苦，苦故無我；無常故空，空故無我，由是如實現觀，除斷我見我執，我執滅故，成阿羅漢。結集聲聞法解脫之道及滅苦正理之一切經法，名爲結集道滅。

緣起道滅乃二乘法，是相對於五蘊十二處十八界法而建立之解脫法，故爲相對眞理，於大乘法中說爲俗諦，蘊處界是三界有爲俗法故，依蘊處界俗法而演示出三界正理故，名爲俗諦。

結集解脫者，謂結集一切敘述四種涅槃之經法。四種涅槃爲：本來自性清淨涅槃、有餘依涅槃、無餘依涅槃、無住處涅槃。四義已於前三輯中演述，勿煩再舉。

如來說法，以結集第一義諦、緣起性空俗諦、苦集滅道俗諦、及四種涅槃爲首要，其餘世界悉檀等，皆非首要，與解脫果及佛菩提果無直接關係故。

「非性、非自在、非無因、非微塵、非時、非自性相續，而爲說法」：如來說法以結集眞諦、緣起、道滅、解脫四法爲首，不以數論、大自在天、自然、微塵、時節、自性相續等外道法而說。

「性」謂數論外道所說冥性也。彼等以冥性爲萬有之生因，以二十五諦建立其宗義；四大類外道之一也，於卷四經文中當說，今不先舉示。

「自在」謂似如今一神敎徒之類，認爲一切有情及與世界，皆是由一全知全能之大自在天或梵天所造，名爲自在外道。

「無因」者謂無因論也。謂有一類外道不知自心藏識能生一切法，不知有情蘊處界由自心藏識所生；覓求蘊處界生之因不可得，便計蘊等諸法依父母緣自然而生，無自心藏識之因，名爲自然外道無因論者；密宗黃敎應成中觀師徒及印順法師等人是此論者。

「微塵」者謂：有一類外道誤計蘊等諸法皆依四大極微元素合成，覺知心亦依四大微塵所成色蘊而有；猶如鋒利依刃而有，覺知心依色蘊而有；色蘊壞已，覺知心永斷，歸於斷滅，無有能去至後世者，此即唯物論之斷見也。

「時」者謂：有一類外道誤計時節爲蘊等一切法之根源；時至則生，時過則壞，悉依時節而成住壞空；時節因緣成就蘊等一切法，時節因緣滅壞蘊等一切法。

「自性相續」者謂：如今南傳佛法諸師，多有主張意識覺知心可以其自性之相續不斷而連結三世因果者，名爲自性相續外道——自性見者。亦如印順法師及其徒衆，主張意識之細心可因自性相續不斷，而由往世來至此世，復能去至來世，亦是自性相續之自性見；達賴喇嘛等應成派諸中觀師皆是同類人。三如中台山惟覺法師、四川義雲高、釋性圓、釋性海、桃園喜饒根登以「清清楚楚明明白白」之覺知心爲恒不壞心，認爲不須別依藏識而能於眠熟斷已，次日自性相續而起，錯認意識覺知心爲眞如，亦是自性相續之自性見者。餘如拙著公案拈提諸書所拈諸師，多屬自性相續見者。

如來說法，以結集眞諦、緣起、道滅、解脫等四門爲主，不說數論、大自在天、無因論、四大極微、時節、自性見等外道論。

「爲淨煩惱爾燄障故，譬如商主，次第建立百八句無所有；善分別諸乘，及諸地相」：煩惱障謂見惑與思惑障礙修行者，使之不能脫離生死輪迴；於大乘法中說爲一念無明之四種住地煩惱：見一處住地無明（我見）、欲界愛住地無明、色界愛住地無明、無色界愛（有愛）住地無明。爾燄障謂無始無明—無始以來法爾存在而不曾與覺知心相應之無明住地，直至欲明法界實相時方才相應，而猶未與無始無明之「上煩惱」相應。如是無始無明又名所知障，於法界實相心之空性及有性不知不證，是故成障，障佛菩提。

佛爲清淨諸佛子之煩惱障及所知障故，譬如大商主施設化城，漸漸引領商衆而至安隱大城，是故次第建立百八句法界空性與蘊處界等諸法空相諸無所有法，善於分別及宣說三乘同異，及宣說十地境相差別，令大乘佛子通達佛法、漸入諸地，雙証解脫果與菩提果。

「復次大慧！有四種禪，云何爲四？謂愚夫所行禪、觀察義禪、攀緣如禪、如來禪。云何愚夫所行禪？謂聲聞、緣覺、外道修行者，觀人無我性，自相共相骨鎖，無常、苦、不淨相，計著爲首；如是，相不異觀，前後轉進，相不除滅，是名愚夫所行禪。云何觀察義禪？謂人無我自相共相；外道、自他，俱無性已，觀法無我；彼地相義漸次增進，是名觀察義禪。云何攀緣如禪？謂妄想二無我妄想；如實處，不生妄想；是名攀緣如禪。云何如來禪？謂入如來地，得自覺聖智相三種樂住，成辦衆生不思議事，是名如來禪。」

疏：《「復次大慧！有四種禪，如何是四種禪呢？也就是說：愚夫所行禪、觀察義禪、攀緣如禪、如來禪。甚麼是愚夫所行禪呢？也就是說聲聞乘、緣覺乘、外道等三種修行者，觀察人無我性，於自相共相觀察骨鎖，以無常、苦、九想不淨相，錯誤計度執著爲最上究竟之法；像這樣觀想修行，所觀諸相無異於能觀之心，前後轉進而不除滅所觀之相，這就是愚夫所修行的禪。如何是觀察義禪？是說佛子於人無我之自相共相上，觀察外道、自己、他人，俱皆無有眞實不壞之我性以後，復於五蘊十二處六入十八界及諸法觀察無我；於人無我及法無我自共相之道理，漸次增進細觀，這就是觀察義禪。甚麼是攀緣如禪呢？這就是說有兩種人：初見道者仍未通達大乘，而於人法無我起於虛妄想；以及通達之人住於如實處，故不生妄想；這就是攀緣如禪。如何是如來禪呢？這是說十地菩薩修入如來地，證得自覺聖智相之三種樂住，能成辦衆生不可思議之事業，這就是如來禪。」》

大乘菩薩若欲於人間住持佛法者，應當了知四種禪：愚夫所行禪、觀察義禪、攀緣如禪、如來禪。

「云何愚夫所行禪？謂聲聞、緣覺、外道修行者，觀人無我性，自相共相骨鎖，無常、苦、不淨相，計著爲首；如是，相不異觀，前後轉進，相不除滅，是名愚夫所行禪。」二乘未見道之修行者，及外道修行者，欲實證人無我故觀察人無我性，以有相觀而作觀行：於自相共相上觀察自己他人之九想觀及白骨觀，觀察自他一切「人我」皆是無常、是苦、是不淨相，誤計色蘊之人無我相觀爲究竟出離之法；他們這樣觀行—所觀之一切相不異於能觀之心，前後次第轉進，觀至最後階段時，所觀之相仍不除滅，則能觀之心、相待於所觀之相而存在不滅，不離能取心與所取境，終究不能實證人無我，這就是愚夫所行禪。

譬如密宗之密續《一切如來眞實攝大乘現證三昧大教王經》卷五：「巧業金剛三摩地，思惟遍滿虛空界，隨其所欲金剛身，於刹那中即騰踊。……觀想最上亦復然……速疾大智得成就……諸佛影像衆所成，離障寥廓等空界，於一切佛等持門，是中證得諸佛果。」又如卷六：「左金剛指而平受，右手起立以成印，此印名爲覺最勝，由此即成佛菩提。」又如卷七：「微妙金剛相應故，即當觀想於自身，自身現月影像中，淨菩提心應觀想。……微妙金剛法相應，觀想金剛住心中，自身即是佛影像，由是觀故即成佛。」又如卷二十四：「佛智爲利諸有情，設諸成就方便法，依法觀想大印成，於現生中得成佛。」如是皆以觀想所設定影像成就於自心中，以之爲成就究竟佛。

如是觀想，前後轉進，至其所謂成佛時，相仍未除滅，而以能觀之心爲眞如、以所觀佛影成就爲成佛；尚不能證知自心藏識、尚不能離「能取心與所取境」，尚不能斷我見之現行，何況能斷我見隨眠及我執隨眠？我見不斷者尚非別教七住位，云何能成究竟佛？如是觀想成佛之法，同於二乘未見道修行者及外道修行者之觀行，俱是愚夫所行禪，非眞佛法也。如是觀想之法，若作爲去除貪執及見道之前方便，漸漸引入三乘佛法，未嘗不可視之爲佛法修行次第；若以此想名爲成佛者，即是附佛法外道之修行法，名爲愚夫所行禪。

「云何觀察義禪？謂人無我自相共相；外道、自他，俱無性已，觀法無我；彼地相義漸次增進，是名觀察義禪。」觀察正義者其義有三：首爲依於五蘊十二處十八界觀察人無我之自相與共相─或依聲聞法苦空無常而觀人無我自共相，或依十二有支之緣起性空而觀人無我自共相。次爲如是觀察外道、自他所觀蘊處界俱無不壞之我性已，或依二乘法於一切法上觀察諸法無我，或依大乘般若空經所述空相觀察諸法無我。三爲隨順觀察初地法無我相，並依初地法無我相之正義而漸次增進觀察諸地法無我相。如是三種名爲觀察義禪；此三乃圓教六即佛中之觀行即佛，皆未入分證即佛位；皆未親證自心藏識，僅依經教正義而作觀行故。譬如未悟錯悟諸人，依余著作而觀察佛法正義，皆此禪也。

「云何攀緣如禪？謂妄想二無我妄想，如實處，不生妄想；是名攀緣如禪。」攀緣如禪境界有二種：一爲妄想二無我妄想，二爲如實處不生妄想。前者乃是一切大乘眞見道位之佛子，初證自心藏識—禪宗之明心—現見阿賴耶之離見聞覺知性、不作主性、無我性，初證人無我，而於現前觀察體驗證實之過程，以未具足了知故，有時起於人無我之虛妄想；復於法無我起虛妄想，以其見地未通達故；法無我之現前觀行須依善知識之教，方能如實現觀故；初見道者於此不解，故生法無我之虛妄想。

其次，如實處、不生妄想者有二：一者依於眞見道與相見道之通達位功德，證得道種智而起初地無生法忍，其覺知心我及作主心我（六七識），即得依於人無我及法無我之本際而住，於如實處不生虛妄想—若有想生悉皆如理作意—永不於涅槃之實際生虛妄想；涅槃實際即是自心藏識故，人無我及法無我悉依自心藏識體性而言故。

二者菩薩依大乘眞見道及相見道所證人無我、法無我等現觀而起初地無生法忍者，其覺知心及末那心住如實處，空無相無願三昧相應，以無願故不生妄念，心中不起語言妄想（唯除上地無生法忍觀行及為衆說法時），是名如實處不生妄想，覺知心常離語言相故。

云何名爲「如實處」而不名爲實際？謂覺知心依別境慧、與見地相應而住，所住處非眞實際，故名如實處；如者相似也，如實處即非實際故。實際者謂自心藏識無始劫來恒住於離見聞覺知處，恒住於離語言相處，恒住於處處隨緣任運而不作主處，恒住於涅槃「境界」處，恒住於八不中道處，恒住於無常苦無我之實際處，恒住於諸法緣起性空之實際處，恒住於離一切見處；自心藏識無始劫來恒如是住，此處方名實際處。覺知心永不能住於此實際處，而以見地依自心藏識實際而住，故名如實處。不迴心之二乘聖人及諸凡夫聞此語已，似解非解，未能眞知余意；唯有大乘眞見道位及相見道位菩薩能解余意，如是則能眞解攀緣如禪正義。依此攀緣如禪漸修及佛菩薩攝受加持力故，漸次增進，能入八地。

「云何如來禪？謂入如來地，得自覺聖智相三種樂住，成辦衆生不思議事，是名如來禪。」如來禪者，乃九地滿心菩薩之所修也；修此得入如來地，故名如來禪。

九地之入地心菩薩及住地心菩薩專修力波羅蜜—破所知障之四無礙解障礙，證得四種無礙，所謂於法自在、於義自在、於詞自在、辯才自在；以具此四種自在故，滿足力波羅蜜，成九地滿心，名為大力菩薩。

大力菩薩於眞如之三解脫門中，尚有俱生一分所知障，令彼不能於一切法得大自在，障礙十地所得大法智雲，亦障十地大法智雲及所含藏與能起事業；若斷此俱生一分所知障，即能發起十地大法智雲功德及大神通力，入十地心。大法智雲謂眞如實際及緣於眞如之般若慧；眞如實際即是守一心如，緣如之慧，即是虛空解脫與金剛解脫也；大法智雲及所含藏者，謂諸總持門及諸三昧門，即是般若解脫也；得「大法智雲及所含藏」之菩薩能起大神通，此大神通即是「大法智雲及所含藏」之能起事業。菩薩如是修者，成就十地滿心功德。

十地菩薩復於十地所餘俱生微細所知障及任運煩惱障習氣種，現前觀察，分分斷除而入等覺位；降神母胎受生長大出家修行，於金剛喻定現前時永斷無餘，成三界尊，入如來地；如是修行法門，是名如來禪。

《金剛三昧經》載：大力菩薩言：「何謂存三守一，入如來禪？」佛言：

「存三者，存三解脫；守一者，守一心如。入如來禪者，理觀心淨如；入如是心地，即入實際。」大力菩薩言：「三解脫法，是何等事？理觀三昧，從何法入？」佛言：「三解脫者：虛空解脫、金剛解脫、般若解脫。理觀者，心如理淨，無可不心。」大力菩薩言：「云何存用？云何觀之？」佛言：「心事不二，是名存用；內行外行，出入不二；不住一相，心無得失，一不一地，淨心流入，是名觀之。菩薩！如是之人不在二相，雖不出家，不住在家；雖無法服而不具持波羅提木叉戒，不入布薩，能以自心無爲自恣，而獲聖果。不住二乘，入菩薩道，後當滿地成佛菩提。」如是名爲如來禪也。

修如來禪者，能入如來地，證得自覺聖智相三種樂住，成辦衆生不思議事。自覺聖智相三種樂住者，謂證得四種涅槃、一切三昧、及佛菩提，於此三種聖智相中得正法樂，如是安住。成辦衆生不思議事者，謂大神通，非八地無功用行如幻三昧之所能及，能成辦一切衆生所不能思議之事。

爾時世尊欲重宣此義，而說偈言：

凡夫所行禪，觀察相義禪，攀緣如實禪，如來清淨禪。
譬如日月形，鉢頭摩深險，如虛空火燼，修行者觀察，
如是種種相，外道道通禪；亦復墮聲聞，及緣覺境界。
捨離彼一切，則是無所有；一切剎諸佛，以不思議手，
一時摩其頂，隨順入如相。

疏：《爾時世尊欲重新宣示此道理，而說偈言：
凡夫所修行的有影像的禪，
佛子對於人法無我及諸地境相所修的觀察義禪，
緣於眞如而住無妄想境的攀緣如實禪，
以及九地十地菩薩所修的如來清淨禪。
譬如有人定中觀見諸方世界形如日月者，
亦如定中觀見紅蓮地獄之深險者，
或觀自心遍滿虛空、以及九想觀已復觀火燒骨骸餘燼者，
修行者如是觀察；

所觀如是種種相，是外道之道通禪；
也墮入了聲聞緣覺境界，不是佛菩提般若境界。
捨離了那些人的觀行境界，
則是無所有的菩薩境界，漸次修行而入十地，
在十地住心時，坐於大寶蓮花王宮殿，
十方諸佛同時以不思議手為他灌頂，
十地菩薩因此得滿十地心隨順進入眞如境界。》
「凡夫所行禪」：未覓得自心藏識而修四禪八定者是凡夫所行禪，以一切法空為空性而修觀行者是凡夫所行禪，以不打妄想之覺知心而禪坐者是凡夫所行禪，以定中寂靜返照之心為眞如者是凡夫所行禪，以覺悟緣起性空而住於一念不生之覺知心中者是凡夫所行禪，以觀想自身化為光明溶入所觀本尊影像中為成佛者是凡夫所行禪，觀想中脈明點射入空行母子宮而隨空行母往生淨土者是凡夫所行禪，觀想中脈紅白明點為眞菩提心者是凡夫所行禪，以定中不觸五塵之覺知心為眞如者是凡夫所行禪，依神通而起變化之覺知心而認定為眞如者

是凡夫所行禪，以持名念佛乃至無相念佛之覺知心爲眞如者是凡夫所行禪，以看話頭之覺知心爲眞如者是凡夫所行禪。凡夫所行禪種類繁多，述之不盡；以衆生妄想種類極多故，遂有種種凡夫所行禪出現人間，皆因不如理作意而起故。

「觀察相義禪」：大乘佛子未見道前，當先觀察眞實義相。此須先隨善知識熏習自心藏識之眞實義，復又聞熏唯識五位——所謂資糧位、加行位、見道及通達位、十地修道位、佛地究竟位——之眞實義；如是隨順修觀行已；方可參禪覓心而入見道位。若未於加行位現觀能取定境心及所取定境皆緣起緣滅者，不能雙印能所取皆空；不能雙印能所取空者，必墮前述凡夫所行禪等常見外道見中；若不了其妄，而自謂證悟成聖者，即墮大妄語業中。

欲滿足四加行者（非密宗妄設之四加行），必須親隨善知識聞熏正知正見；欲隨善知識聞熏加行之正理者，須具資糧。資糧者謂：廣修六度外門諸行——布施持戒忍辱精進禪定般若——修除性障積聚福德建立正見。資糧未備而求了義大乘法者，必不可得，不能信受眞善知識故，必依表相而求善知識故，不能以理智而冷靜探究眞假善知識之開示故。如是，大乘別教四加行位之功德尚不能發起，云何能入見道乃至通達位？是故，福德資糧之積聚及正知正見之建立極爲重要，若缺其一，即不能入大乘見道位；欲求此生得入大乘見道者，當速積聚福德資糧，以及親隨眞善知識聞修觀察相義禪。猶如我正覺同修會中，隨諸親教師學法而未證悟之同修等，所修皆名觀察相義禪。

「攀緣如實禪」：眞如—自心藏識—眞實有，一切大乘別教證悟之七住位以上菩薩，皆可現前領受其離見聞覺知復不作主之本來自性清淨涅槃體性，亦可現前領受其能生五陰十二處十八界及所生萬法之緣起性，亦可現前領受其依於業種而現之異熟緣滅性，亦可現前領受恒住性淨涅槃中而含藏染汙之七識種子……等；我正覺同修會中之一切證悟者皆可現前領受其體性，是故自心藏識眞實有，非是假名施設之「唯言說名」；若未能觸證及領受自心藏識之眞實體性者，皆非大乘菩提之見道者，遑論能修佛道？能授人佛道？乃竟廣造諸論、廣著諸書而否定第七識與第八識自心，消滅佛法根本實義而自謂能弘佛法眞義、能證般若中道？

譬如印順法師云：《一類經爲量者，只是在六識以外，建立一個一味相續的細心而已！主張滅定有心，本來在執持根身和任持業力。現在既建立了第七細心，那集種起現的作用，自然也移歸第七。》（摘自正聞出版社《唯識學探源》頁八三）

然而六識外之第七心，實非人爲「建立」而有者，謂六識夜夜斷滅、依他緣起，非能自生；於其生起現有覺知之前，必定別有一心能觸五塵諸法，方能警覺六識種子而令現起；既於六識外現見別有一心觸五塵諸法者，非第七末那識而何？焉得謂爲「建立」？若謂「建立」者，則意根復是何物？不可謂意根是大腦或心臟也，此二是色法肉段，非是心也，焉能識別五塵諸法而警覺六識種子令其生起六識？

印順法師又云：《這集起心，與唯識學上的本識，幾乎無從分別。但切勿以爲這就是第八識；第八識，要別立第七末那後，才開始成立。》（摘自同書同頁）

然而第七識意根與唯識學上之本識，體性差異不小，不可謂「幾乎無從分別」，我會中之已悟者，悉能現前證驗二心之差異性。又：第七識意根，不可謂為集起心，其過極大故，余於《眞實如來藏》書中已有陳述，此處從略。若第七識意根可以是集起心者，則一切造惡者、乃至謗佛毀法者，來世悉可不受惡劣異熟果報；意根既是集起心，又是作主能「思」者，則能自行於造惡後棄捨惡業種故；如是，一切善惡因果悉成戲論—謗佛無罪、破法無罪，殺人越貨放火屠戮悉無果報；寧有斯理？故不可謂第七心意根是集起業種之心也。

復次，第八識若是「建立」者，則佛二轉法輪說「空性心」般若，即成第九心，此第九心是否亦是建立法？三者世尊三轉法輪唯識諸經所說阿賴耶心究竟是有是無？初轉法輪阿含諸經所說阿賴耶心及涅槃本際是有是無？若有此心而說此心，當知第八識阿賴耶非是方便建立法；若無此心而於一二三轉法輪廣說阿賴耶心如來藏者，則此三時法教悉成戲論，但說斷滅論以為佛法即可，不必說中道般若也。

第七心既是初轉法輪阿含經中本有，第八心阿賴耶既是初轉法輪阿含經中本有，云何印老作如是說：「第八識，要別立第七末那後，才開始成立」？豈非俗謂「睜眼說瞎話」之人耶？

印順法師又云：《這經爲量者的細心說，只可說是瑜伽派賴耶思想的前驅（原註：與『解深密經』說相近）。細心說的發展，是從六識到七識，從七識到八識。》（同書八三、八四頁）

若說三轉法輪諸經的七識與八識是漸漸發展而有的，則阿含諸經佛說意根及阿賴耶識、有分識、窮生死蘊、涅槃本際等，是第幾識？而汝印順法師可以否定之？可以誣指意根末那是人爲建立之唯名妄法？可以誣指第八識阿賴耶是人爲建立之唯名妄法？初轉法輪阿含諸經之佛陀密意尚且未解，云何能知二轉法輪般若中道？云何能知三轉法輪一切種智？竟然妄言七識八識是後來建立之方便說？審如印順法師之說，則三轉法輪諸經悉成僞經；則二轉法輪諸經悉成一切法空之斷滅見，則初轉法輪之增一阿含諸經及雜阿含中多數經典悉成僞經及與戲論；然耶？非耶？有智佛子，不可不思之也！

印順法師又云：《這中間的發展，是多邊的，分離而綜合，綜合而又分離的。所以部派佛教的細心說，有種種不同的面目。大乘佛教的七心論與八識論，也自然有著很大的出入。本識思想的發展，既不是一線的；融合而成的本識，自然也不能完全同一。這點，要時刻去把握它。》（同書八四頁）

若爾，則阿含諸經所言「處滅定者身行皆滅」，所言「處滅定者六識心滅」，復說「滅盡定中根無變壞、識不離身」，已證六識心外別有餘識，又說意根是心，則應悉成戲論妄想；爾，則佛語成妄；不爾，則應七八識實有，印老考證之語成妄，是破壞佛說正義者，否定佛說正義故；有智佛子，應然之耶？或應如余臧否之耶？三轉法輪諸經尚否定之，阿含諸經所載佛意亦可否定之，則彼所說之法、所著諸書是佛法耶？非佛法耶？有智佛子普應冷靜理智而如實探究之，莫爲考證妄論所迷。

佛世之有學無學聖人極多，聲聞羅漢之迴小向大如迦葉三尊者、阿難、舍利弗、須菩提、目揵蓮、蓮花色……等尊者不在少數；此諸迴小向大之聲聞羅漢，於七識八識及涅槃實際無有所疑；已親證故，疑懷已解。佛入滅後聖人漸寡，凡夫漸衆，於三乘法義不能融會貫通，遂於阿含乃至唯識諸經多生誤解，各執一見而分部派，遂有日本考證學者及印順法師所見之「發展」—「從六識到七識發展、從七識到八識」、「分離又綜合的細心說發展」等；遂有印老所言「本識思想的發展既不是一線的，融合而成的本識自然也不能完全同一」的現象。凡此皆因佛滅之後，有諸未證謂證之徒，不服眞知識教示，而各執一見立派分支，遂有種種所謂之發展說；然實阿含四部諸多經中，已處處顯示七識八識之理，印老何得以應成中觀先入爲主之見，及部派思想演變之現象而否定之？

阿含諸經處處說有意根第七心，亦廣說有阿賴耶第八心爲涅槃實際，「這點，一切佛子要時刻去把握它。」若不能把握此理，則欲實證自心藏識者，絕無可能；不證自心藏識，而言能緣如實境、證得攀緣如實禪者，無有是處，「所悟」皆非如實故。

「如來清淨禪」：自古以來，中國禪宗流傳著錯誤之知見，以爲祖師禪超勝於如來禪；此一謬見普遍存在於中國禪宗證悟祖師之間，故余此世悟後亦曾受此誤導。迨至貫通三乘、通達大乘見地已，方知祖師之謬，故於拙著諸書中宣示：祖師禪證悟者多屬別教七住（解脱果等於二乘初果聖位），眼見佛性者爲別教十住，復再修學種智證得初地二種無我之道種智，能住於無生法忍，並發起聖性，勇發十無盡願而行十無盡行者，方入初地心住。

余如是判果，禪宗中人多有不服者，每謂余爲「陽弘禪法，陰貶禪宗」。然余所說，眞誠無誑，非依自意妄想而云故。今依本經世尊所說，可證余言誠實無欺。何故能符佛意而無錯謬？以余先已明心親證自心藏識故，並已度過重關眼見佛性故，後復得度牢關確認涅槃實際故；以此三種體驗之證量，一一比對祖師之證悟者所說，比對三乘經典聖教量，故作如是判果，悉符佛意。

中國禪宗之證悟祖師，除達磨大師以外，有文獻記錄可證其已得初地道種智而住無生法忍者，尚未見有；六祖慧能亦未能至初地，唯得自心藏識之總相智及別相智故，是故所說亦有誤導衆生之處，譬如壇經所言「一悟即至佛地」即是。九百年前余所親炙之克勤圜悟大師，當時至少可是初地；餘難論矣。法相唯識宗之玄奘窺基師徒，容得三地道種智，除此而外，餘宗餘派皆無論矣！

祖師禪破參證悟明心之時，唯得觸證自心藏識之總相爾；隨後縱能領受證驗別相，終未能起道種智；設度牢關，亦唯得入性種性中，未是初地無生法忍，唯除得佛加持，通達三轉法輪唯識諸經而顯發道種智者；或得親承大善知識而修種智者。如今全球祖師禪之修行者，尚無觸證自心藏識之現量，亦無領受自心藏識諸種體性之證量，於祖師禪之見道明心尚且錯解，不知不解祖師禪之修證，云何能知初地菩薩所未能修之如來禪？乃竟效法禪宗猶在三賢位之祖師所言，狂言祖師禪超勝如來禪；謂之狂禪，誰云不可？是故，有智佛子應當明解四種禪：愚夫所行禪、觀察義禪、攀緣如禪、如來禪。明解已，當隨緣為人宣說；更當依於觀察義禪之熏修觀行而轉入攀緣如禪，後後世方能證如來清淨禪也。

「譬如日月形，鉢頭摩深險，如虛空火燼，修行者觀察；如是種種相，外道道通禪，亦復墮聲聞，及緣覺境界」：譬如有人入於定中，以神通力觀察十方世界，見此娑婆世界形如漩渦卍字，見他方世界形如日月，乃至形如箜篌、腰鼓、蓮華者；亦有定中親見紅蓮地獄（鉢頭摩）之深廣險惡者，亦如有人入定觀想自己覺知心遍滿十方虛空、無邊廣大者；亦如有人觀修死人九想觀、白骨觀，乃至觀想白骨火化唯餘灰燼者；衆多修行者如是觀察，具種種相；前後轉進，相不除滅，皆是外道所修之道與神通禪定之禪。亦如二乘行人證得四禪八定之定境，住於定中，仍不離能取定境之覺知心及所取定境法塵。乃至阿羅漢證入滅盡定中，尚有意根不滅，並非眞實無所有境界，墮於聲聞緣覺境界。

「捨離彼一切，則是無所有；一切刹諸佛，以不思議手，一時摩其頂，隨順入如相」：菩薩所證般若實相第一義諦心，離七轉識—不以見聞覺知心爲眞，不以定中覺知心爲眞，不以滅盡定中之意根末那爲眞，離一切法，以無所住、無所知、無所依、無所觀之涅槃實際自心無所有境界爲實相，是無所有境界—無有三界一切法。

如是證已，無妨保留有所住、有所依、有所知、有所觀之覺知心與作主心，令不滅失，依於無所有、無境界之自心藏識而修學佛菩提，漸次清淨七識自心而淨化藏識所藏煩惱障種及所知障隨眠，次第進修而入十地，十方諸佛一時摩頂加持而入等覺位，是名隨順入如之相。

爾時大慧菩薩摩訶薩復白佛言：「世尊！般涅槃者，說何等法，謂爲涅槃？」佛告大慧：「一切自性習氣，藏、意、意識，見習轉變，名爲涅槃；諸佛及我涅槃，自性空事境界。」

疏：《爾時大慧菩薩摩訶薩復又稟白世尊說：「世尊！所謂般涅槃者，究竟是說什麼法，說之爲涅槃？」佛告訴大慧菩薩：「一切自性習氣——藏識、意根、意識——之見地及習氣轉變以後，稱之爲涅槃；我及諸佛所說涅槃，是說諸法自性空等事之境界。」》

《入楞伽經》別譯：「大慧！言涅槃者，轉滅諸識法體相故，轉諸見熏習故，轉心意阿梨耶識法相熏習，名爲涅槃。大慧！我及諸佛說如是涅槃法體境界空事故。」

「一切自性習氣，藏、意、意識，見習轉變，名爲涅槃」：若人欲證涅槃，必須轉變一切自性習氣；一切自性之習氣有三種：藏識自性習氣、意根自性習氣、意識自性習氣。

意識自性習氣者，謂覺知六塵之習氣——恒欲覺知六塵，不願遠離六塵。意識一旦生起，必定覺知六塵；覺知之際即已完成分別，是故分別六塵衆事，是意識自性習氣。修行者以此習氣故，難入二禪等至。

意根自性習氣者，謂恒內執自心藏識爲我所，恒外執六識爲我，遍計六塵萬法實有而生執著，此乃意根之自性習氣。意根恒內執阿賴耶爲我所，此自性習氣，唯證悟者方知；是我會中已悟者之所知，非我會外全球顯密大善知識之所知也；此是密意，不得明言，佛已告示「汝等當隱覆說義」故。

藏識自性習氣，謂無始劫來恒具一切種子之執藏所藏功能—不別善惡業種悉皆收藏；又具了別色蘊一切微細行之自性，具有了別七轉識一切粗細心行之自性；復具執持根身之自性，復具教外別傳諸祖乃至我等同修所悟之自性，此性唯悟乃知，不得明言。

藏識復具意根意識自性，此二識由藏識生，與藏識非一非異故；爲欲簡別此二自性之異於藏識自性，令佛子易於了知藏識自性，故別說之，以免混淆、錯將意與意識自性認作藏識，則將永淪生死、不證涅槃，故別說之；佛於三轉法輪諸經雖已別說，然今末法南傳佛法「聖者」及全球顯密諸師仍未眞解意與意識自性，錯認意與意識爲恒不壞滅自性清淨之眞如自心，而公然宣示已悟、已解涅槃，悉墮大妄語業中。爲免今生後世佛子墮此弊中，故於此詳解中再三再四敘明，亦於拙作《公案拈提》第一二三四輯中不斷敘明，冀佛子衆普皆得解。

見轉變與習轉變已，方可名爲涅槃。見轉變謂大乘佛子見道後，若已具足六住佛子所應修集之福慧者，其意識之見地轉變，永不復認意識覺知心爲不壞我，轉認無我性之自心藏識爲恒不壞心；由是現觀藏識之離見聞覺知及不作主，證大乘人無我，此見不共二乘；復現觀蘊處界—尤其是現觀覺知心自己—乃因緣假合而有，幻起暫有，必定壞滅，得證二乘人無我，此見與二乘共；由現觀三乘人無我故，其見轉變。於其所證大乘人無我見中，實證本來自性清淨涅槃，此即見轉變所證之涅槃。

習轉變者，謂佛子由見轉變故斷除我見已，仍有我執習氣（唯除見道前已先修得四禪八定者），於見轉變已，歷緣對境修除我執，斷除意根之我痴我見我慢我愛，證得有餘依涅槃，乃至捨報時滅除「覺知心我」及「作主之我」，而入無餘涅槃，是名習轉變而證涅槃。

藏識自心體性雖恆清淨明潔，然其所藏意與意識相應見思二惑種子，自無始劫來轉易不定，變異不住，是故凡夫之自心藏識仍非究竟歸依處，應當轉易所持有漏法種而除斷之，增長原有無漏法種而圓成之，是名藏識之習轉變，轉變已，方是究竟歸依處。譬如《雜阿含經》卷十二《爾時世尊告諸比丘：「愚痴無聞凡夫，於四大身厭患、離欲、背捨，而非識。……彼心、意、識日夜時刻須臾轉變，異生異滅；猶如獼猴遊林樹間，須臾處處攀捉枝條，放一取一，彼心、意、識亦復如是異生異滅。」》是故凡夫之自心藏識應當經由見道後之修行而轉易其所藏法種爲無漏性，然後可是究竟歸依處，故說藏識之習轉變。

佛子歷經見轉變及習轉變者，自心藏識所藏意識意根相應之惡見及貪瞋癡慢疑等有漏種，悉斷無餘，唯餘習氣未斷，如是見習轉變之自心藏識所持五陰，名爲阿羅漢。而此藏識之見習轉變所證涅槃，於意及意識之見習轉變中隨之完成，不須別由藏識另行修道見習轉變；於意與意識因見習轉變斷除見思二惑種時，藏識對於有漏種之執藏能藏性隨之斷除故；如是名爲藏識見習轉變，藏識與其所生之意與意識非一非異故。由藏識、意根、意識之見轉變與習轉變故，不復再生見思二惑；二惑斷故，我見我執俱斷，則藏識意根意識之自性習氣轉變，不與有漏煩惱相應，證得有餘依涅槃，捨壽得入無餘依涅槃，故說「一切自性習氣，藏意意識見習轉變，名爲涅槃」，諸佛及釋迦牟尼世尊所說之涅槃，乃是說諸法自性空等涅槃法體之事相。

「復次大慧！涅槃者，聖智自覺境界，離斷常妄想性非性。云何非常？謂自相共相妄想斷，故非常；云何非斷？謂一切聖，去來現在，得自覺，故非斷。大慧！涅槃不壞不死；若涅槃死者，復應受生相續；若壞者，應墮有爲相；是故涅槃離壞離死，是故修行者之所歸依。」

疏：《「復次大慧！涅槃是聖人智慧之自內覺證境界，遠離斷見常見虛妄想的各種法與非法。如何爲非『常見』？這是說：對於自相共相之虛妄想已經斷除，所以不是常見；如何爲非『斷見』？這是說：一切聖人，對於過去未來現在之實際法體，已得內身實證之覺悟，故說非是斷見。大慧！涅槃是不壞不死的；如果說涅槃是因爲死亡而得的話；則一切入涅槃者仍將受生，相續不絕；如果是因壞滅而名爲涅槃的話，涅槃就墮於有爲法相中，不是恆不壞滅之無爲相；所以涅槃遠離壞滅之有爲相、遠離死亡之無常相，所以涅槃境界是一切修行者所歸依處。」》

「涅槃者，聖智自覺境界，離斷常妄想性非性」：涅槃又名圓寂。涅槃與圓寂二名，在佛教界已經廣被濫用。只要是以有名法師的身份死亡，不論其生前有無證悟，繼承人及徒衆們多稱他爲入涅槃或圓寂，此是推崇太過，非爲如實行。

所謂涅槃，是聖智自覺境界；聖人智慧之自身內證覺悟境界即是出離三界生死之本體，又名涅槃實際。涅槃之實際即是有情各有之自心藏識，依自心藏識不處於生死輪迴之中，施設爲無餘涅槃；依自心藏識在無量劫來示現五陰生死，而自身不生不死，施設名爲本來自性清淨涅槃，是故涅槃遠離斷見常見等虛妄想所生之一切法與非法。涅槃總有四種，余於第二輯中多有敘述，今不重敘；此後仍將依經文隨緣詳解。

「云何非常？謂自相共相妄想斷，故非常」：佛出人間時，常見外道極爲盛行普遍，皆取意識及意根為眞實不壞之自心，彼等各將意識處於不同境界而建立為恒不壞心；以意識處於彼彼境界中安住，以之為涅槃，如余《眞假開悟之簡易辨正法》中所列諸心，皆是「常見妄想法」。

亦有人妄想涅槃為「法爾如是」——如孔雀羽毛法爾如是美麗，玫瑰荆棘法爾如是尖刺，火性法爾如是燒燃，水性法爾如是溼潤。以物性之法爾如是以為涅槃——性不壞滅；此名常見妄想非法，以非有之建立法為涅槃故。如是常見妄想之法與非法，不離自相共相妄想，非眞涅槃。唯有依於所證自心藏識而起般若，方能斷除自相共相之虛妄想——不認意識覺知心為涅槃心，不墮外道常見之中，不墮非有法之建立見中。

「云何非斷？謂一切聖，去來現在，得自覺，故非斷。」《入楞伽經》別譯為：「云何非斷？謂過去未來現在一切聖人內身證得故，是故非斷。」涅槃云何不同於外道斷見？這是說過去現在未來之一切聖人，向其內身修證所得故，所以不同外道斷見。三世聖人所證得之涅槃，皆非外於五蘊十八界而證，皆是向自己內身修證而得。內身修證所得者，乃是自心藏識；此心貫通三世、永不壞滅，一切染淨因果萬法依之成就；若離此心而證涅槃，則墮斷見論中，非眞涅槃也。

「涅槃不壞不死；若涅槃死者，復應受生相續；若壞者，應墮有爲相；是故涅槃離壞離死，是故修行者之所歸依。」涅槃是不壞不死的，不應以五蘊之壞與死爲涅槃。如果是以死亡爲涅槃的話，那麼入涅槃的人，以後仍應該會繼續受生、相繼不斷；如果是以五蘊壞滅爲涅槃的話，則涅槃應墮於有爲相中，依五蘊有爲無常法之壞滅而建立爲涅槃故，如是涅槃應墮斷滅見中；以藏識恆不壞滅之緣故，說涅槃離於壞滅、離於死亡，是故修行者以涅槃爲歸依。

「復次大慧！涅槃非捨非得、非斷非常、非一義、非種種義，是名涅槃。復次大慧！聲聞緣覺涅槃者，覺自相共相，不習近境界，不顚倒見，妄想不生；彼等於彼，作涅槃覺。」

疏：《「復次大慧！涅槃不是捨法不是得法、不是斷滅見、不是常見、不是只有一種義理、不是有種種義理，這樣才是涅槃。復次大慧！聲聞緣覺所證的涅槃，是覺悟五蘊自相共相之無常空與緣起性空，所以捨離憒鬧、不熏習親近各種境界，不生顚倒見，不再出生虛妄想；他們依於自己所證的覺悟境界，而作涅槃之覺想。」》

「涅槃非捨非得」：有一分凡夫佛子，以佛學研究爲學佛，畢生研究經論；然於三乘菩提俱未見道，自以爲已證已解涅槃，乃竟著書立說，倡言捨阿賴耶識得證涅槃；譬如印順導師云：《我以爲：虛妄分別爲自性的心識（根本是阿賴耶識）爲依止，說明「一切法唯識所現」，開示轉雜染爲清淨的轉依，是彌勒、無著、世親論所說的。但轉依的內容，都沒有說到「識」；可以見到的，反而是「阿賴耶識，阿羅漢位捨」。》（摘自正聞出版社《如來藏之研究》頁二二七）

然而彌勒、無著、世親諸論所說之轉依，悉依自心藏識而說，絲毫未離自心藏識，印順法師未證自心藏識—阿賴耶，是故讀之不解，謂爲「都沒有說到識」。此乃印老之見未到，故生謬解，復以如是謬見誤導佛子。乃更說言：「可以見到的，反而是『阿賴耶識，阿羅漢位捨』。」然實三大菩薩諸論，及玄奘菩薩《成唯識論》中此一句語，乃謂阿賴耶識之執藏輪迴生死種子之性（阿賴耶性），於阿羅漢位捨棄，非謂捨棄阿賴耶識也；何以故？四大菩薩諸論皆說此時起唯名此識為異熟識，不名阿賴耶識；乃謂阿賴耶識之名，於阿羅漢位捨棄，非謂捨棄阿賴耶識之體而證得涅槃也。

諸論中甚至說言轉依有四：能轉道、所轉依、所轉捨、所轉得。具說根本識（阿賴耶）轉捨不善有漏法種及一切所知障隨眠，成為無垢識真如（仍是第八根本識，唯改其名，不改其體），而轉得四種涅槃及與四智；並述四智相應心品，總有八識：大圓鏡智相應心品（佛地第八識真如及其心所）、平等性智相應心品（佛地第七識意根及其心所）、妙觀察智相應心品（佛地第六識意識及其心所）、成所作智相應心品（佛地前五識及其心所），如是證得無住處涅槃，未嘗言捨棄任一心品而得成佛。

印順法師復云：《『攝大乘論』說：「謂轉阿賴耶識，得法身故」；法身由五種自在而得自在，「五、由圓鏡，平等，觀察，成所作智自在，由轉識蘊依故」。『大乘莊嚴經論』說：「如是種子轉者，阿梨耶識轉故。……是名無漏界」。阿賴耶識與識蘊，被轉捨了，在無漏法界中，還是生死雜染那樣的有「識」嗎？識是虛妄分別爲自性的，轉依而眞實相顯現，這也可以稱爲唯識嗎？》（同書二二七、二二八頁）

《攝大乘論》所謂轉阿賴耶識得法身者，乃是轉滅第八識之阿賴耶性（執藏生死業種之性），成就法身；非謂滅阿賴耶識也，阿賴耶識即是法身之體故，不可如月溪法師之錯解轉識成智之旨也；阿賴耶識若滅，即成斷滅而無法身可得故，印老不應錯解世親菩薩之意。

復次，法身之自在，非由圓鏡等四智及識蘊轉依，實由增上戒學、增上定學、增上慧學、四種涅槃、四種涅槃之解脫知見等五法之自在而得自在，非二乘人所知，亦非印老所舉五種自在也。

復次，《大乘莊嚴經論》所說「如是種子轉者，阿梨耶識轉故，……是名無漏界。」非如印老所誤解之捨棄阿賴耶識，乃是捨棄阿賴耶性，方便說名捨阿賴耶識，轉成異熟識乃至佛地眞如法身，依舊是同一識，轉名無垢識，並非將此第八識斷滅而能有四智法身也；如是，印順法師作如是質問：「阿賴耶識與識蘊被轉捨了，在無漏法界中還是生死雜染那樣的有『識』嗎？」如是之問即成誤會者之謬問，何以故？第八識阿賴耶若滅者，法身何處可得？豈非於第八識外別有一心可以轉依而成法身耶？若然則應有情各有九識，即成印老之創見；若否，則有情皆唯有八識，則法身乃是修道捨棄阿賴耶識而後別生，非因地本有；若非因地本有，則是有生之法；有生之法則於未來終必壞滅，有生有滅即非佛眞法身，非佛法也。是故印老捨棄阿賴耶識之說，進退失據，理皆不成；是故無漏界中雖無生死雜染，卻「像生死雜染那樣的有識」—有第八無垢識—眞如。

　　印老所云：「識是虛妄分別爲自性的，轉依而有眞實相顯現，這也可以稱爲唯識嗎？」識以虛妄分別爲自性者，乃謂「虛妄唯識門」之意根與意識，非謂「眞實唯識門」之阿賴耶識（異熟識、無垢識）也；阿賴耶識自無始劫來，未曾暫起一剎那之虛妄分別，從本以來即未曾有三界六塵之分別性故，印老何得概言「一切識皆是虛妄分別性」？六七識修行轉依而令阿賴耶性（執藏有漏種之性）消失，復斷盡所知障隨眠而成眞如法身時，識體仍是第八識，仍然能生七轉識，而具足世出世間無漏之有爲無爲法，故名無垢識眞如；佛地之淨八識聚及四智圓明、四圓寂果，皆由第八識眞如法身而直接間接現有，難道不是「唯識」？印老云何質問「這也可以稱爲唯識嗎」？

第八識由阿賴耶性與異熟性俱足之凡夫位及三果位，捨離阿賴耶性而入無學位，只餘異熟性所知障隨眠；復由斷盡所知障隨眠，已無異熟種之流注變異，捨異熟性，名爲捨異熟識，成就眞如法身，改名無垢識；唯是一識改易其位，由捨阿賴耶識性及異熟識性故名爲捨，非謂捨棄本識也。印順法師於前六識之「虛妄唯識門」得以情解思惟而知之，然已不知「虛妄唯識門」之末那即是意根，更不知意根在彼身中如何運爲（唯除已閱余諸著作之後），何況能知「眞實唯識門」之第八識奧義？此非情解臆想及佛學研究之所能知故，唯有眞正破參明心之人方能證知之故。印老既未實證第八識，則其認同唯識學中之虛妄唯識門，而否定眞實唯識門，勢所必然，其心態亦可知矣！有智佛子應當知所簡別。

涅槃者依第八識立名，非謂外於藏識得有涅槃，非謂捨根本識而有涅槃。

依凡夫地乃至佛地之第八識不生不滅不斷不常，體性離見聞覺知、不貪不瞋六塵、永不作主取捨，施設此性名爲「本來自性清淨涅槃」；依三乘無學聖人之斷盡第八識所藏意與意識見思惑種，施設此第八識之清淨性名爲有餘涅槃；依定性二乘無學捨壽入涅槃（捨棄五蘊意與意識自我），唯餘第八識離見聞覺知而無有我，施設第八識此境名爲無餘依涅槃；依佛地第八識眞如之已斷盡見思惑種及所知障一切隨眠，而不入無餘涅槃、亦不住於生死輪迴，施設第八識此一境界爲無住處涅槃；以具無住處涅槃故，施設佛地第八識具足四種涅槃—圓證四種圓滿寂滅。是故涅槃原本即依根本識而設名，非離第八識外別有涅槃也，云何印老令人棄捨第八識而求涅槃耶？

一切人無能捨棄第八識，唯除無學聖人；捨棄第八識者名爲無餘涅槃—意與意識滅除—自我滅失而餘第八識獨存不滅，無形無色、無受想行識、無見聞覺知，永遠不再出現於三界之中，眞實無我、眞實寂靜。然此捨第八識者，實非捨第八識，實乃捨棄自我，令第八識獨存，無有能壞滅第八識者；假令十方無量恒河沙世界之諸天天主匯集全部神力，亦不能令一卑微有情之第八識壞滅；恒河沙佛威神之力聚集爲一力，此力亦不能壞任一有情之第八識，第八識性法爾如是故。

設若印順法師所說「捨阿賴耶識而成羅漢」之語屬實，則印老欲成阿羅漢者必先捨第八識阿賴耶；欲捨阿賴耶識者必先覓得阿賴耶識，方能捨之。如是，依印老之意，應阿賴耶識眞實有，可以覓得，則非建立假名之法，云何印老否定有此識？理不相應也。若第八識唯假名有，是建立法，非有此識，則印老主張「捨阿賴耶識而成羅漢」之語成妄。進退失據，理不得成。

復次，涅槃非捨非得，本已有之，依第八識性而建立涅槃法相，涅槃即是第八識故。非捨五陰六入十八界而得涅槃，未捨陰入界前之第八識已住涅槃境故，是故佛說「一切衆生從本已來常住涅槃」，故名本來自性清淨涅槃。此涅槃乃其餘三種涅槃之本；修除見思二惑成有餘涅槃者，唯是顯此涅槃爾；二乘無學入無餘涅槃者，亦是顯此涅槃爾；乃至佛地無住處涅槃者，亦是第八識之本來性淨涅槃所顯；而此本來性淨涅槃非捨何法而成，亦非本無今得，故名非捨非得。

如是之理，唯得道種智者能證能解、亦能爲人宣說，二乘無學所不能知，何況印順法師未覓得第八識、未證本來自性清淨涅槃、未眞明解十八界法者而能知之？

現代禪之張志成老師亦復如是，外於第八識如來藏而求般若，外於如來藏心而求涅槃，外於自心藏識而求佛法之修證，於我所述諸法不知不解（詳見彼於一九九九年十二月十四日於網站答覆呂居士之文），乃是心外求法之凡夫，更不能知二乘無學所不知之涅槃也；不知不證如來藏者，乃是博地凡夫之位，而自謂已經證悟般若者，大妄語人也；如是之人尚難與我會中初悟者對話，何況能解余之道種智？而妄評余法，如初生小犢之不畏虎也，令人不禁哂之！

「涅槃非斷非常」：如印順法師欲以意識之細心而住涅槃，亦如現代禪張志成老師欲以無妄念之覺知心取涅槃，亦如中台山惟覺法師欲以清楚明白而能作主之心取涅槃，皆墮外道常見涅槃，聲聞初果之見地尚且未證，焉能證得菩薩初果之見地？故墮於常見涅槃邪見中。

亦如印順法師主張一切法空爲般若，主張一切法緣起性空爲眞如，以緣滅後之「滅相不滅」爲眞如，彼云：「滅相是不滅的，所以問：『那就眞如那樣的住嗎？』是眞如那樣的，卻不是常住的。這一段問答，不正是『非常、非滅』嗎？」正是斷滅論者。何以故？一切法既已斷滅，滅則是無，無法而可建立爲「滅相不滅」之法，以之爲非斷，無是理也。謂「滅相不滅」之法乃是因待法，因有諸法現行，互相因待，故施設其滅相；如諸愚人見牛有角，而於兔身生兔無角法，建立兔無角法爲實有法，非智人也；如是印老主張「滅相不滅」之法爲眞如，爲涅槃，則墮斷見戲論中。然而涅槃非以陰入界滅盡，墮於一切法空而得證成，涅槃之體即是恒不壞滅之第八識如來藏故，是故涅槃非斷；涅槃非依常見外道所說之見聞覺知心而建立，涅槃亦非依現代禪張志成老師所證無妄念之覺知心性而建立，亦非依惟覺法師所證「清楚明白而能作主」之覺知心而建立，此皆常見外道法也，皆墮於常建立見中；涅槃乃是依自心藏識之四種不同境界而施設其名，顯現藏識境界，是故涅槃非常見外道所說之常。

「非一義，非種種義，是名涅槃」：定性二乘無學唯能依有餘涅槃、無餘涅槃之修證而說涅槃，知涅槃非是斷滅，從佛聞知無餘涅槃之中有「實際」不滅不斷故，知有餘無餘涅槃悉依實際而建立故。然猶於見道菩薩所證本來自性清淨涅槃之般若慧，懵無所知；於七住菩薩所證涅槃之實際亦無所知，更不能知佛地無住處涅槃。然諸已得道種智而住於無生法忍之初地以上菩薩，皆知涅槃四種圓寂：本來自性清淨涅槃，有餘依涅槃，無餘依涅槃，無住處涅槃；故說涅槃非一義。

涅槃之法，依於自心藏識而有四種圓寂；除此而外，無別涅槃。若有佛子外於如來藏而說涅槃者，若有佛子依於意與意識境界，而說涅槃修證者，……如是種種涅槃之義，皆由不如理作意之虛妄想所生，彼種種義皆非涅槃眞義，故說涅槃非種種義，唯有四義—四種圓寂。

「聲聞緣覺涅槃者，覺自相共相，不習近境界，不顚倒見，妄想不生。彼等於彼，作涅槃覺。」聲聞緣覺所證之有餘無餘涅槃，乃是覺悟五蘊十二處十八界之自相與共相—知曉五蘊之我非有不壞之自性，知曉六根六識即是我與我所，是生死有爲之法，知曉意根末那是我執之我，知曉意識覺知心是我見之我，如是知自相已，復由別別有情見此共相，具知五蘊十二處十八界之共相。

由具知自共相故，不再熏習及親近各種境界——四禪八定境界及其所生神通境界皆悉捨離；彼等由於蘊處界之虛幻性已如實現觀，不於蘊處界生顚倒見，顚倒之想不再出生。他們以斷除「覺知心我」之邪見，及斷除意根（處處作主之末那識）對自己之執著，而遠離一切境界，以此作爲涅槃之覺證，這就是二乘無學聖者之涅槃智。

關於涅槃智，佛教界存在普遍之誤解；乃至定性二乘俱脫無學，尚有不知者；是故欲眞證知二乘涅槃及證知究竟涅槃者，應當發願修學大乘所修佛菩提道，莫發小心——以二乘菩提爲足。至於二乘涅槃智之普遍誤解，主要在於誤解十八界法及俱脫慧脫修證之差異所致，譬如印順法師所云：

《在佛教界，慧解脫聖者是沒有涅槃智的；俱解脫者有涅槃智，是入滅盡定而決定趣涅槃的。惟有另一類人（絶少數），正知見「有滅涅槃」而不證得阿羅漢的；不入滅盡定而有甚深涅槃知見的，正是初期大乘觀一切法空而不證實際的菩薩模樣。大乘法中，菩薩觀空而不證實際，當然是由於智慧深、悲願切（還有佛力加持），而最原始的見解，還有「不深攝心繫於緣中」；不深入禪定，因為入深定是要墮二乘、證實際的。》（正聞出版社《空之探究》頁一五二、一五三）

然而印老此一段語中，處處邪謬：一者慧脫聖者非無涅槃智，謂慧脫聖者於一切智所含十智中，已證九智；第九智名為盡智，依此盡智故，捨壽後能取中般涅槃，故名阿羅漢；然於捨壽前，不自知可依此智於捨壽後取滅，故須由佛印證為阿羅漢，非無涅槃智也。

二者俱解脫者有涅槃智，以證滅盡定故得無生智，一切智之十智具足，能自作證：「我生已盡，所作已辦，不受後有，解脫及解脫知見已知如真」，是故不須佛為證明。然俱脫聖者非如印老所說「是入滅盡定而決定趣涅槃的」，如須菩提、迦葉三兄弟、阿難、舍利弗、目揵蓮、蓮花色……等俱脫羅漢，皆證滅盡定而不入無餘涅槃，迴心而入大乘，修菩薩道；非如印老所說「俱解脫者……是入滅盡定而決定趣涅槃的」。

三者，非一切菩薩皆如印老所言「不證得阿羅漢的」；如前所述迴心大乘之須菩提尊者等人，豈非是菩薩阿羅漢？復如六地菩薩之證滅盡定者，豈唯慧解脫？正是俱解脫之阿羅漢。至於七地之念念入滅盡定、八地之於解脫道完全無功用，九地……皆非聲聞阿羅漢所知，何可妄言菩薩皆不證得阿羅漢？

四者印老所言：「不入滅盡定而有甚深涅槃知見的，正是初期大乘觀一切法空而不證實際的菩薩模樣。」亦有大謬。謂菩薩之「不入滅盡定而有甚深涅槃知見的」，並非「觀一切法空而不證實際」，卻反而是「觀蘊處界法空之中有不空者—如來藏」，反而是證得涅槃之實際—第八識如來藏，絕非不證實際，正與印順法師所說顛倒。

五者，菩薩不入無餘涅槃之因由，非如印老所說「不深攝心繫於緣中」，非如印老所說「入深定是要墮二乘、證實際的」，非因「不深攝心繫於深定之緣」而不墮二乘，乃因證得涅槃之實際—第八識如來藏—而了知本來不離涅槃，起甚深涅槃智，加上悲願切及佛力所持，而深入禪定修無量三昧，卻不取證無餘涅槃，非因不修禪定故不取無餘涅槃也。譬如初地菩薩能證慧解脫而不取證，亦非因不深入禪定及不證實際所致，卻反而是證實際以後起大悲願，故於捨壽時能取中般涅槃而不取證，起受生願又復入胎。是故菩薩非觀一切法空，非不證實際也。

如是，涅槃之四種圓寂，其理甚深極甚深；二乘定性俱脫無學聖人，雖證有餘無餘涅槃，而於此二圓寂之實際尚無所証，何況於三乘菩提之見道俱無所証者，云何能知？故於涅槃作諸臆想，失於正知。七住至初地菩薩則反之，不妨未證有餘無餘涅槃，而能親自證實涅槃之本際，非俱脫聲聞羅漢之所知也。是故諸方大師小師，於余所作涅槃之闡釋不能知解者，蓋屬平常，不須因此遷怒於我，乃至怨恨不已而起惱心—誹謗於我；當自寬解瞋惱之心，速求大乘見道，悟已即証涅槃實際，重閱拙著諸書，自能了然於心，亦能實証唯識種智，否則終不能知；二乘定性俱脫無學於自所證二種涅槃尚有不知者故，何況涅槃之四種圓寂乎？是故佛說二乘無學聖人：「彼等於彼，作涅槃覺。」然涅槃本際實無有覺，二乘無學依意識心對於涅槃無境界境之覺悟，而作涅槃覺。若入無餘涅槃，此涅槃覺亦滅。

「復次大慧！二種自性相，云何爲二？謂言說自性相計著，事自性相計著。言說自性相計著者，從無始言說虛僞習氣計著生；事自性相計著者，從不覺自心現分齊生。」

疏：《「復次大慧！有二種自性相應當了知，如何是二種自性相呢？這就是說：言說自性相計著，事自性相計著。言說自性相之錯誤認知與執著，是由無始世以來，對於言說虛僞熏習所成氣分之自性不如實知，產生了執著，所以有『言說自性相計著』。事自性相計著，是因不能覺知一切法皆是自心藏識所現，不解一切法與藏識之分際，故於萬法事相產生了實有自性之見，而生計著。」》

「言說自性相計著者，從無始言說虛僞習氣計著生」：言說實無不壞之自性相，皆因無始世來之言說熏習，計爲實有自性─能與他人互相表意，故生執著。言說者，於種智中說爲表義名言及顯境名言。凡能與人互通心意之一切音聲、文字、動作、表情、光影、訊號等，皆名言說，皆屬表義名言所攝；顯境名言者，謂前六識之見聞覺知性，由能見之性、能聞之性……乃至能知覺性，能顯六塵境，故前六識顯現境界而由吾人作主之意根所知時，即名顯境名言。顯境名言之自性，即是六識心之見聞知覺性；表義名言則依顯境名言而有，故表義名言以顯境名言爲自性。此二名言即是言說之自性相，此言說之自性相計著不滅者，必因計著言說自性相而不樂寂靜、不樂涅槃。是名無始言說虛僞習氣計著，墮於言說自性相。

「事自性相計著者，從不覺自心現分齊生」；事相者，謂依蘊處界爲緣，而有自心藏識直接間接所顯一切法相，此諸法相皆名事相。如人見有明暗青黃赤白種種顯色，此是事相；於青黃赤白種種顯色中，見有長短方圓高下遠近種種形色，亦名事相；於青黃赤白及與形色之中，見到他人行來去止屈伸俯仰種種表色，亦名事相；於表色中領受他人之威儀氣質—優雅或粗魯、柔美或粗獷等無表色，亦名事相；乃至見有山河大地種種五塵相，見有種種事物之事性與物性，皆名事相。

一切事相皆因吾人六根及與藏識和合運作而現，何以故？謂若獨一藏識不能現諸事相故。由有藏識所蘊無明業種，故令意根促使藏識生中陰身而入母胎；入胎已，五根生長；五根生長已，藏識依五根而觸外五塵，故能對現內五塵相分，即是事相。內五塵相是一切有情無始世來一向所觸者，於此內五塵中隨有法塵生，六塵俱足；六根觸六塵故，令六識生，六識生已方知種種事相，是故事相之自性相，即是藏識之自性相，展轉自如來藏識生故。

若人了知（現前觀察）事相之自性相，非即藏識非異藏識者，即能斷除事相自性相之錯誤認知；由斷誤計故漸除執著，出離三界及漸證佛菩提果；是故佛說：事相自性相之誤計與執著，皆從不能覺知事相皆是自心所現而生，皆從不能覺知事相與自心藏識之分際而生。

「復次大慧！如來以二種神力，建立菩薩摩訶薩頂禮諸佛，聽受問義。云何二種神力建立？謂三昧正受，爲現一切身面言說神力，及手灌頂神力。」

疏：《「復次大慧！如來以二種威神之力，建立大菩薩們，令他們能頂禮諸佛及聽受佛法、向諸佛諮問正義。如何是如來之二種神力建立？那就是如來加持大菩薩們，令他們進入三昧正受之中，爲他們示現身相言說之威神力，以

及佛手灌頂之威神力。」》

「大慧！菩薩摩訶薩初菩薩地，住佛神力—所謂入菩薩大乘照明三昧；入是三昧已，十方世界一切諸佛，以神通力為現一切身面言說，如金剛藏菩薩摩訶薩，及餘如是相功德成就菩薩摩訶薩；大慧！是名初菩薩地菩薩摩訶薩，得菩薩三昧正受神力；於百千劫積習善根之所成就。」

疏：《「大慧！大菩薩中之初地菩薩，由諸佛威神力所加持故，住於佛所建立之威神力中—進入菩薩大乘照明三昧中；進入此三昧已，十方世界一切諸佛，以神通力為此初地菩薩示現身相而予加持，並為他言說開示，猶如金剛藏大菩薩，及其餘具備如是功德相之大菩薩們都是這樣經歷過的；大慧啊！這就是初歡喜地的大菩薩們，所獲得的十方諸佛加持三昧正受之神力建立；這也是初地菩薩於入地前，經由百千劫積集熏習各種善根之所成就。」》

「菩薩摩訶薩初菩薩地」：此處菩薩摩訶薩謂初地至十地之一切菩薩，初菩薩地謂第一地—歡喜地。

「住佛神力—所謂入菩薩大乘照明三昧」：大乘照明三昧者，又名大乘光明三昧，又名大智慧光明三昧，此是一切報身佛本願力及威神力所建立者。

若有菩薩已經具足初地功德，成滿地心，而欲爲諸佛子應修十地法門者，宣說十地修道次第者，十方報佛便以威神力加持此菩薩，令入大乘照明三昧。

「入是三昧已，十方世界一切諸佛，以神通力爲現一切身面言說，如金剛藏菩薩摩訶薩，及餘如是相功德成就菩薩摩訶薩；」初地菩薩若蒙十方報佛神力加持而入此三昧已，十方世界一切諸佛皆同於此菩薩三昧定中現身，以威神力加持之，並爲之宣說十地修行之道，是名身語加持。如金剛藏菩薩今爲十地等覺之位，亦如其餘具備金剛藏菩薩如是功德相之諸大菩薩，皆於二大無量數劫之前已曾經歷此一三昧中之諸佛加持。

「大慧！是名初菩薩地菩薩摩訶薩，得菩薩三昧正受神力；於百千劫積習善根之所成就。」菩薩初地滿心時能得此三昧正受神力者，須於地前及入地已，未成初地滿心前，經歷百千劫累積及熏習各種善根方能成就，非唯十方諸佛威神加持獨能成就。

初地菩薩欲得佛加持而入大乘照明三昧者，須具如下條件：自身能堪受如來智慧及神力，自身善根清淨，能清淨衆生法界，能饒益衆生，已分證法身智身，已曾得佛顯授記或密授記，已超過一切世間道，已清淨出世間善根，欲爲諸餘應學十地道之菩薩宣說十地法門。如是菩薩已具入住大乘照明三昧之條件，方能得佛加持而入三昧，並爲示現一切身語加持。加持已，得此三昧正受之神力，十方諸佛各伸右手摩菩薩頂，菩薩即離三昧，能爲佛子具足宣說十地修道次第。是故，此三昧不唯是十方如來之神力建立，亦是菩薩「於百千劫積習善根之所成就」。

「次第諸地對治所治相，通達究竟。至法雲地，住大蓮華微妙宮殿，坐大蓮華寶獅子座，同類菩薩摩訶薩眷屬圍繞；衆寶瓔珞莊嚴其身，如黃金薝蔔、日月光明；諸最勝子從十方來，就大蓮華宮殿座上而灌其頂；譬如自在轉輪聖王，及天帝釋太子灌頂，是名菩薩手灌頂神力。」

疏：《「菩薩得佛加持灌頂，得大乘照明三昧功德正受已，對於十地修道之次第，及諸地對治之法門與所對治之煩惱障所知障相，皆已通達究竟。不唯對人宣說，自身亦依之次第漸修，漸至法雲地，成十地聖人。此時菩薩安住於大寶蓮花微妙宮殿，坐於大寶蓮花寶獅子座，與其同類之九地以下菩薩爲其眷屬，圍繞其身旁；此菩薩以衆寶及瓔珞莊嚴其身，身色如黃金，身香如薝蔔花香，身光如日月光明。諸方佛國九地以下菩薩從十方來，至大蓮華宮殿內寶座之旁；十方諸佛同放寶光，爲此菩薩灌頂加持；譬如於人間自在之轉輪聖王爲其太子灌頂，亦如天帝釋提桓因爲其太子灌頂，這就是『菩薩手灌頂神力』。」》

「次第諸地對治所治相，通達究竟」：菩薩於初地滿心位，了知十地之進修次第，了知諸地應對治之煩惱障及所知障，了知諸地對治二障之法門，是即「次第諸地對治所治相通達究竟」，如三轉法輪諸經及《華嚴經》十地品所說，如《成唯識論》卷九卷十所說，如拙著《宗通與說通》所說，此勿詳述。

「至法雲地，住大蓮華微妙宮殿，坐大蓮華寶獅子座，同類菩薩摩訶薩眷屬圍繞」：初地菩薩歷經大約二大無量數劫之修道次第，依七眞如、十眞如法門修證，次第而至法雲地。已具足九地四無礙智故，甫入十地而修三昧，離垢三昧隨即現前；復又証得「入法界差別三昧、莊嚴道場三昧、雨一切世間花光三昧、海藏三昧、海印三昧、虛空廣三昧、觀察一切法性三昧、隨一切衆生心行三昧、如實知一切法三昧、得如來智信三昧、……等百萬阿僧祇三昧現前親證；菩薩於諸地三昧一一証入，善知各三昧之功用差別；最後方能証得「益一切智位」三昧，此三昧現前時，即有大寶蓮花王宮殿出現，周圓如百萬三千大千世界，無量衆寶間雜莊嚴，超過一切人天宮殿。此是菩薩如幻三昧空慧……等出世間善根所生，十地菩薩即於大寶蓮花王宮殿內之大蓮花寶獅子座上而自安坐。

菩薩甫上座已，有無量蓮花座出現，各有菩薩眷屬而坐其上，彼諸無量菩薩悉由此菩薩故，各於所坐蓮花座上證得百萬三昧。菩薩坐已，光明普照十方世界，十方世界皆大震動，其光各於十方諸佛大會旋繞，復於空中結成光明網，供養諸佛，勝於一切供養。彼光明網復雨衆寶供佛，雨供養已，旋繞佛會而後入諸佛足下。

「諸最勝子從十方來，就大蓮華宮殿座上而灌其頂；譬如自在轉輪聖王，及天帝釋太子灌頂，是名菩薩手灌頂神力。」爾時十方諸佛及大菩薩悉知此菩薩已成就受職功德，一切九地下至初地菩薩，從十方佛國皆來此宮殿中圍繞供養此菩薩，一心恭敬供養已，各得百萬三昧。十方佛國法雲菩薩各於胸前出一勝光，有無量百千萬光以爲眷屬，皆來入此菩薩金剛胸；諸光滅已，此菩薩即得百千萬億大勢力神通智慧。

十方諸佛復於眉間出白毫相光，各各示現大神通莊嚴諸事，悉皆各各灌入此菩薩頂，時此菩薩即成得職菩薩，具佛十力，入諸佛界；一一佛光各有無量眷屬光明，入此菩薩一切眷屬之頂，令諸眷屬菩薩別得一萬三昧。如是灌頂，猶如轉輪聖王及天帝爲其太子灌頂；如是，此菩薩受諸佛以光明智水灌頂，成爲法王，於法自在，無量功德智慧轉增，於一念中，堪受諸佛雨大法雲；亦能同時於無量世界雨甘露法雨，故名法雲地。以上二種名爲諸佛之神力建立。

「大慧！是名菩薩摩訶薩二種神力。若菩薩摩訶薩住二種神力，面見諸佛如來；若不如是，則不能見。」

疏：《「大慧！這就是菩薩摩訶薩所受二種如來神力加持。若大菩薩能住於此二種如來神力建立中，則能面見諸佛如來；若自身功德不具足，不能得佛加持，則不能住於此二種如來神力建立中，不能面見諸佛如來。」》

「復次大慧！菩薩摩訶薩凡所分別、三昧、神足、說法之行，是等一切悉住如來二種神力。大慧！若菩薩摩訶薩離佛神力、能辯說者，一切凡夫亦應能說，所以者何？謂不住神力故。大慧！山石樹木及諸樂器、城郭宮殿，以如來入城威神力故，皆自然出音樂之聲；何況有心者？聾盲瘖瘂、無量衆苦，皆得解脫，如來有如是等無量神力，利安衆生。」

疏：《「復次大慧！菩薩摩訶薩們之一切分別、三昧、神足、說法等一切行爲，這些都是住於如來之二種神力建立中。大慧！如果菩薩摩訶薩離開了佛的神力而能論辯說法的話，則一切凡夫也應該都能論辯說法，爲甚麼呢？因爲不住佛神力也能說法的緣故。大慧！山石樹木及諸樂器、城廓宮殿，由於如來入城之威神力的緣故，都能自然發出音樂之聲；何說是有『心』的人？耳聾眼盲失聲啞巴以及無量衆苦，都可以解脫，如來有如是等無量神力，利益安樂衆生。」》

「菩薩摩訶薩凡所分別、三昧、神足、說法之行，是等一切悉住如來二種神力。若菩薩摩訶薩離佛神力、能辯說者，一切凡夫亦應能說，所以者何？謂不住神力故」：分別者，謂覺想了知諸法。三昧概分爲二：首爲三乘菩提之證得不退，次爲禪定之修証。神足謂四神足，亦名四如意足；謂由善法欲、制心、精勤、觀察四法之力，証得種種神力自在，此四種三摩地名爲四神足；所謂欲三摩地斷行成就神足、心三摩地斷行成就神足、勤三摩地斷行成就神足、觀三摩地斷行成就神足。說法者，謂開示引導衆生修學佛法。

一切大菩薩於佛法上所作一切分別、三昧、神足、說法之行，皆得如來二種神力之加持，此義有二：一者自性如來神力，二者法報佛神力。

自性如來神力加持者，謂菩薩摩訶薩現觀自性如來（自心藏識）之功能差別，知其法性故生般若，以般若慧而作分別、三昧、神足、說法等無量行，此即自性如來第一種神力加持；次爲菩薩如是現觀：自性如來之功能差別等功德力加持，故令菩薩能作佛法上之分別、三昧、神足、說法諸行，若離自性如來功能差別之加持力，則不能爲之。是名爲自性如來二種神力加持，眞悟之人皆知此義，錯悟之人聞之不解。

法報佛神力加持者，謂菩薩於佛法上所作一切分別、三昧、神足、說法之行，悉蒙法佛所依報身佛之冥持，故能於此四法日益深妙，能廣益衆生。此事難信，所以者何？謂此神力加持，須有自身應具之基礎，若無基礎，佛雖冥持，亦不起用。

如人生來眼盲心盲，吾人雖以衆色燈光照明顯示，彼人亦不能見；若人眼明，即能見之。佛子亦復如是，若不見道，所悟虛僞，於佛法中名爲盲者，法報佛雖冥加神力，亦不能令起深廣般若智慧，無有現觀般若之力故；若彼佛子已眞見道，並已修集外門菩薩六度萬行者，一旦發起廣大心，爲護持佛敎弘揚正法者，於其所作分別、三昧、神足、說法諸行中，皆得如來神力冥持。此是余所不斷感受者，由於多年來承受自性如來及法報如來之神力加持，故能爲人所不敢爲事，說人所不能說法，迥異諸方大師而悉符聖言量；是故如來二種神力建立，絕非妄說；有不能受者，亦有能受者故。一切見道菩薩若離自性如來及法報如來神力，而能論辯說法者，一切凡夫亦應能說般若；而現見不能，故說菩薩摩訶薩離佛神力即不能爲衆生論辯說法。

「山石樹木及諸樂器、城郭宮殿，以如來入城威神力故，皆自然出音樂之聲，何況有心者？聾盲瘖啞無量衆苦，皆得解脫，如來有如是等無量神力，利安衆生」：佛爲度化衆生故，於人王初請佛時，入城受供，便以神力加持，令山石樹木及諸樂器、城廓宮殿，皆出樂聲；人民大衆見此瑞相，於佛生信，悉皆歸命三寶，修學佛法。無心之無情物，以佛神力所加，尚能如是，何況有心之人蒙佛神力而不能脫苦？若有聾盲瘖啞無量衆苦，蒙佛恩加，無有不得脫苦者，如來有如是等無量神力，利益安樂衆生。

蒙恩佛子極多，余亦在其數中；業重障深者，不蒙佛恩，便不信受，謂爲妄說。余數度承恩，於余及衆生皆有大利，不唯能益此世修持、不唯自利故。然此經旨非以感應爲鵠的，故略而不舉。

復次，若遇明師，得入大乘眞見道位，則能現見自心藏識本來常住涅槃而遠離涅槃境界受，離一切相，何況有聾盲瘖啞無量衆苦？如是現觀，無妨色身覺知心仍有衆苦，而心得解脫，此非凡愚所能知之。而此本來解脫，須由如來降生人間說法，衆生聞法已，依自性如來而證此本來解脫，此亦如來神力也，非是諸天天主一切神鬼之神通力所能成辦故。

大慧菩薩復白佛言：「世尊！以何因緣、如來應供等正覺，菩薩摩訶薩住三昧正受時、及勝進地灌頂時，加其神力？」佛告大慧：「爲離魔業煩惱故、及不墮聲聞地禪故，爲得如來自覺地故、及增進所得法故，是故如來應供等正覺，咸以神力建立諸菩薩；若不以神力建立者，則墮外道惡見妄想、及諸聲聞衆魔希望，不得阿耨多羅三藐三菩提。以是故，諸佛如來咸以神力，攝受諸菩薩摩訶薩。」爾時世尊欲重宣此義而說偈言：

神力人中尊，大願悉清淨，三摩提灌頂，初地及十地。

疏：《大慧菩薩復白佛言：「世尊！究竟是爲了甚麼因緣，如來在菩薩摩訶薩住於大乘照明三昧之中時、以及勝進地之灌頂時，以神力加持菩薩？」佛告訴大慧：「爲令菩薩遠離魔業煩惱故、及令菩薩不墮聲聞地所修之禪法故，爲令菩薩証得如來自覺境界故、及增進菩薩所得法故，由這四個緣故，一切如來都以威神力，攝受諸大菩薩。」爾時世尊欲重新宣示此諸正義，而說偈曰：

諸佛威神之力，是人與天人中之至尊；

諸佛往昔世中所發無盡大願，今已全部清淨無雜；

所以建立大乘光明定及灌頂神力，

於初地及十地境界中加持菩薩摩訶薩。》

「爲離魔業煩惱故、及不墮聲聞地禪故」：佛子於破參明心時，雖亦得名大乘通教初果聖人，於別教中唯是七住賢人；眼見佛性時，性障輕者得入通教二果，亦唯別教十住賢人；於七住十住之住地心位，仍在習種性位。習種性者其義有二：一爲貪瞋癡習性仍重，猶待修除；二爲般若見地仍極粗淺，未斷盡大乘所知障中見惑隨眠，未至通達位，於般若及唯識種智雖得勝解而未通達見地，仍待熏習；以此二緣，名爲習種性者。尤以菩薩所修所證迴異二乘——不斷煩惱而證菩提，煩惱仍重，亦因此故易與魔業相應，是故甫入初地乃至亦有將入二地之菩薩，雖然般若智慧深廣，而仍難離魔業煩惱，故須諸佛以大乘照明三昧之建立，而現身語加持，令離魔業煩惱。

若爲戒定直往之初地菩薩，則是爲令不墮聲聞地禪，而以大乘照明三昧中之「語加持」，令離聲聞地禪。戒定直往之初地菩薩，樂修禪定；於六住位中已得三禪，已修神通。復因善知識緣，於七住明心已，不久必得四禪，與寂滅空性相應故；由得明心及四禪捨念清淨定故，由慧不深廣故，由未眼見佛性而趣向寂滅故，則此菩薩雖然修入初地，仍易墮入聲聞地而修禪定，欲速取證有餘及無餘涅槃。爲此類菩薩，諸佛於初地施設大乘照明三昧，加持此菩薩入於此三昧中，以佛語開示大菩提道，令起欣樂，求佛菩提，以此之故遠離聲聞地所修禪定法門，不再一心趣寂取滅、不求滅盡定。

「爲得如來自覺地故、及增進所得法故，是故如來應供等正覺，咸以神力建立諸菩薩摩訶薩；」十地之灌頂建立，乃爲欲令十地菩薩速得圓滿佛地功德—迅速轉入等覺位，及增進十地所得法益—速得圓滿無生法忍一切種智，是故十方如來應供等正覺，皆以威神之力建立諸菩薩摩訶薩。

「若不以神力建立者，則墮外道惡見妄想，及諸聲聞衆魔希望，不得阿耨多羅三藐三菩提。以是故，諸佛如來咸以神力攝受諸菩薩摩訶薩」：如上所言，若諸如來不以神力建立者，往往有諸菩薩或墮外道惡見虛妄想中，或墮聲聞地禪，或如衆魔之希望而墮魔業及煩惱之中，或不能速證無上正等正覺。由此諸緣故，諸佛如來皆以威神之力，攝受諸大菩薩。

「神力人中尊，大願悉清淨，三摩提灌頂，初地及十地」：詳前疏解已明，此處不再重述。

爾時大慧菩薩摩訶薩復白佛言：「世尊！佛說緣起，即是說因緣，不自說道。世尊！外道亦說因緣，謂勝、自在、時、微塵生，如是諸性生。然世尊所謂因緣生諸性言說，有間悉檀，無間悉檀；世尊！外道亦說有無有生，世尊亦說無有生，生已滅；如世尊所說無明緣行乃至老死，此是世尊無因說，非有因說。世尊建立作如是說：此有故彼有，非建立，漸生；觀外道說勝，非如來也。所以者何？世尊！外道說因不從緣生而有所生；世尊說觀因有事，觀事有因，如是因緣雜亂，如是展轉無窮。」

疏：《爾時大慧菩薩摩訶薩復白佛言：「世尊！您說諸法皆是因緣所起，這樣就是說因緣法，不是您自己所說的佛道。世尊！外道法中也有說因緣法，所謂以勝性、大自在天、時節、四大微塵爲因緣、爲能生諸法者，如是諸法生起。然而世尊所說依於因緣而生諸法等言說，卻說是有間悉檀，也是無間悉檀；世尊！外道也說有能作者從無生有——無有之中而能生諸法；世尊也說『法本無有，依因緣生，生已還滅』，如世尊所說無明緣行、行緣識、……乃至生緣老死，這是世尊的無因之說，非是有因之說。世尊又建立作如是說：此法有故彼法有，這是『非建立』、是漸生之法；如此而觀之，是外道所說殊勝，非如來所說殊勝也。爲何如此呢？世尊！外道說能生之因不從緣生，而能生諸法；世尊所說因緣之法，則是觀待於因而有果事，觀待於果事而有因，像這樣因與緣雜亂，這樣展轉因緣必定無窮無盡，非究竟理。」》

「佛說緣起，即是說因緣，不自說道」：佛於四阿含中，偏顯四聖諦與十二因緣，說一切法皆緣起緣滅，故性是空；然佛於四阿含之四聖諦中，亦說涅槃之本際實際，亦說「窮生死蘊、有分識」，亦說阿賴耶識、如來藏；凡夫不解，便謂一切法皆因緣起因緣滅，主張一切法空，不知不見無餘涅槃之本際，不知不見佛所稱說之阿賴耶識。佛復於緣覺法中說十二因緣：此有故彼有，此滅故彼滅；然佛於中亦說「識（阿賴耶）緣名色故入胎，名色緣識（阿賴耶）故增長」，凡夫不知不解，遂謂十二因緣純說因緣法，於中無有阿賴耶根本識，誤會佛意。以此二緣，便謂佛之初轉法輪純說因緣法，未嘗說佛菩提道，誤會四阿含中所說佛菩提道，亦誤會四阿含中所說二乘菩提；大慧菩薩有鑑於此，乃有此問，請佛藉機開示。

「世尊！外道亦說因緣，謂勝、自在、時、微塵生，如是諸性生。然世尊所謂因緣生諸性言說，有間悉檀，無間悉檀；世尊！外道亦說有無有生，世尊亦說無有生，生已滅；如世尊所說無明緣行乃至老死，此是世尊無因說，非有因說」：佛說諸法因緣生、因緣滅，外道亦有說因緣者，他們說宇宙勝性之因緣而生世間及一切有情諸法，或說大自在天因緣而生、或說時節因緣而生、或說微塵因緣而生、或說地水火風四大極微塵元素為因緣而生有情及世間諸法。然而世尊所說因緣生諸法等言說，既是有間悉檀，也是無間悉檀，異於外道因緣之說。

悉檀者謂法成就。有間悉檀者謂：有間斷之法成就。無間悉檀者謂：無間斷之法成就。茲舉三念十二因緣為例：

前念無明緣行故有心行，心行現已應無無明，無明已現故；現則變異歸滅故，是則有間有斷，無明現行已過故。行緣意與意識故有識行，識行現已無有獨行，行已併於識而起行故；唯有識行，則行已滅，是則有間有斷。意根以及意識既起心行則緣名色，緣名色已，前念無明行識皆過，是有間有斷。名色緣六入已則緣觸；觸法生已，六入之法已過，則是有間有斷。名色起六塵觸已則緣受，受法起已，名色緣六塵觸之法已過，是有間有斷。名色起受已則緣愛，愛法起已，名色緣受之法已滅，是有間有斷。名色起愛法已則緣取，「取」法起已，名色緣愛之法已滅，是有間有斷。名色起「取」法已則緣後念之有，有法起已，名色緣取之法已過，是有間有斷。名色起後念之有法已則緣生，後念之生法起已，前念有則滅，是有間有斷法。名色起後念生法已則緣變異壞滅（老死），老死法現已，生法則滅，是有間有斷。如是前後三念十二因緣，互爲因緣生，於前滅後生之間斷轉易之中，三念十二因緣成就，是名有間悉檀。

然於十二因緣前後三念中，雖於表相見有間斷，其過程中卻有自心阿賴耶識運作不斷，十二有支無一不因根本識之識種流注（法界功能差別之現行）而成就其用；若無此識之用，名（受想行蘊及識蘊七識）與色，即無可能成就十二因緣之流轉或還滅。阿賴耶識若有剎那間斷其功能者，十二因緣隨即於彼剎那中斷，不能成就。以有自心阿賴耶之法界功能恆不間斷，故名與色十二因緣得能成就。三念十二因緣如是，三世十二因緣亦復如是：由自心阿賴耶識之法界功能不斷，令一切時中之十二因緣得以成就；由是之故，等流果、異熟果、士用果、離繫果、增上果皆得成就；展轉成就世出世間一切善染因果，皆因自心賴耶法界功能不斷而得成就，故說十二因緣非唯有間悉檀，亦是無間悉檀。

緣覺法之修行者，由是十二因緣之覺悟現觀而成辟支佛；然諸辟支佛皆因觀察十二因緣法別有「名色緣識、識緣名色」之理，觀察名等七識與色蘊必由有分識故生，觀察十八界必由佛所說之阿賴耶識故有，故知涅槃非是斷滅，故知無明非是無因憑空而有，必以賴耶之執持性爲因。辟支佛雖知有「緣名色之阿賴耶識」，然因智慧力之不足，不能證得，唯能觀察「因於十八界之不如實知故有無明，因於無明故令自心賴耶起於煩惱種之現行而緣名色入胎，遂有名色生長乃至出胎而觸六入……等」，由是現觀，斷盡三界有愛而成辟支佛。由知十二因緣之有間與無間悉檀故，辟支佛不墮斷見。

佛滅之後，聖人日滅，欲覓眞證眞解十二因緣者極難可得；設或有之，亦多不出世說法，更不肯造論詳述以貽後學；遂有諸多求名求利求眷屬者，依於片面之情解思惟而爲人說法，乃至造論著書流通天下；以訛傳訛故，令後世佛子悉墮斷滅空——一切法緣起性空，無有一法不滅；遂將「識緣名色」之識（阿賴耶）亦予否定，違逆世尊所說十二因緣之眞義，翻斥菩薩說有阿賴耶識之說爲非法說、爲自性見；此即應成派中觀師之所墮也：如月稱、寂天、阿底峽、宗喀巴、黃教古今一切達賴喇嘛、今之臺灣印順法師及其門徒，悉墮此中。

如是十二因緣則成無因論，亦錯會世尊之意。謂彼等應成派一切中觀師皆否定阿賴耶識，否定已，復說無有第七識（意根）；如是，十二有支之無明支即成憑空而有，不須依附於阿賴耶識而有，則有衆過（此處暫置不述），成無因論；如是，行支亦依無明憑空而有，六識及色身則依憑空而有之無明與行而有，則十二支之「識緣名色」一支不能成立，佛說別有一識緣於受精卵位之色與名（末那。此時尚無前六識故），故令名色具足六識及有根身而有六入故；如是否定七識八識（意根及阿賴耶）者，則令十二因緣缺一因緣，亦令「識緣名色」以下之九支因緣不能成立，是故否定根本識已，十二因緣即成無因論，有種種過。因有凡夫佛子未見道故，外於阿賴耶識而學十二因緣法，墮於無因論中，誤會佛說緣起法爲無因有緣之法，所以大慧菩薩故意以此問佛，求佛藉此機會開示。

「世尊建立作如是說：此有故彼有，非建立、漸生；觀外道說勝，非如來也。所以者何？世尊！外道說因不從緣生而有所生；世尊說觀因有事，觀事有因，如是因緣雜亂，如是展轉無窮」：「非建立」者，謂此乃事實，非以人爲觀念而藉名詞建立。大慧菩薩假藉凡夫外道之邪見惡見，而提出如是問：「世尊建立十二因緣法時，作如是說：『此無明之法有故行有……乃至此生法有故老病死法有；這十二因緣法是現象中之事實，非是人爲建立之法；此十二有支一一漸生，非一時頓生。』我將外道所說之因緣法，與世尊所說之因緣法，加以觀察時，發覺外道所說的因緣法較爲殊勝，非是如來所說因緣法殊勝。爲何這樣說呢？外道所說的能生諸法的因（勝性、大自在天、時節、微塵），是本來自在，不從他緣而生，但卻能生諸法；世尊所說的因緣法，卻是互相觀待而有—觀待前因而有後果之事相，觀待後果事相而有前因—互爲因緣；像這樣的話，便顯得因緣雜亂，像這樣，就變成展轉無窮。所以外道所說因緣法，超勝佛的因緣法。」

三乘佛法甚深微妙，非諸凡夫外道所能知之。即以最淺之聲聞涅槃、緣覺因緣法而言，當今佛學泰斗之印順法師，自年少出家已，畢生精研，今已九十餘歲，尚不能知，何況餘人？何況能知大乘菩提般若種智？莫道二乘菩提，最粗淺之十八界法尚且錯解，遑論通達三乘菩提？而今余以淺顯文字，細膩敘說三乘菩提，仍有許多自稱證悟之人不解余意，何況佛於諸經之提綱挈領而略說之？更不能解也。如是，遂有佛子因於余之細說、讀之不解而生煩惱，遂謂人曰：「一個簡單的佛法問題，經過他足足用了二十頁的篇幅解釋之後，問題更模糊了。」（現代禪教團副宗長張志成，一九九九、十二、十四、覆網友文）

云何一個簡單的佛法問題—性淨涅槃—余以二十頁的篇幅解釋之後，張志成先生竟覺得更模糊了？問題實因張先生墮於常見外道法中，以意識之一念不生時爲眞如，墮於十八界生滅法中；復以死後一切斷滅，將意識覺知心入住定中一念不生以爲涅槃境界。如是嚴重誤解涅槃寂滅、誤解涅槃無我；又復誤解十八界，不曉意識一念不生之際仍是意識，虛妄想像意識不生妄念時可變爲眞如；如是知見，於我法中無語話分，於我法中只是幼稚園之學生程度，而妄評於余：「這使得他無法和當代學術界任何一位學者對話，同時他人對他的思想也無從評論起。」

余出道初期，曾與某大師對話，然彼師姿態極高，余雖極盡謙虛誠懇，與其緩說淨土，而彼始終不聽余言，二十餘分鐘後，余即供養頂禮而退。此後即無意願與諸方對話，乃至三年前有某一極有名氣之法師，欲見余「切磋」，余觀彼得法因緣不足，暫置不理，迄今未覆其函。後有陳履安居士率人來見，席間頗爲融洽；然因其後欲再度單獨見余，余以曾於會中建立規矩：「一切親教師皆不得單獨接見學員及會外人士，須有已見性之同修一人作陪方可接見。」彼不能接受此條件，此事遂寢，未曾再見。

數年來，常有諸方自謂已悟者，去電正智出版社，欲求見余；余皆事前委請執事者當場婉謝。何故如是作爲？皆因修證相去太遠，復因諸方欲見余者多非虔誠求法之人，三因余無攀緣諸方大師之意願，末因余已悉知諸方大師之墮處，而彼等未除名聞愛惡習氣，故余曾無對話之意願。今者張先生之所謂「證悟」，乃常見外道知見，尚不能與我會中之初悟者對話，何況與余對話？何況能評余之道種智耶？故於拙著不生勝解，越讀越模糊；恰似幼稚園學生之閱讀《古文觀止》，一般無二。

亦有人來函，責余著作諸書「理論太深奧，令人望而生畏，令多數欲學佛者裹足不前……。」實因大乘乃是唯一佛乘之法，函蓋三乘菩提─不唯具足二乘菩提之解脫道，亦且具足佛菩提之大菩提道一切種智─二乘無學之不迴心者尙不能少分知之，何況今之末法初機佛子，能解諸方大師所不能解之拙著密意？若不入我會中按部就班、循序漸進，破參明心而入七住位，終究難於拙著生起勝解；為愍末法佛子，故於正覺同修會中，開設禪淨雙修班，以待有緣。

然而錯解第一義諦如張志成者，絕非末法獨有，佛世已極普遍，觀察三轉法輪諸經及本經所載，亦如《楞嚴經》中諸大聲聞羅漢初迴心時，於第一義之茫然不解，可知梗概。大慧菩薩愍念當時後世佛子，是故承佛神力，而作此問。

世尊於十二因緣法中說：此有故彼有。此乃說一切有情生死流轉之過程，純依現象界而說，故說有無明故有往世心行，有往世無明心行故有六識種子纏綿不斷流注，有六識種子流注不斷，則必受生而取名色（受精卵），有名色受精卵則生此世五根而生六入……乃至取後世有種子，有後有種子則致後世受生，生已則必老死，如是現象，如是事實，非是建立之法，一切人依善知識指導，皆可觀察證實。如是事實現象必是漸次生起，非為一時頓生，故說十二因緣法之此有故彼有，非建立，是漸生。

此十二因緣法甚深極甚深，阿羅漢所不能知；其中有辟支佛之所知者，亦有辟支佛所不知，而初地菩薩方能知者；亦有初地所不知，二地方能知者；乃至究竟佛地方能具知，故說十二因緣甚深極甚深，唯佛具知。然諸佛子不可因此而生煩惱，嫌佛所說諸經義理太深妙，亦莫嫌余所作諸書義理太深奧，更莫要余效法餘師創作浮淺及常見法之書；彼諸膚淺之見及常見法之見，有彼等創作即足，余若隨作，實無意義。

然有學佛已二三十年者，苦於不得入處，始終不能進入大乘眞見道位者；亦有許多自謂已悟，而本質是常見外道法者；亦有許多密宗應成派中觀師自謂已經「全然開悟」、已經即身成佛，而本質爲具足斷常二見者（詳見宗門道眼、宗門血脈二書舉例）；亦有大乘法中比丘，崇尚原始佛教阿含正理，而錯會阿含正理者，余諸著作乃爲此等諸人而作，非爲初機而作，是故張志成等人讀之不解，勢所必然；是故初機佛子莫以浮淺之義要我。

復次，眞見道位之佛子，乃至隨後轉入相見道位之佛子，若閱拙作諸書，少有不能於余所述起勝解者；若閱拙著，大多見法得法，隨讀隨入法義，次第漸進，邁向初地，心大歡喜，慶幸生於此時此地而遇此法，何有太過深奧之可言者？何有越讀越模糊之可言者？然於諸方錯悟之「證悟」者而言，拙著誠然太深奧，不能證解；彼等墮於常見法之意識心中，尚未圓成別教六住雙觀能取所取空之修證，云何能知拙著所述初地種智義理？

佛世之末悟凡夫亦復如是，不知不解十二因緣正義，外於自心藏識而學十二因緣，便覺因緣雜亂、展轉無窮，便謂外道因緣觀勝，佛說因緣觀劣；外道因緣觀易解故，佛說因緣觀難解故。然難解者實是正理，易解者乃是妄想，佛子不可不知也。因何有人認爲佛所說因緣觀雜亂、有展轉無窮之過？此理隨後佛語開示中分解：

佛告大慧：「我非無因說、及因緣雜亂說。此有故彼有者：攝所攝非性，覺自心現量。大慧！若攝所攝計著，不覺自心現量、外境界性非性，彼有如是過，非我說緣起。我常說言：因緣和合而生諸法，非無因生。」

疏：《世尊告訴大慧菩薩：「我不是外於根本因而說緣起，也不是因緣雜亂而說緣起。此法有故彼法有者，乃是說能取與所取無有眞實不壞自性，乃是說覺悟能取所取皆是自心如來藏所示現之事實。大慧！如果在能取與所取上誤計爲眞實、而生執著，不能覺悟能取所取都是自心藏識所現之事實、不能覺悟心外境界法非眞實法的人，他們才會有這種『因緣雜亂、展轉無窮』的過失，他們所知道的緣起，不是我所說的緣起。我常常這樣說：阿賴耶識爲因，與各種緣和合而生十八界等一切法；不是無因有緣而能生十八界及諸法。」》

「我非無因說、及因緣雜亂說」：世尊於阿含諸經所說緣起性空之法，不是無因論之說，乃是依阿賴耶識爲因，依無明、愛、業、父母、四大爲緣，而說緣起性空之法；所說有因有緣之緣起法，也不是因緣雜亂之說法；也不會有展轉無窮之過失。若離緣起性空之根本因，則不能免無因論之過：因緣雜亂、展轉無窮。

「此有故彼有者：攝所攝非性，覺自心現量。」四阿含中諸聲聞緣覺經典所說「此有故彼有」者，其眞實意旨乃是在說明：能取與所取都無眞實不壞之自體性，都是依於「此有故彼有」之理而因緣生、因緣滅，其目的是希望學人能由其中覺悟能取之心及所取之法都是自心所現、覺悟到這個事實。

二乘無學依於十二因緣之「此有故彼有」現觀，覺知能取心（意根及意識）與所取境（色等六塵及與定境）皆是因緣生、因緣滅，覺知如是「攝所攝非性」已，即知能取所取之十二有支，必定依於世尊所說「名色緣識、識緣名色」之阿賴耶識爲因而起，覺知十二有支乃是自心阿賴耶識之現行事實，是名覺自心現量。然緣覺之慧不若菩薩，雖然覺知緣起法乃是自心所現之事實，卻不能證得自心阿賴耶，若能證得，並現前體驗其空性與有性，則入菩薩數中，永不取滅度。

「大慧！若攝所攝計著，不覺自心現量、外境界性非性，彼有如是過，非我說緣起。我常說言：因緣和合而生諸法，非無因生。」三乘凡夫皆墮攝所攝計著。如二乘未見道佛子，亦如今之南傳佛法大師，執取不貪六塵之覺知心爲常不壞滅心，墮於能取之心，不離「能攝計著」；此心是我故，墮於我見中故；須陀洹則不如是，現觀此覺知心斷而不恒，乃至現觀作主之我乃是假我，如此我見斷故成須陀洹；非如今之南傳佛法大師執意識之覺知覺性爲涅槃心也。

禪宗密宗內之錯悟者亦復如是，執取見聞覺知心為常不壞之自心（如惟覺法師），執取一念未起時之覺知心為常不壞之自心（如現代禪副宗長張志成老師），執取不攀緣六塵之覺知心為常恒心（如聖嚴法師），執取無形色而能分別諸法之覺知心為常不壞心（如密宗四大派一切法王活佛認取空明而無盡之覺知），如印順法師別立意識覺知之細心（不可知之意識細心）為常不壞心，悉墮「攝與所攝計著」之中。

最荒唐者莫過於印順法師之否定阿賴耶識與意根（第七識）而說緣起為中道：

《『中論』依緣起而明即空的中道。》《『中論』的空假中偈，在緣起即空下說：「亦為是假名」。這裏的假名，原文為……（略），正是『般若經』所說的「受假施設」。依『中論』「青目釋」：「空亦復空，但為引導眾生故，以假名說：離有無二邊，故名為中道」。假名是指空性說的：緣起法即空（性），而空（性）只是假名。所以緣起即空，離有邊；空只是假名（空也不可得），離無邊：緣起為不落有無二邊的中道。當然，假名可以約緣起說，構成緣起為即空即假的中道。》（正聞出版社《空之探究》頁二一六、二三七）

然而龍樹菩薩中論之義實非如此，青目梵志所釋之義亦非如此；後若有暇，當註解《中論》及《青目釋》，或由會中諸師之一作註，姑置不論。

假名絕非空性，空性絕非假名；若假名即是空性者，空性即成名言施設之概念，同於達賴喇嘛之知見。則「兔無角」一法亦可名為空性；是假名故。

緣起法非是印老所說假名空，假名空亦不得謂為空性；空性是心，雙具有性與空性故。緣起法若是假名空，即成戲論之無因論，則十二有支應皆不可一一證驗；然十二有支皆可現前一一證驗，唯除無有真善知識指導者，是故佛說十二因緣法非建立──是可證驗之法。緣起法之名相方是建立法，藉以開示表義。

若緣起法是假名故空，唯是名言施設者，緣覺乘人不應由於現觀十二有支緣起法而成辟支佛。觀察十二有支名詞之假名故空而可名為空性者，空性即成名言戲論，此十二支之名詞皆是人之思惟建立法故。審如是者，從此以後不必再建寺院伽藍，不必剃度俗人出家修行，只要廣建佛教學校，大家都來作佛學研究；只要認清「假名即是空性，緣起法即是空性，空性只是假名」，只要認清「緣起就是假名，離有邊；空（性）只是假名，離無邊」，那就可以證得「緣起爲不落有無二邊的中道」了，眞乃至易至簡之方便法。印老眞是無比慈悲、無比睿智，說出如此至簡至易、既能成辟支佛，又能證得般若中道而成菩薩之法。佛竟無有如是慈悲令人速證之心，佛竟無此睿智，而將如是至簡至易之法說得如是複雜深奧難解；果如是乎？非如是乎？有智佛子盍共思之？

如是印老言說，墮於「攝所攝計著」，誤計緣起爲名詞故，著緣起名爲空故；誤計緣起即空爲離有邊故，著「空是空無之假名」故；誤計緣起中道故，著緣起假名之中道妄想故。如是計著，不離意識覺知妄想，無關般若解脫，亦無關緣起解脫。何以故？若緣起法即是空，即是假名，觀此即能證得中道；則吾人亦可作如是言：「吃茶法即是空，即是假名；所以吃茶即空，離有邊；空只是假名，離無邊；吃茶爲不落有無二邊的中道。」理必同然故，是耶？非耶？有智佛子盍各效此、出而說法？皆已成辟支佛及證得中道之菩薩故。

是故，二乘之緣起空法，不得外於《阿含經》中佛說阿賴耶識之因而說、而修、而證；若不能證知意識之粗心、細心、極細心皆是十八界所攝，是生滅法，而否定意根及《阿含經》中佛說如來藏識者，皆墮於「能攝所攝計著」妄想中；若不能覺悟十二有支皆是依於《阿含經》佛說涅槃之本際——自心藏識——而緣起，故十二有支性空，則墮「能攝所攝計著」。不知能取與所取皆是藏識自心之現量者，則必不知外境界性非性，墮於「攝所攝計著」中。

彼諸外道所說緣起，以勝性、大自在天、時節、四大微塵爲因，以父母爲緣而生有情蘊處界及衍生之一切法者，彼等必有如是三過：攝所攝計著，不覺自心現量，不覺外境界性非性。是故不得外於自心藏識而說緣起，佛所說之緣起乃是依自心藏識而說，非如外道依於虛妄想所建立之法而說緣起，故離諸過。如來所常開示者，乃是以如來藏爲因，無明業愛父母四大等緣，互相和合而生五蘊六入十八界等法，並非無因有緣而生。

若無因有緣而生者，則有大慧菩薩所質問之「展轉無窮」過失。何以故？如老死緣生而有，有緣於取，取緣於愛，愛緣於受，受緣於觸，觸緣於六入，六入緣於名色，名色緣於往世六識業，往世六識業因行有，行因無明有，無明依何而說有？無明若不依於自心藏識所持無明種子，則無明應當復依別法為因而有，別因復應別有其因，如是展轉無窮，則因緣法不能修證，無有盡期故，無有盡因故；是故無明必依自心藏識無明種子而有，若離自心藏識，無明即無所依而成無法之唯名假名施設故；若無明是無法唯名，則不應有眾生輪迴生死。眾生皆依無明而輪迴生死故，故無明非是爾印老所言之假名施設無法，是故無明實依自心藏識所執無明種子而有。

若道無明不須由自心藏識所持，憑空忽生而有者，亦有大過：一切修道俱無意義，唐捐其功。何以故？一切人修除一念無明煩惱成阿羅漢後，或現觀十二因緣斷除無明後，仍將憑空再度忽生無明，復成博地凡夫；無明可以憑空忽生，非有因而生故。

若無明可以無因而生，非由如來藏所持往世熏習有漏種而生，則印順法師之修證緣起法而斷無明者，是斷了何處之無明而曰斷盡？若謂所斷是虛空所持無明，則虛空無法唯名，何能執持無明種？復次，虛空無盡，亦應印老所斷虛空中無明永不能盡，辟支佛果永不能證；若謂唯斷虛空中之一種無明即成辟支佛者，應印老成辟支佛時，一切有情盡成辟支佛，皆以同一虛空爲本體故；如是，亦應釋迦成佛時，印老及吾人等皆已一時頓成究竟佛，而現見非如是；若謂所斷無明是虛空所持無明者，則應虛空能受熏習，則汝印老出家修道即成無用，謂世間有情不斷熏習有漏惡業以熏虛空，唯汝印老一人修無漏業以熏虛空，則虛空所持無明種永無清淨斷除之一日，則汝修道欲斷虛空無明種之諸行，唐捐其功；若謂無明由虛空所持，則不應世間有佛、辟支佛、阿羅漢、菩薩之悟與未悟等種種差別，各人之無明由同一虛空所持故，而現見有諸差別，而《金剛經》言：「一切賢聖皆以無爲法而有差別。」若謂虛空持無明種而受吾人熏習故能斷除無明種者，亦應虛空與有情身心有所互動而可觀見、如證悟者與自心藏識有所互動而可現前觀見，然現見虛空與一切有情無有互動，虛空是無法故，虛空是唯名施設如兔無角法故；若謂無明不由虛空所持，乃無因忽生，則墮前述「成佛已復無因忽生無明，再成凡夫」之過中，進退無據。

若謂無明非虛空所持、非無因忽生，則無明依何而生？若謂自然而生，即是無因而生，則有前述諸過；若謂有因而生，則無明之因復應有因，其因復應有因，則有無窮因之過。

是故一切有情之無明種，悉由各人自心藏識所持，隨其熏習善染差別、有漏無漏差別，導致有情依其所熏種子差別而有三界六道差別及四聖之種種智愚差別；各人但斷自心三界無明種，即成解脫聖人；但破自心無始無明隨眠，即成外聖內凡菩薩；但能斷盡自心無始無明之見所應斷隨眠，即成初地聖人道種智，成就初地無生法忍；……乃至但能斷盡自心藏識修所應斷無始無明隨眠，即成三界至尊—究竟佛；唯斷自心所持無明，與他人之無明無干。故說無明有因而生，有因而滅，其因即是各人之自心藏識所持無明業種，故說無明非無因生，十二因緣無「展轉無窮」之過。《雜阿含經》卷十二中，佛曾開示十二因緣云：「何法有故名色有？何法緣故名色有？即正思惟，如實無間等生：識有故名色有，識緣故有『名色有』。我作是思惟時，齊識而還，不能過彼；謂緣識有名色……。」可証十二因緣法，齊阿賴耶識而還，不能超過彼阿賴耶識而無窮盡，故說無明種由阿賴耶識所持，「齊識而還」，故無無窮盡之過失；若非由阿賴耶識持無明種，則有無窮之過。印老與達賴不得阿含十二因緣正觀，故否定自心阿賴耶識，遂生衆過，絕緣於三乘見道之外，有智佛子莫隨。

是故佛所說之十二因緣法及聲聞緣起法，乃是依自心現量而說「攝所攝虛妄、外境界性非性」，是「因、緣，和合而生諸法，非無因生」，非如印老所言緣起法是「假名空、唯名空、無因生」也。是故印順法師所著《妙雲集、華雨集、空之探究、如來藏研究》諸書所說之緣起法，非是佛所說之緣起法，與大慧所問凡夫外道誤會之緣起法相同，非眞佛法也；彼所說之緣起法是無因說故，佛是有因說故；因者乃是佛於四阿含中所說之阿賴耶識、如來藏、涅槃實際——第八識。

大慧復白佛言：「世尊！非言說有性、有一切性耶？世尊！若無性者，言說不生。世尊！是故言說有性，有一切性。」佛告大慧：「無性而作言說，謂兔角龜毛等世間現言說，大慧！非性非非性，但言說耳。」

疏：《大慧菩薩復向佛稟白：「世尊！不是言說有實法、有一切法性嗎？

世尊！如果言說沒有實質之體性者，言說應該不會生起現前、令人得聞。世尊！由此緣故言說有其實質體性，言說具足一切法之體性。」佛告訴大慧菩薩：「沒有實質體性而作的言說，是指兔角龜毛等世間出現的言說，大慧！言說非有實質體性、非無實質的體性，只是言說而已。」》

言說與言說所表義，二者非異非不異；若言說即是所表之義，則所表之義即成無義，唯是言說故；若言說非即所表之義，言說則不能表義，故言說與所表義，非異非不異。言說非無實法、非有實法，能表義而非即義故；是生滅法，無有不壞之自體性故，是故佛說「言說非有性、非無性，只是言說而已。」

如人說言：「牛角堅硬彎曲，可製成印章、耳扒、髮梳……等物，供人利用。」如是言說非無性、非有性；非無性者，謂此言說能表牛角之物及與其用，令人可依之成就牛角諸用，故非無性；非有性者，謂言說本身不能成就牛角諸用，言說本身亦非即是牛角，故非有性；是故言說雙具非有性與非無性，故云：「非性非非性，但言說耳。」

然有一種言說，唯具非有性，不具非無性，謂兎角龜毛之言說形容名相。若人執兔角爲有實法，彼諸描述兎角之言說即是非有性法，彼言說所表之義無實體性故，不可證驗故。

何謂兔角之法？即是外道所謂緣起法之因也，謂有外道執有虛空勝性或能量或冥性或上帝等法，能創造宇宙及諸有情，而彼諸事不可證驗，乃虛構之說，名爲兔角之法；如是，敘述兔角法之言說皆是非有性之言說，此即佛所開示：「無性而作言說，謂兔角龜毛等世間現言說。」

「如汝所說，言說有性、有一切性者，汝論則壞；大慧！非一切刹土有言說，言說者，是作耳。或有佛刹瞻視顯法，或有作相，或有揚眉，或有動睛，或笑，或欠，或謦欬，或念刹土，或動搖。大慧！如瞻視及香積世界普賢如來國土，但以瞻視，令諸菩薩得無生法忍及諸勝三昧；是故非言說有性、有一切性。大慧！見此世界蚊蚋蟲蟻，是等衆生無有言說，而各辦事。」

疏：《「如果像你所說，言說有眞實自性、有一切法自性的話，你的論義是不能成立的；大慧！並非一切佛刹國土都有言說。言說之法，是由自心藏識及意根意識之分別性共同造作之法而已──並無眞實之自性。有佛刹是以觀瞻顧視而顯佛法，有世界以作各種事而顯佛法，有世界以揚眉、有世界以動轉眼睛、有世界以笑、有世界以打呵欠伸懶腰、有世界以咳嗽、有世界以念刹土、有世界以動搖身體而顯佛法。大慧！譬如瞻視世界及香積世界普賢如來國土，只用瞻視之法，而使得諸菩薩證得無生法忍及各種殊勝之三昧；由這個緣故，可知並非言說有眞實法、有一切法性。大慧！現前可以觀見此世界之蚊蚋蟲蟻，這一些衆生沒有言說，而能各各成辦諸事。」》

了義佛法遍十八界、遍十二處，亦遍一切處──十二處及十方世界一切有衆生處。十方虛空無量佛國，多有以言說開示了義佛法者，然非悉皆如是，所以世尊有此段開示。

他方世界固有不以言說而示佛法者，此娑婆世界亦多有如是者；如某外道來問世尊：「不問有言，不問無言。」世尊踞座不答良久，外道乃讚歎云：「世尊大慈大悲，開我迷雲，令我得入。」乃禮拜而去。

亦如雲門文偃禪師，但凡有人來參，往往先予顧視；若猶不會，繼之以鑒：左觀右看；若再不會，便道一聲「咦！」此即雲門有名之顧鑒咦。

若人不會，平實卻教他：「抄取諸經所說十方剎土國名來！」抄來若猶不會，卻教他：「佛像前，持念剎土名去！」若仍不會，卻教他別取《三千佛名經》來，令他逐一唸去。

如是諸法，非以言說令悟，非唯他方佛土有之，余於每年禪三精進共修期中，往往用之，令人得入了義法中，諸悟入者因此自能証解了義經法。如是，佛說「或有作相，或有揚眉，或有動睛，或笑，或謦欬，或念剎土，或動搖」者，唯有大乘法中眞見道菩薩方能會意，非定性二乘無學所能知，非諸錯悟之人所能知也。諸方大師所謂證悟者，以及密宗內諸多「全然開悟」之大師如創古仁波切等人，讀至此處佛語，無有不死於句下者，個個凝滯不通。

如是，離於言語而能顯法，故知言說本身並不具足一切法性，唯有自心藏識方能具足一切法性；若言說具足一切法性者，應離言說之外無有法性可以顯示；然現見可以顯示，契符三乘諸經，故說「非言說有性、有一切性」，現見此世界蚊蚋蟲蟻……等眾生無有言說，而各各能辦眾事，不相錯亂。

爾時世尊欲重宣此義而說偈言：

如虛空兔角，及與槃大子，無而有言說，如是性妄想。

因緣和合法，凡愚起妄想，不能如實知，輪迴三有宅。

疏：《爾時世尊欲重新宣示此義理而說偈言：

譬如虛空無法、兔子頭上之角，

亦如石女所生之子，

沒有眞實自性之法而有言說敘述之，

這些都是對於眞實法性不解而生之虛妄想。

一切法都是由藏識因與眾緣和合而生成，

凡夫及二乘愚人不能證解，故於緣起法生虛妄想，

由不能如實證知緣起法之因與緣，

所以輪迴於三界有之窟宅。》

爾時大慧菩薩摩訶薩復白佛言：「世尊！常聲者，何事說？」佛告大慧：「爲惑亂；以彼惑亂諸聖亦現，而非顚倒。大慧！如春時焰、火輪、垂髮、揵闥婆城、幻、夢、鏡像，世間顚倒，非明智也，然非不現。大慧！彼惑亂者，有種種現，非惑亂作無常。所以者何？謂離性非性故。」

疏：《爾時大慧菩薩摩訶薩復白佛言：「世尊！您開示常等語聲，是依何事相而說常？」佛告訴大慧：「因爲迷惑紛亂而說常；由於彼迷惑紛亂諸種事相，於諸聖人身語意業中亦復現行，而諸聖人不起顚倒想、顚倒見。大慧！世間諸事如春時焰、如旋火輪、如翳目垂髮、如海市蜃樓、如幻化而有、如夢中境界、如鏡中影像，世間無智凡夫生顚倒見，執爲實有，非明智者之正見也，然此開示非謂世間無有彼諸迷惑紛亂之事相顯現。大慧！那些迷惑紛亂，有種種無量差別事相顯現，然非迷惑紛亂諸事之作者無常，這是甚麼緣故呢？也就是說：作者離法與非法故。」》

佛見衆生於迷惑紛亂諸事生顚倒見，故說有「常不壞」之語。三界及五蘊世間有種種惑亂事相；譬如聖人於人間世間既有肉身，則須飲食存命，用以修道度衆，是故聲聞羅漢每日一食、中午托鉢，現有惑亂；是故菩薩初地乃至等覺，爲諸衆生忙碌，往往夜以繼日，難得休息，現有惑亂；是故世尊尋逐六師外道，踵接六師之後，一一遍至印度當時各大城市摧邪顯正，現有惑亂，爲救衆生故；是故余雖不敏，夜以繼日而造諸書，舉示諸方似是而非之「佛法」，效法世尊摧邪顯正，現有惑亂，欲令有智佛子辨明邪正間之微細分際故。

此諸惑亂事相，於諸聖身語意業之中，亦如凡夫之現行，然諸聖心中無有顛倒見、顛倒語、顛倒行。此諸惑亂事，如春日陽焰（印度春日猶如台灣夏日）、如旋火輪、如翳目垂髮、如海市蜃樓、如幻化、如夢境、如鏡中像，現有而非眞；世間人於中起顛倒想，執爲實有，明智之人則見其猶如陽焰夢幻鏡像，知其非眞；然明智之人雖見惑亂諸事非眞，並不否定其有，仍承認世間實有諸惑亂事現行，只是不生顛倒見爾。

譬如諸方大師，錯執各種不同狀況中之覺知心（意識），以爲眞如，自謂已悟；隨以如是顛倒見而度衆生，印證學人爲悟，俱墮常見外道見及大妄語業中。平實愍此諸人及後世學者，欲救拔之，乃造諸書，辨析邪正分際，欲令當今之佛教遠離常見斷見外道法，速得回歸佛陀本懷，是故出版《護法集》，又復逐年寫作公案拈提；然而諸方大師不改邪見如故，誤導衆生墮於顛倒想中如故，豈唯不思回收補救？反而繼續出版誤導佛子諸書，令余爲佛教及佛子前途憂心不已，只得效世尊遍至各大城一一破斥六師外道之舉，繼續逐年舉示諸方邪見而辨正之，令諸佛子明解何者爲邪見，何者爲正見。

然而亦有無智之人，因此而生煩惱，來函責余曰：「同是佛門中人，何需苦苦相逼？」爲其師父請命。亦有人如現代禪副宗長張志成老師之不能明解余書所述正義，心生煩惱，於網際網路中責余曰：「佛法須說得那麼深奧、令人難懂嗎？」更有人責余曰：「你不是已經悟了嗎？怎麼看見別人誤導衆生，也會起煩惱？你的證悟有問題！」

若然，則維摩詰大士尋諸大阿羅漢辨正法義，一一折服之，亦是有煩惱，亦非證悟之人，更非等覺大士；若然，則世尊踵隨六師外道之後，遍至印度各大城破斥之，亦是有煩惱，亦非證悟者；若否，則餘一切悲心佛子效法世尊、維摩詰、文殊師利、央掘魔羅諸大士之辨正法義，救護佛子遠離邪見之種種諸行，則不應責之爲有煩惱也。若否，則世尊入滅前，預見末法時有魔穿如來衣、住如來家、吃如來食、說如來法，破壞如來法，愍諸末世佛子而墮淚者，不應責世尊有煩惱也，不應責世尊之悟有何淆訛也。是故諸聖（尤其是菩薩）現有惑亂衆事，似同凡夫，似有執著煩惱，然非如衆生之墮顛倒想中起顛倒見；菩薩於一切惑亂中，現見猶如陽焰、夢幻而度衆生；與諸衆生同事（同現惑亂衆事），而度衆生遠離顛倒見。

於自度度他之過程中，現有種種惑亂妄法，然菩薩於中如實現觀：彼惑亂者，有種種相現，現已隨滅，皆是藉緣起滅；於藉緣起滅之中，必有能令起其藉緣起滅之因—能作之因；此作因必非無常。菩薩如是現前觀察：此一能令惑亂藉緣起滅之因—自心藏識—離一切法與一切非法故。自心藏識（作因）云何離一切法與一切非法？謂一切法與一切非法皆依能取之心而有，能取之心謂自心藏識所生七識心；由能取之心欲取六塵境，故令藏識流注五塵境之內外相分，於五塵境觸中，法塵隨生；是故一切法與一切非法皆因能取心有，能取心若離六塵執著，乃至離自我執著，則入滅盡定，捨壽入無餘涅槃。藏識於中皆依能取心而有心行，不自作主，離見聞覺知故，無有欲心所故，無有勝解、念、定、慧心所故，純無爲性故。七轉識若離自心藏識所藏一切種，則不能有種種惑亂現行，故自心藏識是惑亂之作者，而此藏識自性清淨，不墮於一切法與非法中執有執無──離性非性。

「大慧！云何離性非性惑亂？謂一切愚夫，種種境界故。如彼恒河，餓鬼見不見故，無惑亂性；於餘現故，非無性。如是惑亂，諸聖離顛倒不顛倒；是故惑亂常，謂相相不壞故。大慧！非惑亂種種相、妄想相壞，是故惑亂常。大慧！云何惑亂眞實？若復因緣，諸聖於此惑亂，不起顛倒覺，非不顛倒覺。大慧！除諸聖，於此惑亂有少分想，非聖智事想。」

疏：《「大慧！如何是離法與非法之惑亂？這是依一切沒有智慧的愚痴人，所誤解的種種境界而說的緣故。譬如那恒河一直都有清水，餓鬼道衆生看見的卻都是火焰，看不見河水；他們有所見、有所不見，所以說恒河境界沒有惑亂性；但恒河水卻於人間有情現有河水，所以恒河之惑亂性並非無性。如是，於世間種種境界之惑亂相，諸聖人離於顚倒想，心不顚倒；所以惑亂是常，恒時有相、連續現前故。大慧！並不是因爲惑亂之種種相壞，及妄想相壞，所以說惑亂是常。大慧！如何說惑亂是眞實呢？若復有能依於因緣，諸聖人於此惑亂，不起顚倒分別，而不是沒有如衆生起顚倒分別之現象。大慧！除了諸聖人以外，於此惑亂有少分起想者，都不是聖智事之覺想。」》

「大慧！云何離性非性惑亂？謂一切愚夫，種種境界故」：佛說惑亂本身亦離法與非法者，乃是說一切愚痴凡夫，於種種境界生諸誤解，不如實知的緣故，所以開示「惑亂本身離法與非法」。

「如彼恒河，餓鬼見不見故，無惑亂性；於餘現故，非無性」：猶如那恒河水；一直都有清水潺潺而流，而餓鬼不見有清水，不可言恒河水惑亂相是有；然餓鬼於那恒河之水，見皆是火，故不可言恒河火惑亂相是無；以有見有不見故，不可言恒河之惑亂相是法、是非法。人亦如是，於恒河中，見皆是水，不可言恒河惑亂相是無法；於彼恒河不見有火、不見有天人於水所見之琉璃，故不可言恒河惑亂相是有法。是故某道衆生不應言恒河無惑亂相之法性；

於他道衆生所見他相之惑亂相不得見故，於自身所見境界惑亂相，非他道衆生所能見故，故恒河惑亂相離法與非法—各有所見及各無所見故。

於餘世間衆惑亂相亦復如是，有衆生得見，亦有衆生不能得見，不可說惑亂相有；有衆生不得見，然於餘衆生現有，故非無惑亂相法。

「如是惑亂，諸聖離顚倒不顚倒；是故惑亂常，謂相相不壞故」：世間如是，恒有惑亂相，唯有諸聖人遠離顚倒見及不顚倒見—知有所見及有所不見；所以惑亂相是世間常法，也就是說：惑亂相連續不斷，其惑亂相前後無異故。

「大慧！非惑亂種種相、妄想相壞，是故惑亂常，大慧！云何惑亂眞實？若復因緣，諸聖於此惑亂，不起顚倒覺，非不顚倒覺。大慧！除諸聖，於此惑亂有少分想，非聖智事想。」惑亂固然有種種相，恒現不斷；然不因同是惑亂相、不因相相不壞而言惑亂常；亦不因衆生於惑亂相中壞妄想相，故言惑亂常，惑亂相之妄想相壞已，惑亂相仍是惑亂相故；一切惑亂妄法種種相各別，然一切惑亂妄法不自分別，皆因有情於惑亂相中起諸分別，見惑亂相妄法恒現不斷，故言惑亂是常。

佛子於種種妄法之惑亂相中，應當作如是眞實見：「於種種妄法之惑亂相中，依藏識因與種種緣，必有種種惑亂相現，佛子於中應當善觀其因與緣，如實現觀已，不起顚倒之覺想；如是現觀已，不急於逃避種種妄法之惑亂相，於種種妄法之惑亂相中，共諸衆生同事利行。」此謂諸聖見諸妄法之惑亂相因緣已，不起顚倒覺想，然非不入衆生之顚倒覺想境界中而自度度他，故云：「不起顚倒覺，非不顚倒覺。」除了聲聞緣覺菩薩與佛以外，一切有情於種種妄法之惑亂相中，若有少分起想者，皆非聖智事之覺想——是顚倒覺想。

「大慧！凡有者，愚夫妄說，非聖言說。彼惑亂者，倒不倒妄想，起二種種性，謂聖種性及愚夫種性。聖種性者，三種分別，謂聲聞乘、緣覺乘、佛乘。云何愚夫妄想起聲聞乘種性？謂自共相計著，起聲聞乘種性，是名妄想起聲聞乘種性。大慧！即彼惑亂妄想，起緣覺乘種性，謂即彼惑亂自共相不親計著，起緣覺乘種性。云何智者即彼惑亂，起佛乘種性？謂覺自心現量，外性非性，不妄想相，起佛乘種性，是名即彼惑亂起佛乘種性。又種種事性，凡夫惑想，起愚夫種性。彼非有事非無事，是名種性義。」

疏：《「大慧！凡夫所見一切『有』法，是愚夫之虛妄說，不是諸聖者之言說。由於對那些三界有之惑亂相，有顚倒與不顚倒虛妄想，能起二種種性，就是聖種性及愚夫種性。關於聖種性，又有三種分別不同：就是聲聞乘、緣覺乘、佛乘。如何是愚夫妄想而起聲聞乘種性？是說對於蘊處界自共相錯誤之認知與執著，發起聲聞乘種性，如是名爲妄想所起聲聞乘種性。大慧！依於彼惑亂相虛妄想，發起緣覺乘種性，是說於彼種種惑亂事相之自相與共相，不親近、不誤計、不執著，而發起緣覺乘種性。如何是有智慧者於彼種種惑亂事相中，發起佛乘種性？這是說：覺悟一切法皆是自心藏識所現之事實，了知心外之法皆非眞實之法，不墮妄想相中，發起佛乘種性，是名於妄法惑亂相中發起佛乘種性。此外，於種種事相之體性，凡夫迷惑及虛妄想，發起愚人及凡夫種性。彼諸三界妄法，非實有其事，非實無其事，由是認知及現觀之差異而起不同種性，是名種性之正義。」》

「大慧！凡有者，愚夫妄說，非聖言說」：凡夫所見之一切『有』，從欲界有到無色界有—四空定中無絲毫妄念之極細覺知心—悉是三界有漏有爲法；意識縱有神通變化萬端，仍是凡夫有爲境界，而諸愚痴凡夫不曉其幻，執爲涅槃實相妙心，墮於三界有中，自謂證聖；此乃凡有，愚夫妄說，非聖言說。

今諸大師法王亦復如是，執取凡有之最粗淺者—欲界覺觀中之不起妄想覺知心境界—以爲涅槃境界之實證，悉墮欲界有中，不離凡有也。如是自謂證悟而作種種開示言說、乃至著作書籍流通者，悉名愚夫妄說，非聖言說也。

「彼惑亂者，倒不倒妄想，起二種種性，謂聖種性及愚夫種性。聖種性者，三種分別，謂聲聞乘、緣覺乘、佛乘」：凡夫於三界有起顛倒妄想，故墮凡夫境界；諸聖於三界有起不顛倒妄想，故成諸聖。此謂凡夫於三界有中一切有爲法，不能如實現觀，以爲實有外法可得，不了其無常、緣起性空、自心所現，於三界有法之惑亂相中作顛倒想，以顛倒妄想故成愚夫種性。諸聖則於三界有法之惑亂相中，起不顛倒妄想：或了諸法無常，或了諸法緣起性空，或了諸法自心所現；起如是不顛倒妄想已，三乘菩提智生，遠離不顛倒妄想而證聖；故說諸聖依三界有法諸惑亂相起不顛倒妄想而入聖種性，不顛倒之觀察思惟亦名妄想故。

聖種性者有三種差別：聲聞乘種性，緣覺乘種性，佛乘種性。此三種性固悉同依三界有法之惑亂相而生，然因三乘無為法之差別而有三乘菩提智之異同，此即《金剛經》所云「一切賢聖皆因無為法而有差別」之意也。

「云何愚夫妄想起聲聞乘種性？謂自共相計著，起聲聞乘種性，是名妄想起聲聞乘種性」：愚痴凡夫於三界有之惑亂相中，誤計自相共相而生執著，故成聲聞乘種性，終不迴心大乘；若於自相共相不生誤計執著，必如迦葉三尊、舍利弗、須菩提、阿難、目揵蓮、蓮花色……等尊者之迴心而入大乘。

此謂定性慧解脫聲聞，於三界有之惑亂相中，於自相生計著：計欲界心之五塵及意根所觸法塵為實有，恐懼胎昧障礙—於來世頓忘此世之解脫修證與解脫知見，墮於意根意識境界自相，復於欲界有之六塵惑亂相中起顛倒妄想，又再輪轉生死，故終不能迴小向大起受生願，成為決定性之聲聞乘種性。

乃至定性俱解脫聲聞之未修宿命通者，於三界有之惑亂相中，於自相生計著：計無色界定境法塵境為實有，恐懼發願受生後，來世因胎昧所障，頓忘此世之解脫修證與解脫知見，復墮意根意識境界自相、復於四空定之法塵惑亂相起顚倒妄想，再度輪轉生死，故成決定性聲聞乘種性，終不肯爲衆生發受生願，不肯在未離隔陰之迷下，再度受生自度度他。

於自相中如是現觀已，又於別別衆生觀察共相，現見一切聖人若未得離胎昧之障者，來世悉皆不免頓忘解脫修證與解脫知見，復墮三界有之惑亂相中而起顚倒妄想，唯除有緣得遇眞善知識、或有緣得閱眞善知識所遺著作者；定性聲聞如是於自相共相而生計著，不知衆生不論有學無學及與凡夫，皆是本來常住涅槃─自心藏識本住涅槃；不知自相共相及所觸三界有之一切惑亂相，皆是衆生自心藏識所現，無別外法可得；以不知故，墮於自共相誤計與執著中，不起大悲願，不肯再受生死，故成定性聲聞，是名妄想起聲聞乘種性。

「大慧！即彼惑亂妄想，起緣覺乘種性，謂即彼惑亂自共相不親計著，起緣覺乘種性」：緣覺乘人於上述三界惑亂相之自共相中，依於十二因緣法之如實現觀，證知生死輪迴之因─我見我執無明；亦知我見我執無明悉依自心阿賴耶識種起，而未證得自心；雖慧深利，然其悲心不如定性聲聞，唯求一已捨壽而入涅槃，是故雖知自相共相而不誤計、亦不樂著，然終其一生，不肯爲衆生說法，唯是一心遠離惑亂相諸緣，偏樂寂滅，是名即彼惑亂妄想起緣覺乘種性。

「云何智者即彼惑亂，起佛乘種性？謂覺自心現量，外性非性，不妄想相，起佛乘種性，是名即彼惑亂起佛乘種性」：中國日本歐美諸研究佛學者，皆因不能覺證自心現量，不解外六塵非有實法，不解皆因自心而有所觸六塵，故起種種妄想——不如理作意之想，由是不起佛乘種性，常在愚夫境界，而著書造論否定第八識如來藏，謂爲非有，誣指佛說第八識者乃是方便說法，實無此識；誣指此識是後來部派發展而建立之說法，無視於南北傳諸《阿含經》中處處說有阿賴耶識，乃著書造論否定如來藏思想，否定《大般若經》及三轉法輪諸經之根本——如來藏，令三乘佛法根本不能成立，而墮於兔無角之戲論中；三乘佛法之修證即淪爲神話，令後世佛子不能證入三乘佛法，於三乘佛法生誤解故；如是之人，破壞三乘佛法根本，其罪彌天，罄竹難書也。

譬如印順法師評論《楞伽經》，而作如是言：《梵我——識入於名色中，不就是「如來藏自性清淨……入於一切眾生身中」嗎？如來藏我，是深受印度神學影響的。唯識學者沒有忘卻佛法的根本立場，所以以生滅相續的種子，說本有的無漏功能；以阿賴耶妄識，說識與根身藏隱同安危，巧妙的解說了如來藏我，而脫卻了如來藏我的神學色采，這就是唯識學的種性說。》（正聞出版社《如來藏之研究》頁二〇五）

印順法師不敢明目張膽否定三轉法輪諸經，乃於《妙雲集、華雨集、佛教史、如來藏研究、空之探究、唯識學探源、性空學探源……》諸著作中，處處以上述方式，變相說明唯識種智虛妄，暗示三轉法輪諸唯識經典符合外道神我梵我思想，暗示如來藏即是外道「我」見，暗示三轉法輪如來藏系經典非佛所說；如是謬見、如是破壞佛法之邪見，散見於彼諸多著作之中，處處可拾。

然而佛於四大部《阿含經》共一五一部經典之中，處處說蘊處界之緣起法：「識緣名色、名色緣識，故名色增長……乃至出胎」，此說非唯大乘三轉法輪諸唯識經典有之，於阿含諸經中亦處處可見，乃印順法師故作不見，說此唯三轉法輪諸經所說，誣指《楞伽經》此說爲外道梵我之說，誣指《楞伽經》

此說「是深受印度神學影響的」。若然，則四阿含中處處佛說識入母胎及識與名色俱，即成虛妄；若否，則汝印老之說即是妄談，即成否定阿含經佛說。若然，則四阿含中處處佛說有情悉有三世輪迴，語成虛妄，無如來藏識入母胎及與名色俱故，無有能去至來世之心故；若否，則汝印老之語成妄。

譬如《中阿含經》卷二十四《大因經》如是載《……「阿難！若有問者：『名色有緣耶？』當如是答：『名色有緣。』若有問者：『名色有何緣？』當如是答：『緣識也。』當知所謂緣識有名色。」》請問印順法師：「此非佛說阿賴耶識（如來藏）入於衆生身中耶？云何汝於《楞伽經》此語有意見，誣爲印度神學說法，而獨承認阿含此語非印度神學思想？理無別故。

譬如阿含同經亦說：「阿難！若識不入母胎者，有名色成此身耶？」答曰：「無也！」「阿難！若識入胎即出者，名色會精耶？」答曰：「不會！」「阿難！若幼童男、童女識，初斷壞不有者，名色轉增長耶？」答曰：「不也！」「阿難！是故當知：是名色因、名色習、名色本、名色緣者，謂此識也。所以者何？緣識故則有名色。」

如是經文佛語，明說有第八識如來藏阿賴耶識，非是印度神學所說，《楞伽經》所云「如來藏識自性清淨……入於一切衆生身中」之語，完全同於《阿含大因經》之佛語，云何爾責其一？非俱責之？爾若謂《阿含大因經》佛語「識入名色、識生名色、識緣名色」之識，非是第八識如來藏阿賴耶者，復是何識而入母胎？而生名色？而出胎已緣於名色？

莫謂彼識是汝所謂之「意識細心」，意識心不論粗細，皆必依於意根，方得由他識生之，云何此識非自在本有之心而可執名（意根）色（受精卵）入胎而住？而可生名色？而可於出胎後緣名色？何以故？謂意識心不能來往三世故，一世死已則永滅不起故；謂意識是十八界六識法之第六識故，是無常生滅、易起易脫之法故，是依於意根而生之法故。

莫謂入胎執名色之識是意根（又名意界、末那識），意根即是初入胎時名色（受精卵）之名故，是入胎識所執之「名」故，彼時尚未有六識名故；是故初入母胎時，緣受精卵「色」及彼時之「名—第七識意根」者，非第八識如來藏阿賴耶識者，究係何識？

若此識入胎即告斷壞，則受精卵名色不能生長形成胎兒，故說此識是「名色之因、名色之習、名色之本、名色之緣」，佛更結語云：「緣識故則有名色」，如是，阿含佛語所說識入母胎，生長母胎，隨胎出生，轉復增長名色乃至成爲大人之身，識仍入於名色之中，直至死已捨身，完全同於《楞伽經》佛語，云何爾印老承認阿含佛語，而否定楞伽佛語？無斯理也。

佛如是前語，說阿賴耶識種子生現行已，復說名色現行熏習阿賴耶識種子之理：「阿難！若有問者：『識有緣耶？』當如是答：『識亦有緣。』若有問者：『識有何緣？』當如是答：『緣名色也。』當知所謂緣名色有識。阿難！若識不得名色，若識不立不倚名色者，識寧有生？有老？有病？有死？有苦耶？」答曰：「無也！」「阿難！是故當知：是識因、識習、識本、識緣者，謂此名色也。所以者何？緣名色故則有識。阿難！是爲緣名色有識，緣識亦有名色。由是增語，增語說傳，傳說可施設『有』，謂識、名色，共俱也。」如是世尊開示：名色現行，能熏阿賴耶識種子，令阿賴耶識自無始劫來，輪轉十方三世六道中，現有生老病死苦，故說名色之現行熏習，是「（阿賴耶）識因、識習、識本、識緣」，佛復結語云：「謂識、名色，共俱也。」如是《阿含經》中佛語，完全同於《楞伽經》佛語，云何爾印老是此經而非彼經？無斯理也！是故爾印老不應誣蔑《楞伽經》所言「如來藏入住衆生身中」之語爲「印度神學思想」，楞伽佛語無異阿含佛語故。

復次，上述《阿含經》佛語，已明確宣示唯識諸經「阿賴耶識種子現行而有名色，名色現行熏習阿賴耶識種子」之道理，云何爾印老誣指「生滅相續的種子」是唯識學者之發明？故知爾印順導師不解《阿含經》旨意也。

復次，上述《阿含經》佛語中，已顯示阿賴耶識之自性清淨（離見聞覺知而於六塵不分別、不作主），何以故？若阿賴耶識非具如是清淨性者，應甫入胎已，即令受精卵位之名色及一二三月胎身不能安住於母胎，必如七八九月五根所俱意識胎身之時時胎動，令母覺知；而現見非如是，故知阿賴耶識本性清淨，離見聞覺知，爾印老不應說阿賴耶識有覺知六塵之覺性覺知，不應說阿賴耶識是妄識也。

復次，若「識入母胎」之識，是爾印老所說之意識細心者，亦有大過：一者一切人入母胎時，悉應住於二禪以上之等至位，初入胎之二三月中，悉皆不觸五塵故，意識細心方能如是住故，則應一切人皆須證得二禪以上定境方可受生入胎而住，而現見並非如是。二者一切人入母胎住時，悉應有覺有知故，意識之心最細者莫過於非非想定故，非非想定中仍有極細之覺知故。三者入胎意識若非細心或極細心，則非初禪乃至四空定相應意識，則應如凡夫不修定者之六塵相應意識，則應一切凡夫皆無隔陰之迷，前世意識可以入胎持身，而且住胎增長名色而後出生故，則應一切人皆可記憶前世父母配偶子女親友；亦應能知住胎期中境界，而現見不然。四者若非阿賴耶識隨於意根入住母胎，乃如印老所說意識細心入住母胎者，則阿含諸經佛語成妄，佛說意識是十八界法，不論如何細，皆須依意根及五根而後有故，受精卵位之「名」唯有意根，尚無「色」之五根成爲意識細心之俱有依故。故爾印順法師信受密宗應成派中觀思想，效法日本歐美諸研究佛學者之否定第八識如來藏阿賴耶識，變相暗示三轉法輪諸大乘經爲非佛說者，進退失據，理不得成。以如是邪謬之理爲據，所說諸法悉皆似是而非，嚴重破壞三乘佛法正義，斫喪三乘佛法根本，令三乘佛法悉墮斷常邊見之中，而自謂不墮邊見，知曉中觀。彼諸邪見著作仍將久遠流傳，對佛教正法之破壞，亦將如是深遠，故余不能不作如是舉示辨正，深願有智佛子明辨簡別，爲所當爲。

是故種子之說完全契符三乘諸經佛語，種子名爲法之界故，名爲功能差別故。若如印老否定第八識已，復否定佛說名色七識由阿賴耶識生，則一切有情之十八界種子（功能差別）豈非無因有緣而生？則諸種子豈非依於虛空而存耶？審如是，則汝印老剃髮出家修道著書「弘法」等行，悉將無因無果、無有業報，悉將唐捐其功，汝見過失極多故；爾復云何能覆拙著《眞實如來藏》諸說？必將無語以對也。

如是，若有人多世熏習應成派中觀邪見者，必將如印順法師之昧於佛說因緣，於「因、緣」正理起一切法空邪見，否定意根第七識，否定其所不能證得之第八識無我如來藏，此名凡夫。何以故？彼等於三界有法諸惑亂相中，起顚倒妄想，不起不顚倒妄想，故不起聖種性，而起凡夫種性。此謂印順法師一類人，於諸惑亂相中，不起聲聞、緣覺、佛乘之不顚倒妄想，何況能離此不顚倒妄想？既起顛倒妄想，尚不能知諸聖所離之不顛倒妄想，而云能離者，無有是處。凡此皆因不覺三乘種性正義，有以致之。如是不知不解三乘及凡夫種性正義，而妄評唯識道種智之種性義者，猶如痴人夢醒，不覺是夢，而作種種「夢言說」，非智者也。

「又種種事性，凡夫惑想，起愚夫種性。彼非有事非無事，是名種性義」：如是，印順法師不解佛說無我如來藏義，不解《阿含經》中佛說因緣，不解《阿含經》中佛說十八界緣起，乃至不解十八界之意根爲第七識而否定之，於種種事性中，起凡夫迷惑妄想，故起凡夫種性。

如是印順法師不解外道梵我神我之異於佛說無我如來藏，不解印度神學常不壞我之異於佛說如來藏「我」，誣蔑三轉法輪如來藏法同於印度神學之「我」，而不知佛於四阿含諸經已曾廣破外道梵我、廣破印度神學之常不壞「我」；復於三轉法輪諸經廣破外道常不壞我，於此《楞伽經》中復說外道所謂常不壞我，乃是「見始非分」——其見解從一開始就已經錯了、就是非分的。復於經中廣說如來藏之體性，欲令佛子悉知如來藏之異於外道常不壞我，而汝印順導師讀之研之，不解其義，不能證得，反誣佛之三轉法輪諸經如來藏思想同於外道梵我神我，無視於三轉法輪諸經所說如來藏之異於外道神我梵我，無視於三轉法輪諸經之完全契合阿含諸經、而義更深妙。

如是邪謬之根源，皆因初始接觸西藏應成派中觀思想時，由於知見之不具足而信受之；信已，復以先入爲主之觀念，排斥諸家所說；由於初始已入歧路，故五六十年之研究方向皆向歧路直進，距離佛法正義越來越遠。究其原因，乃是受彼密宗應成派中觀思想之毒害所致，由是遂於種種事性惑亂相中，起於凡夫迷惑之想，故起凡夫愚痴種性，主張一切法空即是般若。

然一切法緣生緣滅之中，非有眞實事相，非無眞實事相。非有眞實事相者，謂一切法皆是緣生緣滅，藉緣現起，其性是空，非眞有不壞之事相，故名緣起性空；非無眞實事相者，謂於諸法緣生緣滅之中，有能令其藉緣生滅之因，此因相即是如來藏，遍於十八界事相中現其心行事相，一切大乘眞見道者皆可現前觀察證驗，故說非無眞實事相—「非無事」。定性二乘聖人由於不能如實證驗「非無事」，唯能如實證驗「非有事」，故於惑亂相中起不顛倒妄想，而成二乘愚夫種性；以非凡夫故不名凡，以不證佛菩提智、不起佛乘種性，故名爲愚。

如是，依於種種事性諸惑亂相，起顛倒妄想者：如印老等應成派中觀師，亦如密宗四大派古今一切法王喇嘛，亦如當今全球諸大善知識，皆起凡夫種性。依於種種事性諸惑亂相，現觀非有事者，起不顛倒妄想，而起二乘種性，名爲愚夫種性。依於種種事性諸惑亂相，現前雙觀非有事非無事者，起佛乘種性，不名愚凡，名爲菩薩。是名種性義。如是方屬唯識學中之種性義，非如印順法師所誤解之謬說種性義也。諸方今世後世學人，可以印順法師畢生研究結果爲鑒：當以參禪破參明心爲要，莫以佛學研究爲務，皓首窮經七十年而仍起凡夫種性，乃至成就破壞三乘佛法正義之大罪；以今世弘法善行爲因，而得來世惡果之報，無乃三界最大之冤苦乎！至望有緣佛子善思善辨，速急遠離顛倒妄想，速起不顚倒妄想，藉以發起佛乘種性；起佛乘種性已，即離不顛倒妄想，如如而住，是名種性義，非如印老以種子生滅相續爲種性義也。

「大慧！即彼惑亂不妄想，諸聖心、意、意識過習氣，自性法轉變性，是名為如；是故說如離心。我說此句，顯示離想，即說離一切想。」

疏：《「大慧！依於種種事性惑亂而起不虛妄之想，由此不虛妄之想，諸聖人對於藏識自心、意根末那及意識之過失習氣，於其自性法轉變其體性，這就是眞如；由此緣故，我說眞如是離心意識。我說這一法句，是在顯示眞如離想陰，也就是說眞如離一切法想非法想。」》

「即彼惑亂不妄想，諸聖心、意、意識過習氣，自性法轉變性，是名為如；是故說如離心」：古今多有學佛人誤解佛說「離心意識」之旨，便道應離應棄第八識如來藏、應棄阿賴耶識，便如印順法師說阿賴耶識是妄識，應予捨棄，誣第八識為妄心，悉皆誤解佛說「離心意識」之旨也。

如印順法師云：《有關如來藏學的經典，在佛教史上，屬於大乘佛教的後期，以為「一切法空」是不了義的，以眞常—眞常我、眞常心為主的法門。》（正聞出版社《如來藏之研究》頁四）如是，印老意謂佛於人間弘法四十九年，唯說四部阿含，三轉法輪諸多如來藏系經典皆是佛滅後數百年才有；如是，三轉法輪諸經皆是人所杜撰，非是佛說。如是考證，是耶？非耶？有智佛子當自思惟：阿含四部唯一五一經，須費時四十九年方能說完耶？阿含四部所說涅槃本際如來藏法門，極爲簡略，唯說總相，不及別相及與種智；三轉法輪諸唯識如來藏系經典，所述別相智及種智之理，勝妙於四阿含百千萬倍，豈眞佛智不及五六百年後之佛教徒耶？如是簡易之理，淺學佛子聞之即解，印順法師飽學之人豈眞不知？皆因不能證得如來藏心，索性否定之，可免弘法上之困擾，如是而已。

印順法師又云：《作爲世尊德號的「如來」，並非佛教特有的術語，而是世俗語言—佛教成立以前印度文化中的固有名詞。……如來，在佛教中是佛的別名……所以說：「我有種種名，或名衆生、人、天、如來等」。換言之，如來就是「我」的別名。在釋尊當時的印度宗教界，對於衆生的從生前到死後，從前生到後世，都認爲有一生命主體，這一生命自體，一般稱之爲「我」。「我」從前世來，又到後世去，在生死中來來去去，生命自體卻是如是如是，沒有變異。如如不變，卻又隨緣來去，所以也稱「我」爲「如來」，也可以說

「如去」。》（正聞出版社《如來藏之研究》頁一三、一四）

《楞伽經》中說如來有種種名，或名我，或名衆生，或名天、神、……等等，乃是以自性如來而說。自性如來即是第八識如來藏心，一切有情悉皆有之。世尊爲度恐懼墮於斷滅空者，有時方便說爲「如來藏我」，卻多時說爲「無我如來藏」，並於三轉法輪諸如來藏經，廣說如來藏之無我性，是故不可誣指如來藏同於外道所說之我也，「如來藏我」乃佛方便度衆偶一說之，爲人悉檀也；不可無視於如來藏系諸經廣說其無我性、涅槃性也。是故「如來」非同外道所說之我，印順法師不應如此誣攀。

二千餘年前之印度宗教界，已經超越斷滅見，而體認到：於諸法緣起性空之中，必定有一不壞不滅、體常存在之自性心，所以世間一切染淨因果悉能成立；如是探究法界實相。佛見此界衆生緣熟，是故降生人間示現成佛，爲度彼諸有緣人故。

然因彼諸有緣衆生所說之「如來如去自性心體」非實，錯將五蘊十八界我中之意根（作主之我）意識（覺知之心）認爲恒不滅我，故令其所不能證知之如來藏中含藏生死無明種子，以此之故輪轉生死。為破彼諸有緣眾生之邪見，導入佛法，應先令知其見之謬，故先以四阿含施設五蘊十二處十八界六入等法，破除我見，令證無我見而斷我執，成聲聞無學聖人。然於四阿含中，已經隱覆密義而處處說有第八識如來藏；猶如小說作家之於前文預埋伏筆，情節得以順利發展；佛亦如是，於四阿含中已處處預說如來藏密義，非未說也，惟因愚凡慧淺，不解佛眞旨意，遂誣佛於四阿含中未說第八識如來藏。

佛既於四阿含諸經廣破凡夫眾生所說我已，於緣起性空中，隱覆密義說阿賴耶如來藏識已，豈有可能復於二轉法輪般若經中說佛法般若是「一切法空」之斷滅論？豈有可能復於如來藏系諸經中，以眾生誤執之我，說為無我性之如來藏？世間豈有如是愚痴之佛？若謂三轉法輪如來藏系諸經，是佛滅後凡夫所作，豈有凡夫智慧超勝於佛者？能造此諸經典超勝於四阿含？唯有愚痴之人如是作想，有智佛子絕不如是。是故佛未降生前之印度學人，所謂如來即是蘊我者，可有其事；然卻不得以此比類佛於四阿含乃至三轉法輪諸經所說之如來也，佛已廣破外道之如來及我故，佛已廣說佛法中之如來體性迥異於外道認知之如來故，是故印老不應誣指如來藏系經典所說如來即是外道之我；錯解阿含及二轉三轉法輪諸經佛旨故。

如是，佛以一切智、因緣觀及一切種智，度攝三乘種性人，令三乘學人於惑亂相中起於正見—不妄之想，以得不妄想之正見故，入於賢聖位中，從此漸次轉易自心藏識、意根末那及意識之過失習氣，令此三種識之自性轉變爲無漏之體性，是名眞如；是故說眞如離心意識。

意識自性過失習氣者，謂意識具有虛妄分別諸法之習氣；此世意識雖非由前世來，然其自性恒依前世之熏習所成種子而現行，由於往世未曾熏習正知正見、未曾見道，熏成此世意識之虛妄覺想自性，即是意識過失習氣。由此意識過失習氣，令意根末那識於內外諸法起遍計執—於內外一切法恒審思量，計度爲實有而起執著，是即意之過失習氣。由意識與意之過失習氣，令自心藏識起能藏及執藏生死業種習氣，此即自心藏識之阿賴耶性—能藏及執藏性，是名自心過失習氣。合此三種心—心、意、意識—之過失習氣，名爲「心意識過習氣」，佛說應離心意識者，謂離此三種過失習氣，非謂捨棄眞心賴耶也。

三乘聖人由見道修道故，分斷或全斷見惑思惑塵沙惑，而令意識意根之過失習氣漸次斷除，此二識之自性法—虛妄分別性及遍計執性—轉變爲不妄想性及無執取性，則令自心藏識所藏意與意識染汙種子滅除；滅除已，自心藏識即滅除「集藏生死有漏種之體性—阿賴耶性」，如是自心藏識改名爲菴摩羅，無三界生死汙垢故。亦名捨阿賴耶，已捨阿賴耶性故，故說此識「阿羅漢位捨」，捨阿賴耶性，依異熟性故；同是一識而改其名，「能集藏生死有漏種之自性」已滅除故。菩薩依此又復進修，斷盡無始無明塵沙惑已，無明垢亦已滅盡，捨菴摩羅性，捨異熟識性，說名「捨異熟識」，改名眞如。以佛地意與意識已成純淨識聚，二乘無學所未斷盡之思惑習氣已斷盡，等覺菩薩所餘極微細所知障隨眠亦已斷盡，永離分段死及變易死，故說自心藏識名爲眞如。以此緣故，說眞如離自心阿賴耶識—離阿賴耶識心性、離異熟識心性—非謂棄捨第八識阿賴耶，非謂阿賴耶識是妄識而應予捨棄也；何以故？棄阿賴耶識即成斷滅空故，阿賴耶即是眞如之體故，唯捨其性不捨其體故，是名轉依。

「我說此句，顯示離想，即說離一切想」：想謂想陰，想陰者覺知性也，覺知性即是識性、即是分別性，又名覺想。佛說「心意識過習氣自性法轉變性，是名爲如，是故說如離心」者，意在顯示諸聖離想。諸聖初見道已，悉住於不顚倒想中：於諸惑亂相中，起不顚倒覺知，覺察諸法悉如夢幻，意與意識自性虛妄。於不顚倒想中住時亦名妄想，不離想陰（覺知性）故，是故應捨，是故佛說眞如離自心藏識；離自心藏識者，意在離想陰也，自心賴耶集藏顚倒妄想及不顚倒妄想之想陰（覺知性）種子故，能令此諸想陰種子不斷現行故，斷此不顚倒妄想之覺知性自我執著方能証得有餘涅槃故，所以諭示佛子應離一切想。

大慧白佛言：「世尊！惑亂爲有爲無？」佛告大慧：「如幻，無計著相。若惑亂有計著相者，計著性不可滅，緣起應如外道說因緣生法。」大慧白佛言：「世尊！若惑亂如幻者，復當與餘惑作因。」佛告大慧：「非幻惑因，不起過故。大慧！幻不起過，無有妄想。大慧！幻者從他明處生，非自妄想過習氣處生，是故不起過。大慧！此是愚夫心惑計著，非聖賢也。」

疏：《大慧菩薩白佛言：「世尊！令凡夫迷惑紛亂之種種妄法，是有是無？」佛告大慧：「惑亂相諸妄法猶如幻化，沒有誤計與執著相故。如果惑亂相諸妄法自身有誤計執著相者，一切聖人皆應不滅誤執計著性，則緣起法應如外道所說之十二因緣生一切法。」大慧白佛言：「世尊！若惑亂相種種妄法如幻化者，此幻化妄法復應與其餘迷惑作因。」佛告大慧：「並非幻化是迷惑之因，幻化本身不起過失故。大慧！幻化本身不起過失，無有虛妄想故。大慧！幻化之種種事都是從他人之明咒處而生，非由幻事自己之虛妄想過失習氣處而生，所以幻化事自身不起過失。大慧！此惑亂相種種妄法，是愚痴凡夫心中迷惑而生誤計執著，非諸聖賢於中生惑計著也。」》

大慧白佛言：「世尊！惑亂爲有爲無？」愚痴二乘及與凡夫計著惑亂相中種種妄法爲有，故生計著：凡夫計惑亂相中種種妄法實有，心生貪著，耽愛沈溺，不能自拔；譬如桃園縣有常見外道喜饒根登等人，執意識爲不滅心，執鬼神五通爲佛法上之証量，執能以咒治病爲有佛法証量，計著如是種種惑亂相妄法實有不壞，耽愛沈溺，不能自拔。二乘聖人不迴心者，計惑亂相中種種妄法實有—緣起緣滅相相不斷—執有涅槃可證，欲離外法而取涅槃，不生菩薩智慧（不知涅槃本有，非即惑亂相，非離惑亂相，不須捨離一切妄法）。如是愚人凡夫，於惑亂相之實際不能了知，墮於有無，故大慧爲利益愚凡而有此問。

佛告大慧：「如幻，無計著相。若惑亂有計著相者，計著性不可滅，緣起應如外道說因緣生法。」惑亂相依於種種妄法而生，猶如幻化—於種種妄法上起惑亂相。而惑亂相本身不生誤計諸法、執著諸法等相。決定性之二乘聖人，不能迴心大乘再入生死者，皆坐此病，不了惑亂相，不了三界種種有爲妄法。

此謂三界一切有爲妄法，固然緣生緣滅（如外五塵依衆生業力緣生緣滅，恒不斷絕；亦如內六塵依自心種緣生緣滅，時現時斷而不永斷），菩薩見諸妄法有惑亂相起，而了知其性，不爲所迷：惑亂相依有爲妄法起，有爲妄法依自心八識心王起，自心八識心王之現行依無明業愛種子起，七識及無明業愛種子依自心藏識所藏往世熏習業行而有，故一切有爲法之實相即是自心藏識及業愛種之熏習。

菩薩如是現觀已，了知惑亂相—種種無明—依於對三界有爲妄法之不如實知而生；如實了知已，惑亂相即滅，不妨未離隔陰之迷而世世受生，與衆生同事，現有惑亂相，而不爲惑亂相所轉乃至造業。何以故？惑亂相自身無計著相，惑亂相所依之種種有爲妄法自身亦無計著相，一切計著相皆因衆生意與意識而生，由不了惑亂相如幻、依有爲法而有故，由不了有爲法之內外諸法無自性故，由不了惑亂相乃依有爲法及自心妄分別而生故。菩薩由是現觀，了知惑亂及諸有爲妄法本自無過，但能自心不生虛妄分別，即不逐物流轉，是故不離思惑煩惱而證佛乘菩提，亦不急於取證無餘涅槃，依於本來自性清淨涅槃菩提智、乃至依於有餘涅槃之斷盡思惑解脫心（如來藏），發受生願，世世與衆生同事利行，自度度他；已現觀惑亂如幻、有爲法本來無過故。

若惑亂本身有計著相現者，有爲法本身有計著相現者，則惑亂及有爲法本身應有計著性，則惑亂與有爲法之計著性應不可滅，則緣起法應非如佛所說之緣起法，應如外道依於心外能作者所說之十二因緣法或九因緣法。

種種法所生惑亂相，現見無計著相，以無計著性故。於諸法惑亂相起計著性者，乃是凡夫妄想之意與意識；依於凡夫妄想心而生計著性，故於惑亂相中現有計著相；離於衆生之心意識，則無計著性，故說惑亂自身無計著相、無計著性。若惑亂自身有計著相者，應有計著性；若惑亂自身有計著性者，則一切有情皆將不能滅除計著性，計著性非由自心生故，則不能依於自心修滅計著性；計著性若依惑亂而有者，則亦不可滅，惑亂相於三界中前後相續不斷故，永無斷盡時故。

若惑亂自身有計著性而現有計著相者，則緣起法應非如佛所說依阿賴耶識而有緣起法，則應如外道所說因緣生法。謂外道說一切法緣起緣滅者，皆以大自在天、時節、微塵、自然，而有一切法緣起緣滅——皆由有情自心外之法而有緣起；若一切有爲法惑亂相自身有計著相性者，應惑亂自身之計著相性不可滅，計著相性非在有情自己身心故，計著相性在自在天、或時節自然微塵等有情心外之法故。若如是，則一切人修道欲滅計著相、欲斷計著性者，悉無可能。是故緣起法不應外於自心而依外道所說作者或虛空爲因，必須以自心藏識爲因。以自心藏識爲因故，二乘愚人依緣起法，得以斷除見惑思惑，於惑亂相中斷除計著性；以自心藏識爲因故，智者於緣起法中，可以斷除大乘見惑，可以不斷思惑煩惱而現證無餘涅槃之本際。

由惑亂自身無計著相故，一切諸聖於自度度他之一生中現有種種惑亂，而無計著性；諸大菩薩及十方諸佛皆悉如是住世化衆，種智之中名之爲「無漏有爲法」。是故惑亂無計著性，如幻；是故緣起法不得依外道作者（大自在天等）爲因而說，不得無自心藏識因而說，不得外於自心藏識而說。

大慧白佛言：「世尊！若惑亂如幻者，復當與餘惑作因。」佛告大慧：「非幻惑因，不起過故。大慧！幻不起過，無有妄想。大慧！幻者從他明處生，非自妄想過習氣處生，是故不起過。大慧！此是愚夫心惑計著，非聖賢也。」如果惑亂如幻化法，則惑亂依幻化法有，則幻化法亦必將與餘惑爲因，則必有餘惑復依幻化而有，則將斷之不盡，有無窮之過，是故大慧菩薩以此問佛。佛乃開示：幻化一法並非惑亂之因，惑亂與幻化二法皆不起過故，此二法皆依緣起法之現象而施設故，諸聖自度度他時亦現惑亂如幻，而無計著性，故說無過。此外，幻化一法之本身，不起虛妄想，故說無過。

此外，俗人幻化之法雖能幻化種種事物，然幻化性非能作因，由他法（人工）及明咒處而生幻化法，非由自心妄想過失習氣之處而生，是故幻化本身不起過失。凡夫愚痴之人不知上述惑亂相之正理，或執心外有爲法實有，誤以爲確有外法爲自心（意與意識）所觸故；或執惑亂相實無，誤計外法及色蘊皆緣起性空故，不知外法及色蘊滅已仍將復生故；或執惑亂相必須除滅，如二乘無學誤計蘊處界悉滅方是涅槃，不知自心本自涅槃故；或執惑亂妄法（如無漏有為法）有計著性，現見諸聖亦須飲食便利及爲法忙碌，而誤計諸聖於惑亂中亦有計著性故；如是等過，是諸愚夫心惑計著，非大乘聖賢而有此過也。

爾時世尊欲重宣此義，而說偈言：

聖不見惑亂，中間亦無實；中間若眞實，惑亂即眞實。
捨離一切惑，若有相生者，是亦爲惑亂，不淨猶如翳。

疏：《諸聖不起見於一切惑亂相，

惑亂相起滅中間亦無眞實不壞性；

惑亂相起滅中間若即是眞實法，

惑亂相自身亦即是眞實法。
捨離一切惑亂相之後，
如果還有法相生起的話，
這法相也還是惑亂相，
仍然不淨猶如眼翳。》

「聖不見惑亂，中間亦無實；中間若眞實，惑亂即眞實」：諸聖於惑亂相中，不起有見無見，深知惑亂相起滅之間無有一法眞實；若惑亂相之起滅中間是眞實法者，惑亂本身應即是眞實。此謂一切惑亂皆非眞實，唯有自心現量方是眞實之法。

「捨離一切惑，若有相生者，是亦為惑亂，不淨猶如翳」：時際末法，往往有諸大師佛子及與密宗法王喇嘛，誤解佛法，以定為禪，以定為般若，令人坐入一念不生之中，以定中一念不生之覺知心為眞如，便自謂證悟成聖，立即出世弘法誤導衆生去也！悉墮意識境界。

甚至有人以為定中一念不生，澄寂湛然，覺觀分明，不起妄想之際即是涅槃境界，自謂已證四果—成阿羅漢。如是之見，尚未能證聲聞初果見地，我見未斷故，不起妄想之覺知心即是十八界之意識故，正是蘊處界我故。

亦有無知無見之佛子，坐入二禪等至定境，覺知心不觸五塵、不起妄想，便謂是涅槃，便道二禪等至位中之覺知心是涅槃心；仍舊未離我見，尚在意識境界，不離惑亂相。何以故？尚有定境故，不離定境之出入惑亂相故；此住定境之覺知心不離定境故；既有定相，即是惑亂，非如涅槃之離於入定住定出定等惑亂相，故說仍然不淨，如翳所遮。

更有愚痴凡夫如中台山惟覺法師者，執能見之性、能聞之性……乃至能覺之性爲佛性者，悉墮凡夫隨順覺性之中。彼不信余言，更舉《楞嚴經》中波斯匿王能見之性永不變易之語，以爲明證，墮於斷章取義之偏見中。何以故？《楞嚴經》卷二卷三中雖然具說「見性、聞性、嗅性、嚐性、觸性、覺性」不變不壞，說此六性非因緣生，非自然生；然於遍舉十八界之非因緣非自然後，復舉地水火風空識及與見聞覺知，說皆是如來藏妙眞如性，非自然生，非因緣生；世間凡夫不知，惑爲因緣及自然性。然而見聞覺知諸性，現見夜夜斷滅，且且依根而起，何可謂爲不生不滅？乃因如來藏能生此見聞覺性，日復一日，世又一世，常現不斷；復於常現不斷中，顯現其見聞覺性無異往昔，故說見聞覺性等悉是如來藏性，由如來藏生故，非離如來藏而可單由因緣生；亦非離如來藏而自然生，故說見聞覺性等「了別見聞覺知，圓滿湛然，性非從所……性眞圓融，皆如來藏，本無生滅」。既由如來藏所生，不可謂異於如來藏；雖是如來藏所生，不可謂即是如來藏。如燈放光，不可謂光與燈異，亦不可謂光即是燈；如是，見聞覺知性由如來藏顯，不可謂見聞覺知與藏是一是異，當謂非一非異也。

若見聞覺知即是如來藏者，應阿羅漢入無餘涅槃而滅見聞覺知時，如來藏即告斷滅，涅槃即成斷滅、即成死亡；審如是者，佛於四阿含中廣破見聞覺知，說爲我見，說應滅除而證涅槃，如是一切佛語俱成虛妄，墮斷滅見故。然我世尊於阿含中復言涅槃是中道，不許弟子說涅槃是死、是滅；是故見聞覺知等六識性雖由藏識生，非即是藏識，若認彼等爲眞，即是認賊爲子、竊自家法財，永不能證無漏慧也，是故佛於卷五復說：「識性虛妄，猶如空花；阿難！

由塵發知，因根有相；相見無性，同於交蘆。是故汝今知見立知，即無明本；知見無見，斯即涅槃無漏眞淨。」

此謂識別之性虛妄，猶如空花不實；由於外塵而發起知覺性，因於六根故有六塵相；六塵相與能見等性皆無眞實體性，猶蘆葦交縛而成掃帚之用一般。由此緣故，你如今於能知能見中建立能知之心，這就是無明之根本；於能知能見中證得無知無見者，這就是涅槃無漏眞淨。是故讀經不可斷章取義，應當貫串全經旨意，方免偏差也。

而今此經中偈意開示：若人自謂已離一切惑，若有相生者，是亦爲惑亂，不淨猶如翳。今者惟覺法師墮於見聞嗅嚐觸覺等六相中，不離根塵，具足十八界我相，尚未斷得任何一界，而自謂證悟成聖，如是名爲惑亂不淨；一切佛子應當知曉佛意，莫墮此師我見之中，以免見道無期，復墮大妄語業中。

「復次大慧！非幻無有相似，見一切法如幻。」大慧白佛言：「世尊！爲種種幻相計著，言一切法如幻？爲異相計著？若種種幻相計著，言一切性如幻者，世尊！有性不如幻者；所以者何？謂色種種相，非因。世尊！無有因，色種種相現、如幻。世尊！是故無種種幻相計著相似、性如幻。」佛告大慧：「非種種幻相計著相似一切法如幻。大慧！然不實一切法，速滅如電，是則如幻。大慧！譬如電光，剎那頃現，現已即滅，非愚夫現。如是一切性，自妄想自共相觀察無性，非現，色相計著。」爾時世尊欲重宣此義而說偈言：

非幻無有譬，說法性如幻。不實速如電，是故說如幻。

疏：《「復次大慧！並非幻法無有相似法—是無，而見一切法如幻。」大慧白佛言：「世尊！爲是種種虛幻相之誤計執著，而說一切法如幻呢？爲是種種異相法誤計執著，而說一切法如幻？若是因於種種幻法之相上誤計執著，而說一切法如幻者，世尊！也有法並非如幻者；何以見得？此說色法四大能成種種相，色法非是如幻之因。世尊！色法並沒有他法爲因，而有種種形相出現、猶如幻化。世尊！以此緣故，沒有『種種形相誤計執著相似於幻、其性如幻』之道理。」佛告大慧：「並非『種種幻相誤計執著相似於幻』而說一切法如幻。大慧！然而無眞實體性之一切法，出現後很快就滅失，猶如電光一般，這就是如幻之意。大慧！譬如閃電之光，幾個刹那的時間出現，出現以後隨即滅失，非諸愚人能見其現已隨滅。與此道理一樣，一切法之眞實自性，凡夫依自心妄想分別諸法自相共相，不能現前觀察法性實依自心藏識而有，便於色法相上誤計實有，故生執著。」爾時世尊欲重宣此義而說偈言：

並非因爲幻化自身無有別法相似於它、可作譬喻，

而說一切法性猶如幻化。

是因爲一切法之顯現與滅失迅速猶如電光，

以此緣故而說一切法猶如幻化。》

「復次大慧！非『幻無有相似』，見一切法如幻」：諸聖見一切法如幻，乃因一切法變生隨壞，無常迅速，故說一切法如幻；亦非因爲幻法是無—無他法相似幻法而可譬喻—故說一切法如幻。

「然不實一切法，速滅如電，是則如幻」：外世間與內世間一切法，非實無有，一切有情皆可現前證驗其有故，非如造物主等，依於人之妄想而建立。然內外世間一切法如幻如化者，乃因此諸一切法等悉皆速滅，無有常恒不壞之

體性，故說如幻。

譬如細蟲朝生暮死，非無生死，以之比擬人之一生，猶如電光之一閃，故說速滅如電；以速滅如電故，說彼蟲一世猶如幻化。如人見聞覺知之心，夜夜滅已不見，唯一日有，說如電光速滅，故說如幻；雖於次晨復依藏識及意根而起，藉等無間緣而延續夢中及昨日之見聞覺知心，類同一心，活至百歲，終亦不能去至後世，入胎之際即永斷滅；如是百年，人謂長壽；然於四王天觀之，人壽唯有其中天人五百年壽命之二天而已，彼諸天人觀人間具壽百歲之人，亦謂人生速滅如電，說人間一世猶如幻化，故說如幻；非以人間衆生一世生死之事爲無、爲他人所幻化，故說如幻。

「譬如電光，剎那頃現，現已即滅，非愚夫現。如是一切性，自妄想自共相觀察無性，非現，色相計著」：《入楞伽經》譯文爲：「一切諸法譬如電光，即見即滅，凡夫不見。大慧！一切諸法亦復如是，以一切法自心分別同相異相，以不能觀察故，不如實見；以妄執著色等法故。」譬如午後雷雨之時，電光閃現時間極短，現已即滅；愚人無智不見，謂唯雷聲；如是，一切法之體性，皆是自心藏識所現，愚痴凡夫觀察不見，謂爲無性，不見自心藏識現行，而於有色衆相誤計有無而生執著。

譬如二乘人，不知見聞覺知自性即是如來藏之見分，不知六塵自性即是如來藏之相分，以爲見分內我虛幻不實，外五塵相則是實有，不知所觸五塵皆是自心所生，是故觀察外五塵之無常已，遠離不著；如是亦名色相等計著，計有外五塵爲自己見聞覺知心所觸故，不知一向所觸六塵皆唯自心藏識之相分故，如是名爲於「一切法，自妄想相自共相觀察無性，非現，色相計著。」

譬如大乘法中，有一分惡取空之法師居士，一向主張「般若即是一切法空，一切法皆緣起性空故」，如是之人撥無因果—否定因果所依之第八識自心，說無此識；於彼諸多著作中，處處暗示或明說：「三轉法輪唯識諸經是方便說，非了義法；如來藏以及第七識皆是佛之方便建立，非有如是二心可證可修。」月稱、寂天、宗喀巴、歷代至今之一切達賴喇嘛、現今台灣印順法師徒衆等人皆是此種惡取空者；空言因果不爽，耆言已解般若，狂言已證中觀，實則皆墮外道無因論中，違遠四阿含中佛意。

譬如午後雷雨，於自屋中唯聞雷聲，不見電光，愚人無智便道無有雷電光影；此輩惡取空者，於一切法自性中，依於自身意識心之妄想自共相，觀察一切法無有眞實自性，不見一切法中有如來藏於中現行；以無智故，主張非有眞實自性現行，乃依色相而生計著：謂一切法空，無有眞實不壞之藏識自性，一切法緣起性空。斯即執牛有角而生之兔無角戲論，名爲「於一切性，自妄想自共相觀察無性，非現色相計著」者—執有雷聲（執有意識粗心細心不滅、執有外色相），執無電光（執無第八識如來藏）。如是之人自外於第一義諦，永遠不能證得實相，不入大乘見道。

「爾時世尊欲重宣此義而說偈言：非幻無有譬，說法性如幻。不實速如電，是故說如幻」：並非幻法自身無有相似之法可作譬喻，而說一切法之法性如幻。說一切法如幻者，乃因一切法生滅迅速猶如電光，所以說諸法如幻。

大乘見道位以上諸賢諸聖亦復如是，證得離見聞覺知之自心藏識已，不妨仍令見聞覺知之六識心及處處作主之第七識心繼續現行，示有凡夫之一切有爲法，而心住無爲智慧之中；於諸有爲法中，依自心藏識之不壞自性而爲衆生宣說諸法如幻。說諸法如幻時，不說諸法非有，而爲衆生說諸法生滅迅速如電，故說如幻，一向遠離撥無諸法之過。

大慧復白佛言：「如世尊所說一切性無生及如幻，將無世尊前後所說自相違耶？說無生性如幻。」佛告大慧：「非我說無生性如幻、前後相違過。所以者何？謂生無生，覺自心現量。有非有，外性非性，無生現。大慧！非我前後說、相違過，然壞外道因生故，我說一切性無生。」

疏：《大慧菩薩復白佛言：「就如世尊所說一切法自性無生及一切法如幻，會不會是世尊前後所說自己相違背呢？而說無生法性猶如幻化。」佛告大慧：「並非我所說一切法性無生，及一切法如幻，有前後相違之過失。爲什麼呢？我的意思是說：生就是無生，覺悟一切法皆是自心所現之事實。一切法之有或非有，皆是藏識自心所生外法，非有眞實法性，皆是無生之法所現而有。大慧！並非我前後所說有互相違背之過失，但是爲了破壞外道所說因緣能生有無諸法的緣故，所以我說一切法自性無生。」》

大慧復白佛言：「就如世尊所說一切性無生及如幻，將無世尊前後所說自相違耶？說無生性如幻」：佛於初轉法輪時，建立五蘊、十八界法，破斥常見外道計執見聞覺知心爲不壞我。亦以十八界法之理，述說四禪八定一心不亂之境界，令諸外道知曉：一心不亂境界，乃至心細如非想非非想定之滅卻返照，仍是意識境界，仍在三界生死輪迴之中。已得四禪八定之外道聞已，隨入定中觀察，證實佛語無誤，爲求解脫之道，乃皈依世尊座下，學聲聞法成阿羅漢。

外道中之有緣者既已皈佛座下成阿羅漢，爲破斷見外道，復說二轉法輪般若經，闡述涅槃解脫……等皆是中道而非斷滅之理。何故佛作是說？爲有比丘誤計涅槃爲一切法滅盡──一切法空──同於斷見，與餘阿羅漢互生異見，而生諍論，佛於阿含經中便斥彼比丘之非，不許一切弟子說言涅槃是一切法空之斷滅見，遂有二轉法輪之般若空性諸經，說中道之法，令諸聲聞弟子修學中道觀行，欲令因此中觀而入大乘總相智──了知諸法實相之自心藏識。

然因諸弟子衆中，有諸未證自心藏識者，不解佛意，誤會般若經旨爲一切法空，是故佛於三轉法輪諸經說本來無生之法──第八識如來藏。以此眞實唯識之法，宣說七轉識虛妄唯識諸法—見聞覺知之前六識及處處作主之末那識（意根）虛妄，令已證藏識之迴心阿羅漢入於大乘初地，令諸未證藏識之阿羅漢及大乘種性佛子不墮斷滅見。

然而佛於聲聞法中，以十八界法說一切法緣起性空—一切法如幻；今復說一切法中有無生之法性—自心藏識，未悟大乘之佛子及諸外道便生疑惑：「既然十八界一切法皆是緣起性空，云何又說有無生之性如幻？」誤解十八界法中之七轉識—見聞覺知性及處處作主性—之本身有無生之法性，便生矛盾之想。大慧菩薩爲如是不解之人，故意作如是問，請佛開示正理，欲令佛子之未悟大乘者改易邪見及袪除疑惑。

佛告大慧：「非我說無生性如幻、前後相違過，所以者何？謂生無生，覺自心現量。有非有，外性非性，無生現。」於《大乘入楞伽經》中，此段譯文爲：《佛言：「大慧！無有相違，何以故？我了於生即是無生，唯是自心之所見故；若有若無一切外法，見其無性，本不生故。」》

佛於聲聞法中，說一切法如幻—緣起性空；復於三轉法輪諸唯識經中，說一切法之法性無生，二者並無相違之過，淺學者與未悟者不起般若慧故不解佛意，便生矛盾相違之想，將謂世尊前後二說有相違過，然實無過。

余自出道弘法以來，常對衆說云：「因爲不生不死，所以有生死。」余諸同修凡已證悟之人，聞余此言，悉皆欣然信解，不必多所解釋；會外之人聞余言已，每生矛盾之想，私謂人曰：「蕭平實如是說法，總讓人覺得怪怪的，好像不是佛法。」悉皆不知佛法異於凡俗。

凡俗皆認見聞覺知心爲眞；未悟錯悟之修行者，則誤計一心不亂、一念不生之覺知心爲不生滅者；印順法師及密宗之月稱、寂天、宗喀巴、歷代及現今之達賴喇嘛則誤計意識之細心爲不生滅者，皆是隨順凡俗之想，背於佛道，悉未覺證自心現量（自心謂第八識如來識，現謂現前親觸，量謂實際境界）。未覺證一切生滅法皆是自心藏識所現，未現前觸證其實際境界之人，而能知解大乘般若中觀者，無有是處；是故月稱所著《入中論》，宗喀巴所著《辨了不了義善說藏論、入中論善顯密意疏、菩提道次第論》，印順法師所著《空之探究、如來藏之研究、中觀今論、中觀論頌講記、般若經講記、唯識學探源……》等作，錯誤極多，不勝枚舉，唯能印順凡俗見解、而以十八界之意識為不生滅法故，違逆佛法而否定第七識意根及否定第八識眞如故。

三界一切生滅之法，悉皆不能自生；此段經文佛語「謂生無生，覺自心現量」，或譯「我了於生即是無生，唯是自心之所見故」，皆在表顯此意。生滅之法若能自生，則應一切生滅之法悉有恒常不壞之自性，則不應是生滅之法。若有生滅，必定須依別有不生滅法為因及餘有生滅法為緣，而後方得生起現行；亦必同依此因此緣而變異歸滅，不能自生，故說依於不生滅法而有生滅諸法，故說生即無生之性。

意識（覺知心之粗心細心極細心）亦復如是，念念變易生滅，夜夜斷滅不現；斷滅已即是空無，空無之「法」不能於翌晨自行復起，須依昨日之同因同緣方能再現。然意識所依之緣（意根末那、法塵、有根身或命根）乃是自心賴耶所生，意識自身亦由賴耶種子而生，故說意識亦是賴耶諸種體性之一；為令佛子證得自心賴耶，故別開虛妄唯識門而說意識體性，別開眞實唯識門而說賴耶體性；然實意識乃由賴耶而生，亦是賴耶體性之一，賴耶依之方能於三界現行；若不依於意識，唯能住於無想定、滅盡定、無餘依涅槃之際；是故阿含《大緣方便經》中佛云：《「阿難！緣名色有（阿賴耶）識，此爲何義？若（阿賴耶）識不住名色，則（阿賴耶）識無住處；若無住處，寧有生老病死憂悲苦惱不？」答曰：「無也。」「阿難！若無名色，寧有（阿賴耶）識不？」答曰：「無也」。「阿難！我以此緣，知『（阿賴耶）識』由名色，緣名色有『（阿賴耶）識』。我所說者，義在於此。阿難！是故名色緣（阿賴耶）識，（阿賴耶）識緣名色，名色緣六入……諸比丘於此法中如實正觀，無漏心解脫，阿難！此比丘當名爲慧解脫。如是解脫比丘，如來終亦知，如來不終亦知，如來終不終亦知，如來非終非不終亦知……如是盡知已，無漏心解脫比丘不知不見；如是知見。」》

名色之名乃謂初入胎之意根末那識，乃至出生後之眼等六識及第七識意根；賴耶若不現起色與名之七識，即不能於欲界人間現行，是故佛於四阿含中處處說十二因緣時，皆言阿賴耶識緣於名色，因有名色，故於三界中現有阿賴耶，令諸慧根菩薩得以觸證阿賴耶，並現前領受其涅槃實相體性，如是方名眞正之十二因緣正觀也。菩薩如是現觀十二因緣者，隨其已伏未伏三界惑之差別不同，而分證初果乃至四果，然於別教中皆唯七住之階，尚未分證六地以下之道種智故。

聲聞羅漢雖不必親證自心賴耶，而於佛說「識緣名色、名色緣識」之理已知已解，不墮斷滅空，知有自心賴耶無形無色、無見聞覺知，即是涅槃之實際，是故亦知如來之終、不終、終不終、非終非不終；如是，聲聞阿羅漢依此佛語爲歸，依此與覺知心相應，依此知見爲限而不逾越太過，依此爲衆生演說因緣法，依此而作聲聞菩提之智慧觀行，依此而救度衆生，「如是盡知已，無漏心解脫比丘不知不見；如是知見。」是故佛於四阿含中，處處說阿賴耶識與名色共俱。

意識既攝在「名色」之名中、攝在十八界之六識界中，佛於四阿含中，復處處說名色因於阿賴耶識入住母胎而有，是知意識由自心賴耶所生；此心夜夜斷滅已，翌晨復由賴耶而生，故說「生即是無生」，故說「唯是自心之所見（現）故」，有生之法是無生之法所生故，有生之法亦是無生法之局部體性故；但能如是眞實明見而滅除思惑，即是無漏有爲法故。

自心藏識無生之法，而能現起有生滅法意識覺知心等，豈非無生之法其性如幻？此與聲聞法中所說名色十八界種種法如幻——緣起性空，實無相違之過，然而淺深有別；未悟凡夫不知不解，自生混淆；應成派諸中觀師則解之太過，更增邪見，不知不見「生即無生」之理，不知不見「一切法速滅如電、如幻緣起者，皆是自心賴耶所現之理」。

「有非有，外性非性，無生現」者，謂一切有爲法非眞實有，悉依無生之法而生而滅。有爲法者謂十八界法及其引生萬法，諸有爲法實由本來無生之自心藏識所生，非有恒不壞滅之自性；喻如燈光由燈幻有，不具不壞之自性，六根六塵六識亦復如是，展轉由無生之藏識而生，故非眞實有——無不壞之自性。

凡夫以爲自心藏識之外，實有六塵能爲見聞覺知之六識所觸，由此邪見顚倒，故爲六塵所繫而造諸業；上焉者求生天界而造十善業或禪定業，下焉者求眼前六塵享受而造三惡道相應業（譬如以持咒作法為人治病求名求利而謗正法者），菩薩由如實見外性非性故，遠離諸惡，奉行衆善，而於善業無所執著。

何故外性非性？謂外六塵不曾被有情見聞覺知心所觸，有情所觸六塵皆是自心藏識所現故（詳見拙著《真實如來藏》及本詳解前三輯）。如人依於自心藏識所持無明業種而入母胎，於受精卵位之「名」唯有意根末那識，「色」唯有受精卵單細胞；其後因於母血長養而漸生五根，五根具已，自心藏識方能緣五根而觸外五塵，依所觸外五塵而現內相分五塵似色非色，方能由人意根所觸而生法塵。外法之性乃是色法，依物質而現色聲香味觸；六識是心，非是色法，非色之法云何能觸色法五塵？故六識不能觸外五塵，須由自心藏識依外法對現內相分五塵，此內相分五塵似色非色，是自心所現，故能由六識之見性聞性嗅性嚐性觸性所觸知；以觸知此五塵故，法塵隨生，意識覺性隨於其中分別，名爲凡夫隨順覺性。由是故知吾人一生，始從出生，末至死亡，於其中間，初不曾觸外法五塵；所觸五塵皆是自心所現內相分，意根意識所觸法塵皆是自心所現內相分，故云「外性非性，無生現」，皆是本來無生之自心賴耶所現故，是名「有非有，外性非性，無生現」。

「大慧！非我前後說、相違過。然壞外道因生故，我說一切性無生」：由上述正理，可知佛於初轉法輪四阿含中所說三界有法非眞實有之理，及三轉法輪中所說「一切法悉由無生之自心所生，其性如幻，故無生之性如幻」，其理無有相違；三轉法輪諸經所說「生即是無生」之理，亦不曾絲毫相違初轉法輪阿含諸經，是故世尊前後所說，無有絲毫相違過失。

佛滅度後，諸多聖弟子亦相繼滅度，佛弟子衆之修證益趨淺薄，更不能全面證知前後三轉法輪佛旨，遂以各自局部所知所證而各執一詞一見，遂分部派，各執己見，不能貫通三乘佛旨。代代相傳之後，乃有菩薩示現受生，再來人間續佛慧命，如彌勒菩薩之傳授《瑜伽師地論》予無著菩薩，如龍樹菩薩之受生人間而造《中論、大智度論》，如馬鳴菩薩之造《大乘起信論》，如玄奘菩薩之造《成唯識論》，如窺基菩薩之造《唯識述記》……等，此諸菩薩種種作爲及與著作，悉皆欲令佛子回歸一二三轉法輪佛旨，不曾分毫違逆阿含般若唯識諸經。後人不知此理，復未證知三乘佛旨，依於世尊滅度後之佛教分部分派表相，據以指證唯識系列等三轉法輪諸經是佛滅後之弟子所造，妄謂阿含諸經末說七八識，妄謂七八識是部派佛教乃至大乘佛教隨於時空轉易而發展之學說，妄謂「三轉法輪唯識諸經非佛所說、非了義說」，違遠阿含、般若、唯識佛旨，不知三乘乃佛方便施設，其實唯是佛乘—依第八識自心眞如建立三乘，以度三類聖種性人。

譬如月稱、寂天、密宗黃教一切「至尊、大修行者、法王」等，悉以凡夫之心，承襲前人邪見，誤解阿含所述十二因緣之旨，誤會般若中觀，而否定第七識意根、否定第八識（果地真如或因地異熟識阿賴耶識），不知不見第八識是三乘佛法之根本，斫喪佛法慧命。天竺佛教所以滅於密宗之手者其故在此。

民國以來，更有印順法師者，承襲藏密黃教應成派中觀邪見，著作《妙雲集、花雨集、空之探究、如來藏研究、唯識學探源……》等書，全面否定三轉法輪唯識諸經，否定第八識阿賴耶及第七識意根，恣意砍伐佛法大樹之根本；自墮無因有緣之邪見中，復以邪見廣造諸書，將導今世後世學人同墮無因論中。其影響極爲深遠，若不予以披露，令諸今世後世學人明辨，則必相將同入邪見，三乘正法必將逐漸湮滅；既已見其勢必如此，焉可令余噤口不言？坐令今世後世學人同入邪見而不發慈心以救護之？

西天月稱、寂天、藏密黃教宗喀巴等一切中觀師，及今台灣印順法師與其徒衆，之所以同墮應成派中觀邪見者，咎在不能親證自心藏識，由此緣故不知不解阿含密義，妄謂佛說三乘之法有相違之過；末代達賴喇嘛更加膽大，妄謂三轉法輪所示法教互相矛盾（詳見衆生出版社《揭開心智的奧秘》頁七一及拙著《宗門血脈》第三一五則評論）。如是諸人不能證解阿含般若唯識密意，悉墮無因論中，妄謂深妙之唯識諸經非佛所說，妄謂抵觸阿含諸經，同墮外道無因論中；雖以佛法名相而說，本質無異外道無因論。

一切外道，除斷見論者外，悉說一切法之生滅必依於不生滅法，以彼不生滅法爲因，及諸外緣配合，方有生滅之法現起，不能離於無生之法而現有生之法；佛法亦復如是，依於本來無生之自心藏識爲因及父母四大爲緣，而現有生之十八界法，故有聲聞緣覺解脫道，及不共二乘之佛菩提道。然諸外道所說因緣之因，或說爲大梵天，或說爲冥性，或說爲四大微塵，或說爲時節、方位、自然……等，所說之因悉屬虛妄臆想，非是正因，非如佛法所說「自心藏識因」之可以親證，是故佛爲破諸外道所說因能生諸法之理，而說一切法性無生，一切有爲生滅法之體性即是無生法所生，與無生法非一非異，故說生即是無生。

「大慧！外道痴聚，欲令有無有生，非自妄想種種計著緣。大慧！我非有無有生，是故我以無生說而說。大慧！說性者，爲攝受生死故，壞無見斷見故，爲我弟子攝受種種業、受生處故，以聲性說，攝受生死。」

疏：《「大慧！外道愚痴群衆聚集，欲令其義建立，而說從於有法無法生一切法，非因自心虛妄想等種種誤計執著爲緣而生一切法。大慧！我說一切法非從有法無法而生，是故我以一切法無生之說而說法。大慧！我說一切法自性無生者，乃是爲了令諸弟子攝受生死，不速入無餘涅槃故說，及爲摧壞一切法空之無見斷見故說；爲了我諸弟子能攝受種種善業淨業，受生於六道處自度度他故，以音聲法性說一切法性無生，令諸弟子攝取及接受世間生死，不入無餘涅槃。」》

「外道痴聚，欲令有無有生，非自妄想種種計著緣。我非有無有生，是故我以無生說而說」：外道修行者愚痴無智，有種種邪見；彼等各執一種邪見，群聚一處，各執一因爲能生十八界一切法者。彼等所說之因，或爲三界中之有法，譬如見聞覺知性；或爲三界無法，純屬人之情想臆度而建立者，譬如造物主、宇宙之能量、時節、方所、冥性……等；而非以自心妄想所生種種外法誤計執著爲緣生十八界一切法。

有情衆生之所以不能脫離三界生死，皆由對於自心藏識不如實知，起虛妄想，故於三界種種法及自身十八界法產生誤計，以誤計而生執著爲緣，是故受生三界六道。若究其實，皆因自心藏識所蘊無明業種而生十八界五蘊諸法，實以無明熏習爲緣，自心藏識爲因，非如外道之以微塵、大梵、時節、方處、冥性……等有法無法爲因。是故佛說十八界五蘊一切法，非從外道有法無法而生，是故佛以一切法自性本來無生之說，而爲衆生說法；一切法雖有生滅，法之自性則無生滅；一切法之自性者，即是永遠無生之自心藏識。

「大慧！說性者，爲攝受生死故，壞無見斷見故，爲我弟子攝受種種業、受生處故，以聲性說，攝受生死。」佛說一切法性無生者，其目的有三：首爲令諸弟子不畏生死，次爲摧壞無見斷見，末爲欲令諸弟子衆起受生願，不入無餘涅槃，常處生死自度度他乃至成佛。

若人畏懼生死苦，則知求取解脫生死；依於二乘菩提進修，則能成就慧解脫俱解脫。然二乘無學之決定性者，解脫生死已，不敢勇發大願迴向菩薩道，不敢發起再受生願，深恐來生因胎昧所障，忘失此世所證二乘菩提慧，又復輪轉生死；以是緣故，此世解脫生死已，畏懼發願受生之來世生死。究其畏懼之因，咎在不知不解不證本來自性清淨涅槃；菩薩不然，於別教七住位明心已，依三轉法輪諸唯識經漸修佛菩提智，了知五蘊十八界雖然無常生滅，終歸於空—其相是空；然於生住異滅相空之中，不離本來無生之法性。此謂生住異滅之蘊處界法，本是無生之藏識所顯；藏識本體永不壞滅，是故無生；此無生之藏識所顯蘊處界法，則有生滅。譬如海浪各各生滅，海水永無生滅，海浪只是海水所顯表相，海浪之法性即是海水—海浪非即海水，非非海水；蘊處界法亦復如是，依於自心藏識往世受熏種種無明而顯，皆是藏識妙眞如性，非即藏識，非異藏識；衆生不知，執蘊處界爲實有法性，墮於常見之中；如印順法師執意識細心爲能貫通三世之因果主體，以意識爲實有法性，墮於十八界之意識界中，不離常見，未入聲聞初果，更未圓成別教六住四加行果——未曾雙印能所取空，意識細心仍有能取所取故。

菩薩不然，親見蘊處界依自心藏識而顯，了知蘊處界非是外道及凡夫所說之因緣生及自然生，乃是由如來藏因，依無明種子業力驅動爲緣而顯現；了知蘊處界與法性如來藏非一非異，不須予以斷滅、速取無餘涅槃；乃發受生願、攝受生死，於未來生生世世中精勤修道，斷除思惑及無始無明塵沙惑，令有漏有爲之蘊處界，漸轉爲無漏有爲之蘊處界，與三界衆生同事利行，於廣度有緣衆生之利他行中漸成佛道。佛欲令諸弟子起受生願、攝受生死、故說一切法之法性無生，說一切法非異非一於無生之法性。

復次，有諸佛子不得緣起正觀，妄謂蘊處界十二因緣法離於阿賴耶識而有，誤解阿含經旨，墮於無見斷見，是故佛說一切法法性無生，摧壞彼諸斷見無見。如是斷見無見之人，於佛教中雖然極爲常見，若不舉示，佛子亦不能知；譬如印順法師執一切法緣起性空，否定阿賴耶識而說十二因緣，則其所說十二因緣必成一切法緣起性空—無無明所依之自心藏識，自外於阿含所說「識緣名色」之識，則其所說十二因緣法之無明應憑空而有，則有種種過，墮於無見斷見，則將進退失據，墮於名相戲論中。

譬如月稱、寂天、宗喀巴、達賴喇嘛、印順法師……等人，否定第七識意根及第八識阿賴耶已，墮於無見—一切法空，彼說阿羅漢捨壽已，五蘊十八界俱壞，一無所有，名爲無餘涅槃，不許無餘涅槃中有第八識無見聞覺知而常住不壞，如是涅槃即成斷見，是名無見斷見。世尊於四阿含中不許比丘及阿羅漢說涅槃爲斷滅，今於此經復說一切法無生。一切法無生者謂：一切法非一非異於法性如來藏。世尊以此無生之說，摧壞一切無見與斷見。

三者，佛種性弟子（菩薩）不應效法二乘人之速求無餘涅槃，應起大悲心救護一切衆生故；應發受生願，方能歷三大無量數劫修學種智（無生法忍）而成究竟佛道故。

教界有謂：「禪宗學人一心求悟，欲了生死，是大乘急證精神之復活；不如南傳佛法之住世利益衆生。」然此說法名爲邪謬。

大乘法中固有急求了生脫死之自了漢，然屬極少數，不可一概而論。成佛之道，要在破參明心，是大乘之見道故。若人不悟自心、不能觸證領受自心藏識之體性，不能現觀自心，則不能入大乘道，永於外門修菩薩行，不入內明菩薩數中；上不能稍解佛旨，中不能利己，下不能令衆生入大乘道，云何名爲修大乘道者？云何名爲「覺有情」？是故大乘行人須以見道爲第一要務。不應苛責禪宗行人之急求証悟，不應誣蔑爲大乘急証精神，一切大乘行人皆應急証見道所起般若慧故。

然大乘見道自古已難，非唯現今；由此緣故，大乘學人不論古今，凡欲求悟者，皆息衆務，隱於山林閑靜之處，一心參究；若得證悟，勘驗眞實，便起大悲，出世弘法，少有初悟即入滅者。

此外，大乘學人若已修得四禪八定而後證悟明心，當下即可取證滅盡定，亦可立刻入無餘涅槃；然此大乘無學，非如南傳二乘法之得證阿羅漢者捨壽必取涅槃，反而發起受生願，於未來無量際不入無餘涅槃，世世自度度他；乃至成佛證得四種涅槃而常住世間，不捨一切衆生。何故如是？謂若菩薩已證如來藏，則必現見一切法由如來藏藉緣而生，則能現觀一切法之法性（本際、實際）本來無生；現觀一切法與法性非一非異，不需滅卻一切法（蘊處界）而後取證涅槃；不以死後滅卻十八界爲涅槃，十八界現行之當下已是涅槃。菩薩由是現觀，能不畏懼隔陰之迷及與生死，故能攝受生死，能攝受六道，受生諸處，是故佛以音聲法性說一切法無生，令諸弟子攝受種種業及受生處。

「大慧！說幻性自性相，爲離性自性相故；墮愚夫惡見相希望，不知自心現量，壞因所作生，緣自性相計著。說幻夢自性相一切法，不令愚夫惡見希望計著自及他一切法，如實處見，作不正論。大慧！如實處見一切法者，謂超自心現量。」爾時世尊欲重宣此義而說偈言：

無生作非性，有性攝生死；觀察如幻等，於相不妄想。

疏：《「大慧！我說如幻法性之自性相，其目的乃是爲令愚凡遠離一切法之自性相；諸人墮於愚夫惡見之種種希望中，不知一切法皆是自心藏識所現之事實，破壞「一切法是藏識因所作」之邪說邪行便出生了，緣於十八界一切法之自性相而生誤計與執著。我說一切法如幻如夢之自性相，不令愚夫起惡見及邪希望，誤計執著自身及外一切法，不令愚夫於如實處之正見作不正確之議論。大慧！於如實處得見一切法者，是說超越自心所現之境界。」爾時世尊欲重宣此義而說偈言：

無生而能作諸法者，並非三界有之體性，
三界有之體性，攝在生死輪轉法中；
能現前觀察一切法如幻如陽焰如夢如鏡像者，
於一切法自相共相不會生起虛妄想。》

「大慧！說幻性自性相，爲離性自性相故；墮愚夫惡見相希望，不知自心現量，壞因所作生，緣自性相計著」：愚夫於三界一切如幻有爲法之自性相，虛妄計度，執爲實有，是故輪轉生死。譬如佛世有諸外道，各各宣說因緣所生法及涅槃，然皆不能眞見法界實相，執有執無，起虛妄想，建立學說，宣揚邪見；是故佛說三界一切有爲法之自性相——悉皆如幻，似有非有，緣起性空；愚夫聞之，知皆如幻，則能漸離一切法之自性相。

無智之人墮於愚夫惡見中，不離惡見相，依之而起惡見相之種種希望。

惡見之首即是我見（身見），我見則是誤計見聞覺知性為不壞我，以此為實有。如是邪見，於末法之佛門中普遍存在，如印順法師之執「意識細心」為實有不壞，如聖嚴法師之執「放下一切」之覺知心為實有不壞，如惟覺法師之執「清清楚楚明明白白處處作主之見聞覺知性」為實有不壞，如密宗四大派古今一切法王仁波切之執「不生妄想之空明覺知心」為實有不壞，如四川義雲高、釋性圓、釋性海、桃園喜饒根登之執意識不滅，悉墮我見，名為惡見相。

墮我見者，必墮常見。謂彼諸人必於我見隨生常見，執見聞覺知性為常恒不壞心，永淪三界生死，障礙出離；復因常見而墮邊見，違遠中道，雖然口說般若中道，其實不離邊見，此名第二種惡見相。

墮邊見者，必生邪見。如密宗應成中觀學者及印順法師等斷見論者謂一切法空──無有一法非緣起性空；遂成誹謗因果，謂必令學人誤計因果亦空，死已無有受報者故；亦謗藏識之作用及實有，由是邪見隨生種種不如理作意之邪見。亦如印順法師及惟覺、義雲高、釋性圓、喜饒根登……等人執意識為常住心諸常見論者，違背世尊因果正觀，妄謂意識粗細心爲因果主體，誹謗藏識之德用，依意識常見而起種種不如理作意之邪見。此名第三種惡見相。

墮邪見者，必生見取見：謂自身所知一切見及自心能知諸法，超勝於他人，清淨於他人；於他人之善意規勸或摧邪顯正，悉生不忍，起而鬥爭，作種種人身攻擊之言語，不能就法義作善思惟及如理辨正，此名第四種惡見相。

因於我見、邊見、邪見、見取見，則生戒禁取見。謂必隨順前四惡見，施設種種戒禁，依五蘊執行戒禁，謂能以之令己令他究竟清淨而得涅槃，取以爲實，如是戒禁取見名爲第五種惡見相。

上述五種惡見相，皆是愚夫所墮；菩薩見道者不墮此五惡見相中，二乘菩提之見道者亦皆不墮此五惡見相中，遠離惡見相之種種希望。

惡見相種種希望，其數衆多，限於篇幅，不克一一枚舉；且舉斷常二見之例各一，令諸佛子了知；知已，不受假名善知識誤導，能向正道：

常見之惡見相希望者，欲以意識取證涅槃也。如惟覺法師、義雲高、喜饒根登、仰諤益西等人不知不見涅槃正理，計十八界中之意識界爲涅槃心，欲於捨壽時，以清楚明白而能作主之意識與意根進入無餘涅槃境中安住，如是名爲常見者之惡見相希望；彼等諸人不知不見無餘涅槃之實際——十八界俱滅，無見聞覺知之我，亦無作主之我，唯餘自心如來藏不起十八界法，如是無住而住；如是，彼等諸人於涅槃實際茫無所知，名爲常見之惡見相希望。

斷見之惡見相希望者，欲以無法之「意識細心」取證涅槃也。如達賴喇嘛及印順法師之執意識細心極細心爲涅槃之實際，欲於捨壽時，以意識細心入住無餘涅槃。彼等妄謂一切法緣起性空，妄謂一切法離於自心如來藏因、而能依緣而起，墮於無因論中。彼等誤計意識細心爲恒不生滅者，然而現見意識之粗心、細心、極細心，皆屬斷滅法，何以故？意識之最細心無過於非非想定中之極細覺知心，此心仍是斷滅法，依藏識爲因及依五根意根命根與定力方能現行故；若注射迷藥或毒藥，令五根不能運作或毀壞，此定中意識細心即告斷滅不現；若轉入無想定及滅盡定，此意識細心亦告斷滅，非唯正死位方滅，故說印順及達賴等應成派中觀學人，悉墮斷見中。彼等欲以虛妄建立之意識細心而證涅槃，名爲斷見之惡見相希望，意識細心是斷滅法故。

至於達賴與印順所謂「離見聞覺知而不可證知之意識極細心或細心」，乃是彼等之妄想建立—見始非分，非有如是意識故，佛於三乘法中不曾說有此心故，佛說唯有如來藏方離見聞覺知故，佛唯述說阿賴耶識是無餘涅槃之實際故，未曾別說「離見聞覺知之意識細心為涅槃實際」故，佛說意識之極細心（非非想定中意識）仍非無想故，想即是知故。否定如來藏阿賴耶識，而別立不可知不可證之意識細心為涅槃實際者，口說般若中道，本質則是斷見，以子虛烏有之無法為涅槃實際故，墮於外道無因論中。彼等欲以妄想建立之無法（不可知之意識細心）而取證涅槃中道者，名為斷見之惡見希望。

「說幻夢自性相一切法，不令愚夫惡見希望計著自及他一切法，如實處見，作不正論」：如是常見之惡見希望者，計著自己（清楚明白而能作主之心）及所生一切法，不了自己虛妄緣起之自性，名為計著自我一切法。如是斷見之惡見希望者，計著他（子虛烏有之不可知意識細心）一切法，不了「不可知意識細心」之妄想自性，名為計著他一切法。如是名為「愚夫惡見希望，計著自及他一切法」，彼等依彼惡見希望及計著，而說涅槃實際者，即是於「如實處見，作不正論」。

譬如達賴喇嘛及印順法師，依經文知「涅槃寂靜、諸法無我、諸行無常」，依經文知「涅槃無我、涅槃是中道」，故知涅槃中無我無人無見聞覺知，亦無作主者；知已，若為人說：「涅槃實際即是第八識如來藏」，雖猶未能觸證自心如來藏，仍得名之為「如實處見，作正法之論」。若知涅槃寂靜無我無人之理已，以未能親證涅槃實際之第八識如來藏故，遂否定阿含所說涅槃實際之第八識如來藏，別立子虛烏有、佛不曾說之「意識細心離見聞覺知」，以「不可知、不可證」說之，即是於「如實處見，作不正論」之人也，有智佛子於此應當明辨，方免誤墮惡見相希望中。佛欲令諸愚夫遠離惡見相希望，不再計著自及他一切法，不令未悟愚夫於如實處作不正論，故於四阿含中施設五蘊十八界，依蘊處界說十八界一切法如幻如夢之自性相；未料自命為佛教至高無上之應成派中觀師（印順達賴等人），仍墮十八界如幻如夢自性相，而生計著，於如實見作不正論。

「大慧！如實處見一切法者，謂超自心現量」：然佛子眾中，或有已證自心現量者，仍不能謂爲已入如實處見一切法，未超自心現量故。譬如佛子入大乘法中修學，依於眞善知識熏習正見故，得證自心如來藏；現觀一切有漏無漏法皆是自心藏識所現之事實；現觀已，我見已斷，離於惡見相希望，然因往世不勤修除性障故，於自心現量之如實處而生法執，則不能入性種性及道種性中，更不能發起道種智，則不能於如實處見一切法。

佛子若欲於如實處見一切法者，應當先證一切法皆自心所現之現量境；證已，依於自心藏識之德用現量，現觀一切法無我，現觀一切法諸行無常，現觀涅槃寂靜無我、非斷滅，如是名爲「如實處見一切法」，是人能超自心現量，漸漸遠離法執。若人效法印順達賴，不證自心現量，否定自心藏識，唯依般若經典法相之思惟八不中道，而謂能超自心現量，自謂能於如實處見一切法者，無有是處；則彼一切議論，名爲於「如實處見，作不正論」。

「爾時世尊欲重宣此義而說偈言：無生作非性，有性攝生死；觀察如幻等，於相不妄想」：本來無生之法，而能作三界法者，必非三界有法之性。譬如印順達賴所說意識極細心，不論細至何種程度，皆是三界有法，十八界所攝故。三界有之一切法，皆非無生之法，皆需依於他因他緣方得現行，如何可說此等所生之法能生三界一切法？是故意識心絕非能作一切法者，是有生之法故。唯有本來無生之法，超越於意識之三界法體性者，方是能作有情蘊處界法者；除此本來無生之法以外，無有能作者。

意識意根皆是三界有法之體性，既具三界有之體性，則必攝在生死有為之中。意識具有見聞覺知性，意根末那具有恒審思量性（處處作主、時時作主而不斷絕），世人皆可依善知識言教，現前證驗此二心於三界有中現行，現觀其不離三界有為心行；此二既攝於三界有為法中，則墮生死界中。唯有從來不墮於三界有法之本來無生之法（如來藏），方是不墮於生死者。

若有佛子能現前觀察一切法皆是六根六識六塵所現，能現觀十八界皆是自心如來藏依無明及四大父母為緣而現，則能現觀一切法猶如幻化——緣起性空，似有非有；斯人方名已得緣起正觀者。如是之人，於一切法自共相，皆不生起虛幻之想；能於如實處見一切法故，能超自心現量。

「復次大慧！當說名句形身相。善觀名句形身菩薩摩訶薩，隨入義句形身，疾得阿耨多羅三藐三菩提；如是覺已，覺一切衆生。大慧！名身者，謂若依事立名，是名名身；句身者，謂句有義身，自性決定究竟，是名句身；形身者，謂顯示名句，是名形身。又形身者，謂長短高下；又句身者，謂徑跡，如象馬人獸等所行徑跡，得句身名。大慧！名及形者，謂以名說無色四陰，故說名；自相現，故說形，是名名句形身。說名句形身相分齊，應當修學。」爾時世尊欲重宣此義而說偈言：

名身與句身，及形身差別，凡夫愚計著，如象溺深泥。

疏：《「復次大慧！我今當說名身句身形身之相。善觀名身句身形身之大菩薩，能隨名句形身正義，迅疾證得無上正等正覺；如是覺悟已，轉復覺悟一切衆生。大慧！所謂名身者，是說如果依於事相而建立其名，則以名爲其身，稱爲名身；句身者，謂句有正義，以義爲身，具有顯示彼句正義之自性，決定究竟，是名句身；形身者，謂以其形能顯示名與句，是名形身。復次，形身者，是說長短高下；句身者，是說形身所現徑跡，譬如象馬人獸等所行徑跡，得句身之名。大慧！名身及形身者，亦謂：以『名』說無色四陰，故說受想行識爲名；色陰自相現，故說爲形；如是稱爲名句形身。爲衆宣說名句形身三種相之分際，應當修學。」爾時世尊欲重宣此義而說偈曰：

名身與句身，及形身之差別，

凡夫愚人妄計此三而生執著，

猶如大象陷溺於深泥之中。》

「復次大慧！當說名句形身相。善觀名句形身菩薩摩訶薩，隨入義句形身，疾得阿耨多羅三藐三菩提；如是覺已，覺一切衆生」：名句形身，亦有譯爲名句文身者。證悟自心之大菩薩們，若能善觀名身句身形身，則能隨入名句形身之正義，迅疾證得無上正等正覺，是故佛爲大慧菩薩述說名身句身形身三相。菩薩以善觀名句形身故，隨入正義，覺悟佛乘菩提，而後復能覺悟一切衆生。

「大慧！名身者，謂若依事立名，是名名身；句身者，謂句有義身，自性決定究竟，是名句身；形身者，謂顯示名句，是名形身」：名謂名詞，名詞法相自身即是名身；一切名身悉屬依事立名，如花、柳、樹、林、紅、綠、單、雙，依事相而立名；亦如複名之師徒、父子、兄弟、姊妹、智慧、凡聖，依三界中之事相而立名；三如多名之三乘菩提、三無漏學、三增上學、四聖諦等，亦是依三界中修證佛法之事相而立名。不論其爲單名、複名、多名，要皆依事而立。

如人依四諦八正而證聲聞菩提，證聲聞菩提者乃以能分別覺觀之意識心而說證，是三界中無漏有爲法之事相，故說依事立名。如人依十二因緣法，乃至依第一義諦而證佛乘菩提，證佛乘菩提者乃以能分別覺觀之意識心而說證，是三界中無漏有爲法之事相，故說聲聞、緣覺、佛乘菩提等名悉是依事立名，無事即無名。若依自心藏識實際而言，永處本來性淨涅槃實際，無三乘菩提、無智亦無得，不與名句形身相應，是故世法及三乘菩提名句形身，悉依意識所起三界覺觀修學親證等事相而言，故說依事立名。

句謂依於多名組合成句，由句身顯示其義，決定究竟表顯所說法之自性；句之自性如是決定，如是究竟不易，是名句身。譬如花紅、柳綠、樹單、林雙；次如花紅而柳綠，樹單而林雙；亦如花兒朶朶嫣紅、柳絲條條翠綠，獨樹形單影隻、雙林兩兩相伴；此諸句等悉由單句、雙句、多句組合而成，顯示種種事相，其句義決定究竟顯示花紅柳綠等法之自性；其句有義，句性決定究竟，令人聞已不生錯解，故名義身；以義爲身，故名句身。依事相設名，組合雙名或多名成句，以究竟顯示其義，以句有義故，名爲句身。

如人依第一義諦般若正見，證得自心藏識，通達佛乘菩提，故於衆中倡言：「我依自心藏識之觸證，領受第一義諦般若，通達佛菩提。」如是之句，顯示其所說法之自性，令人決定究竟知其所說義；其句有義，句性決定，令人聞已知義；以義爲身，故名句身。

如余以三乘菩提正觀，檢點印順法師諸多著作，見其不知意根是心，不知是六識外之識，而否定第七識；見其不知七識之外別有阿含所說阿賴耶識、有分識、如來藏，而否定第八識如來藏；即知印順法師於三乘菩提俱未見道，余故於衆倡言：「印順法師於三乘法中，俱未見道。」如是之句有其義身，令諸聞者了知余意，此句自性決定究竟，聞者必無誤解爲「印順法師已得聲聞見道」之義者，以此語自性決定究竟故，名爲句身。

形身亦名文身；形者謂字之形狀，文者爲字之紋路（古時文通紋字）。如一字、丁字、我字、人字、馬字、苦字、樂字……無量字等，以形狀文路書於竹帛貝葉紙面，顯示名身句身，令人讀之而知其義，決定究竟，是名形身、文身。

「又形身者，謂長短高下；又句身者，謂徑跡，如象馬人獸等所行徑跡，得句身名」：前述名身句身，悉依事相立名而後成句，顯其句義；其後爲求記錄保存，或遠送他處令人知義，故以施設文字形身而顯示名句；然名句形身之始，端以語言爲其起源，語言則由一一音聲爲根本；是故語言名爲句身，語言之一一音聲名爲形身。

形身謂語句中之一一音聲各別不同，皆爲形身；同一音聲之長短高下差別，皆令其所顯示名身句身有異，故其長短高下音韻不同者，一一皆是形身。由諸音聲形身串連，而有語言之行相；如象馬人獸所行過處，因其後步相續前步，便能顯示其所行徑跡；語言亦復如是，因一一音聲差別及各音聲之長短高下差別，前後貫串成為一句，如似音聲之徑跡，能顯音聲所示句義，自性決定究竟，不致令人誤解、離彼句義，故說音聲串連而成徑跡者，亦名句身。故說由語言相之形身句身而有文詞相之名句文身。

「大慧！名及形者，謂以名說無色四陰，故說名；自相現，故說形；是名名句形身。說名句形身相分齊，應當修學」：此外，名身及形身者，謂以「名」說無色四陰受想行識，以受想行識四陰為身，是名名身；色陰自相示現，以色自相為身，故說形身。

受想行識四陰乃是妄識之自性，不離事相。識陰者，謂意根末那識及眼等六識，此七識恆對六塵運轉，唯除不現行時。此七識現行時，恆觸六塵相分，故於順違諸境起境界之了知，了知名為想陰；由識陰想陰故，生苦樂憂喜捨受，五受能遮光明智慧，故名受陰；由識陰想陰受陰故，分別順違諸境而生身口意行，依無明起諸行，遮障般若明性，故名行陰。

如此非色法之四陰，是三界中之事相，非如色法具有形色，不能舉示令他人知，唯能依事立名，方便宣說令人知之，故說為名。由受想行識四名之宣說，則有句身；此諸句身，一一句中有其義身，自性決定究竟，聞者得解，不生誤會，是名受想行識四名之句身。

色身具有形色自相顯現，故說爲形，名爲色陰。如上所述，是名色受想行識之名句形身。證悟佛子對於爲人宣說名身之相、句身之相、形身之相，其三者之分際，應當修學。

「名身與句身，及形身差別，凡夫愚計著，如象溺深泥」：名身句身形身三者之中，凡夫及愚人最易計著者，在於前二，亦最普遍。形身計著者較少，唯有無知小兒以色身爲我，執我而生諸受；及長見有老死，便知色身非我我所，離形身相見，轉墮名身句身相見，是名愚人之誤計執著，如象陷溺深泥之中，難可出離。

然於名身句身計著者，非唯世間愚人，外道修行者及佛門修行者中，亦復多有其人，悉墮名身相見及句身相見，難可出離。譬如錯悟凡夫，誤以覺知心（意識）爲常不壞滅之眞心，墮於名身之相，起見取見，謂彼法勝，最極究竟，能令徒衆清淨；余諸書中依教依理力陳其非，而彼不能信受，起鬥亂諍競之心，禁止廣大徒衆閱余著作，如象陷溺深泥之中，不能出離。

見聞覺知之心，不論有無妄想雜念現起，皆是意識，攝在名色之名中；以此意識心之見聞知覺性爲常不壞滅者，而爲衆生說法，即墮名身及與句身二相之誤計執著中；如是邪謬之法而化爲文字流通四方，或以音帶流通四方，則墮文身形身相計著之中，名爲凡夫愚人誤計執著。

亦如密宗應成派中觀之古今一切學者，悉以誤計名身句身爲眞實佛法，否定自心賴耶，遠離涅槃實際，以其所計執之般若中觀名身句身以爲第一義諦，不解般若經諸名身句身與般若正義之非一非異，執其誤計八不中道之名身句身以爲無上妙法，不曉般若諸經所說八不中道一切名身句身之正義乃是自心賴耶，遂計著能知能覺之意識入住定中，不起名相思惟，以此爲證得般若中觀，不能眞知般若諸經之名身與句身。

證悟之菩薩不然，依唯識諸經，悟後起修，善知名句形身已，返觀般若諸經，親見般若經中句句皆有義身，句句自性決定究竟—皆說自心如來藏之八不中道體性，非如應成派古今一切中觀師之誤計經中名相句相，不解義身，無能出離，如象陷溺於深泥之中。

「復次大慧！未來世智者，以離一異、俱不俱見相，我所通義，問無智者；彼即答言：『此非正問。』謂色等常無常，為異不異。如是，涅槃諸行、相所相、求那所求那、造所造、見所見、塵及微塵、修與修者，如是比展轉相，如是等問，而言佛說無記止論。非彼痴人之所能知，謂聞慧不具故；如來應供等正覺，令彼離恐怖句故，說言無記，不為記說。又止外道見論故，而不為說。大慧！外道作如是說：謂命即是身；如是等無記論。大慧！彼諸外道、愚痴，於因作無記論，非我所說。大慧！我所說者：離攝所攝，妄想不生；云何止彼？大慧！若攝所攝計著者，不知自心現量，故止彼。大慧！如來應供等正覺，以四種記論，為眾生說法。大慧！止記論者，我時時說；為根未熟，不為熟者。復次大慧！一切法離所作，因緣不生；無作者故，一切法不生。大慧！何故一切性離自性？以自覺觀時，自共性相不可得，故說一切法不生。何故一切法不可持來？不可持去？以自共相欲持來，無所來；欲持去，無所去；

是故一切法離持來去。大慧！何故一切諸法不滅？謂性自性相無故；一切法不可得，故一切法不滅。大慧！何故一切法無常？謂相起無常性，是故說一切法無常。大慧！何故一切法常？謂相起無生性，無常常，故說一切法常。」爾時世尊欲重宣此義而說偈言：

記論有四種：一向反詰問，分別及止論；以制諸外道。有及非有生，僧佉毗舍師，一切悉無記，彼如是顯示。正覺所分別，自性不可得，以離於言說，故說離自性。

疏：《「復次大慧！未來世之證悟智者，以離一異、俱不俱等見地法相，我釋迦牟尼所通達之正義，問於無智錯悟之人；彼無智錯悟之人即答言：『此問不是正問。』並且說：色陰之常與無常、與覺知心爲異爲不異，……乃至識陰之常與無常、與覺知心爲異爲不異。如是，智者復以涅槃與諸行、相與所相、能做與所作、四大造色與所造、能見與所見、泥團與微塵、修行與修者等是一是異？是俱是不俱？以如是等類展轉相，作如是問；彼無智人不能直答，而諉言：『佛說此等皆是無記，應當置答。』此諸正理，非彼痴人之所能知，此謂彼錯悟無智之人，聞慧不具足故。如是輩人，如來為令彼等遠離無我恐怖句故，說彼諸問為無記，不為他們記說，非眞無記也。又為止息外道邪見議論故，而不為諸外道記說。大慧！外道作如是說：說命就是身，身異則命異；如是等說，皆是無記之論。大慧！彼諸外道及愚痴之人，於眞實因、無力證知，而作種種無記論，皆非我所說之眞實正因。大慧！我所說者乃是：遠離能取與所取，虛妄想不生；若有人作如是正論，云何止彼議論？大慧！若人於能取所取自性產生誤計及執著者，彼人不知能取所取皆是自心所現之事實，所以我用置答，止彼議論。大慧！如來以四種記論，為衆生說法。大慧！所謂止記論——置答者，是我時時宣說者；這是為五根未熟者而說，不為五根已熟者說。復次大慧！一切法若離所作，則作之因緣不生；又因無有能作一切法者故，說一切法不生。大慧！何等緣故說一切法體性離自性？謂以自證智慧覺照觀察時，一切法之自性相及共性相皆無自體性，故說一切法不生。何故說一切法不可持來？不可持去？此謂：於一切法之自共相上，欲持來，而不能持來；欲持去，而不能持去；由是緣故，一切法不能持來持去。大慧！何故說一切諸法不滅？此是說：一切法之自性及自性相皆非實有故；由於一切法皆不可得，所以一切法不滅。大慧！何故一切法無常？此是說：一切法之法相現起都是無常性，由此緣故說一切法無常。大慧！以何緣故說一切法是常？此是說：一切法之法相現起都是無生之性，而且無常是一切法之常性，所以說一切法常。」爾時世尊欲重宣此義而說偈言：

記論共有四種：一向直答、反質問、分別答及止答。
以此四種記論制服各種外道。
主張三界有之法能生一切法，及主張非有之法能生一切法，
這是數論外道及勝論外道師徒之議論，
他們所說一切道理皆是無記，他們的道理如是顯示。
眞正覺悟者所觀察分別者，
是一切法之自體性不可得；
以正智觀察，現見一切法離言說相，
由此說一切法離自性。》

「復次大慧！未來世智者，以離一異、俱不俱見相，我所通義，問無智者；彼即答言：『此非正問。』謂色等常無常，爲異不異。如是，涅槃諸行、相所相、求那所求那、造所造、見所見、塵及微塵、修與修者，如是比展轉相，如是等問，而言佛說無記止論」：大乘法中眞實智者，於證悟後，自住本來性淨涅槃之際，多方反復觀察領受自心如來藏之本來自性清淨涅槃，現觀涅槃與有爲諸行非一非異，現觀能現相與所現相非一非異，現觀作者與所作非一非異，現觀四大造色與所造色非一非異，現觀能見與所見非一非異，現觀泥團（譬七轉識之見聞知覺性）與微塵（譬自心如來藏）之非一非異，現觀修證與修證者非一非異，如是現觀已，遠離是一、是異，遠離是俱、是不俱等邪見相，以佛所通達眞實正義，問諸錯悟無智之人；彼無智人隨即答言：「你以離一異俱不俱之見問我，已非正問。」

彼無智人說：「色陰是常，世世現有故；色陰是無常，世世壞死故；色陰異我，必定老死故；色陰不異我，色陰即是我故。受陰是常……乃至識陰是常，世世現有故；識陰是無常，不至後世故；識陰異我，唯存一世故，死已必定斷壞故；識陰不異我，能見聞覺知，知有我故。」彼無智人如是等說，皆名無記之論，是意識思惟所得故，未親証自心故，所說不觸不到眞實相故，不能遠離一異、俱不俱等邪見相故。

智者復以「涅槃與諸法行相、能現相與所現相、作者與所作者、四大能造與所造色、能見與所見、泥團與微塵（七轉識與自心）、修行與修行者非一非異」等一類道理之展轉相，作如是等問，彼無智者便推辭云：「此是佛所說無記之事，應予止論。」而不能答覆宣說離一異等相之正理。

余依般若證量而作諸書，陸續問世；間有學人自謂已悟，而不能解拙著眞義，難以面對問者，遂生惱怒，責余云：「難道佛法道理必須講得如此艱深、令人難懂嗎？」學者當知：粗淺義理，已有諸方大師居士所造佛書廣泛流通，不勞末學錦上添花；再者，般若之總相智、別相智、種智，尙未有人宣說，余既力能辨此，當效雪中送炭故事，造此諸書、致贈妙智與諸學者，不須於粗淺義理上再作錦上添花無益之舉；三者，般若正義乃世出世間第一義諦，極難證悟，觀今全球顯密法師居士，迄未見有一人證悟，悉墮十八界之意識境界，未能超越識陰想陰，於拙著《悟前與悟後》所述般若總相智，尚不能知，何況能知拙著公案拈提所述般若別相智？遑論能知拙著《平實書箋、楞伽經詳解、眞實如來藏》所述般若種智？諸多顯密「大修行者」尚不能知般若總相智，何況一般學人？云何能知拙著種智正義？雖然口說非一非異等八不中道之理，其實皆是無記之論，不到般若妙諦；唯是戲論，應令止論。

「非彼痴人之所能知，謂聞慧不具故；如來應供等正覺，令彼離恐怖句故，說言無記，不爲記說。又止外道見論故，而不爲說」：佛法般若總相智、別相智、種智，微妙深廣，非彼等愚痴人之所能知；佛說此語者，意謂彼諸痴人聞慧不具，故不能知。譬如當今全球一切顯密「大修行者」，自謂已悟乃至已成佛者，悉皆不具聞慧，何以故？謂彼諸「大修行者」悉皆未聞第八識妙眞如性，誤計第八識眞如有知覺性，遂將意識覺知心作爲眞如，反而破斥余所証得之阿賴耶識；然我世尊及諸大菩薩，於諸經中已曾廣說自心阿賴耶識離見聞覺知、離恆審思量，非唯一經二經說之，而彼諸人都不見聞，悉皆執取意識見聞知覺性之各種不同境界以爲眞如，觀乎密宗達賴、噶瑪巴、敦珠……及顯宗惟覺、法禪（自在居士）……附密宗之常見外道義雲高、釋性圓、喜饒根登……等人，莫不如是，悉皆不出十八界之意識界；彼等之有如是錯悟，皆因聞慧不具所致，故不能知第八識之涅槃性。

如是輩人皆名著我，恐怖無我，若聞般若自心外於十八界，非見聞知覺性之我，便因未能實證第八識自心，恐墮斷滅空，便生恐怖；是故佛爲令彼諸人離無我恐怖句，只說如是輩人之議論實相等言句，悉是無記，而不爲彼等記說般若正義，皆以置答處理—默然不答，遂止痴人與佛諍，是名止論。

此外，對於外道輩之不可理喻者，若爲開示般若實相妙義，彼等必不能解，翻令因此與佛諍論，引生更多外道邪見之種種謬論，是故，凡有如是外道不可理喻者來見世尊欲諍論時，佛皆以置答答之—對彼一切質問悉皆默置不答。不可理喻之外道輩，無可諍競，只得離去；世尊默然，即名止論。佛觀因緣，不爲如是緣缺外道記說般若實相，故作止論；一切證悟之菩薩，悉應學此，是故余於諸方來函，觀察因緣，或請諸師代覆，非不可理喻之人故；或者自繕簡函，簡單數語敬謝指教，附贈拙著數册以供遣暇，於其質問悉不作答；

如是置答，以除函箋來往諍論之擾。

「大慧！外道作如是說：謂命即是身；如是等無記論。大慧！彼諸外道、愚痴，於因作無記論，非我所說。大慧！我所說者：離攝所攝，妄想不生；云何止彼？大慧！若攝所攝計著者，不知自心現量，故止彼」：外道等人作如是說：命即是身，身異則命異。如是名為無記之論，與有情法界實相無涉故，非是真相故。「如是等無記論」之「等」字者，謂等諸無記論故；謂無記論之外道見甚多，非唯一種，故云如是等無記論。

猶如外道說無記論，佛以止論止之，不可理喻故；今諸佛門凡愚說諸無記論，誤導佛門學人，余則以一向說、反詰問、及分別論以應對之，以諸佛門顯密教中凡愚法師居士，非是不可理喻之人故，仍冀諸人翻邪皈正故。

有諸外道，於因作無記論，佛於因不作無記論；如一神教徒將一切法界之因——自心藏識——推為造物主之功能差別，是名無記論——與法界實相無涉。亦如惟覺、法禪諸師，及與達賴、噶瑪巴、敦珠、卡盧……等人，執取意識為法界之因，亦名「於因作無記論」，彼等所說第一義法，與法界因無涉故。三如印順法師否定法界因（第八識），而以無因論邪見，著述《妙雲集、中觀今論、如來藏研究、空之探究……》等書，而爲佛子演述第一義般若，謂般若即是一切法空，此亦名爲「於因作無記論」，所說悉與法界因無涉故。如是諸人悉皆不得緣起正觀，而謂人曰已得緣起正觀，不解阿含諸經佛說緣起正義。然此諸人既已入於佛門，亦非不可理喻之輩，是故應以直說、反詰問、分別論，反復辨析，令其知謬，以冀回歸世尊三乘菩提本懷，不應以置答而止論之。

佛所說者，謂親證自心現量；如是證悟之人，漸離能取與所取；親見能取之見分與所取之相分皆是自心藏識所現，幻有所得，隨又幻滅，猶如夢境之得與失，幻有幻無；而自心藏識於如是幻起幻滅之能取所取中，恆住自性清淨涅槃境界，無得無失，無取無捨；佛子現觀如是法界因故，離能取所取，於法界因不生虛妄想。佛子如是以其所證、以其現觀而爲人說，是名記說，非是無記之論，云何止彼佛子不令記說？所說非是無記論故。

若有人於能取所取之自性產生誤計與執著者，佛說此人「不知自心現量」，所以世尊止彼說法，不令誤導衆生。何謂墮於能取所取計著者？謂不知自心現量者。如印順、惟覺、法禪、達賴、敦珠、宗薩、卡盧、創古、義雲高、喜饒根登……等人，執取意識心爲法界因，凡有所說，悉是無記論，意識心是能取之法故；饒爾入住非非想定中，依舊必取定境法塵，不離能取與所取，此諸人等病在不知自心現量—未證第八識自心；佛若現在，必定止彼說法，所說悉是無記論故。

復如達賴、創古與印順等人，否定第七識意根，復否定第八識阿賴耶，謂無此第八識如來藏，由此已知彼等皆是不知自心現量之人，云何可謂彼等已曾觸證般若中道？而廣著述，解說中觀，悉名無記論者—所述不到法界因故，悖離中道般若故。否定自心藏識已，復取意識細心爲恆不生滅者，復墮能取所取計著之中，佛若現在，亦必止其說法，何以故？此謂否定自心藏識已，三乘佛法必定悉墮無因論及斷滅論中，俱成世間名言戲論，留之無益；彼等無記論、無因論，斫喪三乘佛法根本，是故其害遠甚於惟覺、法禪、敦珠、宗薩、義雲高……等人之誤導衆生也，是佛法之大賊也，云何不應止彼說法？

「大慧！如來應供等正覺，以四種記論、爲衆生說法。大慧！止記論者，我時時說；爲根未熟，不爲熟者」：如來說法，有四種記論，所謂直答、問答、分別答、置答。直答又名一向說，隨衆生之請問，直接解說。問答又名反詰問，以問代答，令衆生於佛之反問語中，悟解佛法正義。分別答者，爲衆生之一一問難而分別解答，並予演述，廣分別說，令衆生證得佛法正義。置答者，默然置之，不予答覆；聞慧不具足之佛門學人，若問深妙實相第一義般若，佛即以置答應之，非謂彼問爲無記也。外道中之邪見深厚，而性好議論者，來問佛法，佛見其不可理喻，亦以置答對之；如佛告外道曰：「止！止！我法妙難思，汝等不須說。」驚怖無我句之初學者來問，佛亦以置答相應，默然不說，以其根本未熟故，非謂彼問爲無記也。根本未熟者，謂我見根深柢固，難可動搖；我執習氣深重，恐怖無我，若聞如來藏之無我性，必生死怖（死已斷滅之恐怖）。如是名爲根本未熟者，善根尙未成熟故。

然於大乘法中，說根本未熟者，謂五根未熟，所謂信根、精進根、念根、定根、慧根，此五尙未成熟。信根未熟者，深信外道法，不能深心敬信三寶；雖亦有時親近三寶，或亦皈依，然於法寶僧寶未深具信，若令修習布施持戒，以集大乘福德資糧，則不能信受奉行，是名信根未熟。精進根未熟者，謂懈怠習重，貪於安逸及世法；雖知大乘了義法之修學須具福德資糧，而不能精進修學布施持戒忍辱禪定及與多聞熏習；是名精進根未熟。念根未熟者，謂於大乘妙法未生殷勤敬重之心，雖然聞時解義，心中不欲受持，不能念持不忘，是名念根未熟。定根未熟者，謂心散亂如猿猴、如奔馬，意識心不能專注，聞一漏萬，久遠劫來未曾熏習定法故，是名定根未熟。慧根未熟者，謂聞思修慧不曾熏習，若聞大乘妙法，或者茫無所解，或者心生驚懼，以聞所未聞故；是名慧根未熟。

如是，五根未熟者，但可修習二乘法，不可修習大乘第一義般若，必定懷疑不捨、聞之不解、心生驚懼故；如是之人若來請問大乘深妙第一義諦，佛即以止論應對，默然不答。若爲當人明說其五根未具，必令當人生諸瞋恨；復因五根未具，縱爲說之，不能令其信解受持，不能令其發起五力而入大乘，故佛默然，或令當人不須再問，是名止記論。世尊之所以常常默而不答，或令人不須再問者，乃是爲五根未熟者而作，非爲五根已熟者作。

「復次大慧！一切法離所作，因緣不生；無作者故，一切法不生。大慧！何故一切性離自性？以自覺觀時，自共性相不可得，說一切法不生」：三界一切法，若離所作法，則能作之因緣即不能生起，由是緣故，說一切法不生；不生者，謂不能自己生起也；所作者，謂眼等五根及意根也。

欲界色界一切法，必以如來藏所生之六根（無色之意根末那及有色之眼等五根）方能展轉現起。若無藏識所生意根，尚不能入胎，何況有五色根？藏識不起思量性故。若無藏識入胎所生五色根（眼等五扶塵根、五勝義根。五勝義根即是大腦），藏識則不能對現五塵內相分，亦不能令六識現行，此際之意根不能依五塵而觸法塵故。若無藏識所作意根，雖有四空定力，亦不能生無色界、不起無色界法，此際尚不能令意識現行故，何況能有四空定所生一切無色界法？是故，三界一切法，皆須依於藏識所作之六根，方能展轉現起，若離所作六根，則一切法現起之因緣不生，故世尊說：「一切法離所作，因緣不生。」六根是所作故。

復次，依解脫道之果地，說一切法不生，無作者故。作者謂有爲有作之六根，亦謂能作六根之藏識。藏識是六根之作者，以藏識含藏六根六識種、相分種、無明種，故無量劫來，必於死後受生而生六根（或生一根如無色界，或生四根如色界，或生六根如欲界），六根是欲界中能作一切法者，故名作者；若無六根爲作者，則三界一切法悉不能生，故云一切法不生。阿羅漢及辟支佛依此正理，於捨壽時滅除六根而入無餘涅槃，一切法不生；菩薩證此理已，不取涅槃，依本來自性清淨涅槃發受生願，盡未來際自度度他。

然六根非自在者，由藏識而生；藏識是能作六根者，故亦謂藏識是作者；六根若離藏識，尚不能保持不壞，何況能運作？何況能展轉生一切有爲法？是故若無藏識能作六根，則一切法不生，無作者故。然而藏識於六根作一切三界行，展轉生一切法時，藏識亦非有作，非形非色故，不於三界六塵起作意故，云何說其爲有所作者？是故藏識非作者，非非作者；此乃依證悟者現觀自心現量之證量而說，非爲未悟者說，是法界實相故。

何故佛云「一切法之自性離自性」？此依解脫道之因地及凡夫地而說。謂一切學人依聲聞法修習，以自身之見聞知覺性，覺察觀照一切法時，生起聲聞智慧，證知自己之見聞知覺性緣起性空，求其本來自在之性不可得，無有眞實不壞之自性相；見聞知覺性尚且如是，何況依見聞知覺性而展轉生出之一切法？故說一切法不生。觀自身一切法自性相已，復觀他身一切法自性相，亦復如是不具本來自在之自性；以現觀一切法自性不可得，無有眞實不壞之自共相，故說一切法不生，不能自生故，依因緣而後方起故。

「何故一切法不可持來？不可持去？以自共相欲持來，無所來；欲持去，無所去；是故一切法離持來去」：一切法是三界有爲法，函蓋有漏有爲法與無漏有爲法。一切法不可持來與我，不可持去與汝；何以故？以一切法之自相共相欲持來而無所來，欲持去而無所去，是故一切法離持來持去。

譬如一切有情之見聞知覺性，不能持來與我，我不能受取一切有情之見聞知覺性；我之見聞知覺性，不能持去與一切有情受取。余之見聞知覺性自相如是，一切有情見聞知覺性之共相亦復如是，欲持其來而無所來，欲持其去而無所去；是故乃至一神教號稱全知全能的上帝，亦不能剝奪任一有情之見聞知覺性，唯能壞其五根，令見聞知覺性暫時不現，而不能剝奪及據爲己有。

然一切有情之見聞知覺性，於五根壞已不現之後，隨又受生，復具五根，復現見聞知覺性，以有自心藏識所藏諸界功能故，世世能生，世世無異，乃是自心藏識之妙眞如性故，故說一切法不可持來，不可持去。

復次，一切有情各有唯我獨尊之自心藏識，不與其他有情混雜——不能相入、不能合併、不能分割。是故余之自心藏識，歷劫修行所獲般若智慧無漏法種，「全知全能」之耶和華與阿拉，亦不能竊取分毫、剝奪分毫，彼等於法界實相依舊無知，如果全知全能之耶和華與阿拉是眞實有，如果二神不是人所創造。自心藏識既是唯我獨尊，不與他人相入相合；而一切法由自心藏識所生，當知一切法不能持來，不能持去，無所從來，亦無所去，故說一切法離持來去。

「大慧！何故一切諸法不滅？謂性自性相無故；一切法不可得，故一切法不滅」：一切法本來是如來藏藉無明及父母、四大之緣而展轉生出，於一切法自性上觀之，實無自性相，依他而起滅故，唯是自心藏識所現故；如是，一切法之自性相不可得，佛子於一切法上，不應離自心藏識而說有說無、說生說滅，無自性相故，是無記論故，與法界因無涉故；是故有時佛說一切法不滅，佛子應知此理。

「大慧！何故一切法無常？謂相起無常性，是故說一切法無常。大慧！何故一切法常？謂相起無生性，無常常，故說一切法常」：以何緣故說一切法無常？此是說：一切法現起時，其相是無常，忽爾而現；現起後，亦無恆常不壞性，以是緣故而說一切法無常。

以何緣故說一切法常？謂一切法相（如見聞知覺性）之生起，皆是無生之性，是無生之藏識所生起故，是無生之藏識之局部體性故；猶如海浪雖有起滅，然亦說爲無起滅，海浪是永無起滅之海水所生起故，海浪是本來無生之海水之局部體性故，是故海浪雖現有起滅，由另一層次說之，亦可謂無起滅，是無起滅之海水之性故；如人見聞知覺性現有起滅，依二乘有學無學聖人及大乘法中凡夫而言，說其爲生滅法，然於大乘證悟菩薩而言，現觀見聞知覺性由藏識生，是藏識之部分體性，故亦可說見聞知覺性常而不壞、常不變易，故說一切法常，謂「相起無生性」也。此即《楞嚴經》所說能見之性不變不壞之義也，由自心藏識所顯，於自心藏識非一亦非異故；菩薩由是現觀，轉有漏有爲法爲無漏有爲法，是故不入涅槃，是故起受生願，邁向自度度他成佛之道。

佛子若未證知藏識何在，若未現前領受藏識異於見聞知覺之自性，而謂藏識所生之一切法（見性聞性乃至知覺性）爲恆不生滅者，而自謂已悟者，則與不知不見海水者，唯見海浪之浪浪不絕，而計海浪爲恆不生不滅者無二，是名大妄語人也，名爲誤解《楞嚴經》者。何以故？謂《楞嚴經》所說見聞知覺性之不變不壞者，乃依自心藏識因地眞如而說，欲引導佛子親證自心如來藏而不入滅，故以親證第八識如來藏爲其前提，故於廣說見聞知覺性之不變不壞後，歸結於如來藏云：「本如來藏妙眞如性」，不許阿難執見聞知覺性爲眞，乃云：「汝今知見立知，即無明本；知見無見，斯即涅槃無漏眞淨」，歸結於見聞知覺性之根本：離見聞覺知之自心如來藏、涅槃無漏眞淨之自心如來藏。

今此佛語謂「相起無生性」，即是此意；見聞知覺性之法相生起，則必有滅，滅已復現，生滅不絕；然其生滅緣起不斷之中，有其不生滅者——本來無生之性——如來藏；此如來藏有其異於七識見聞知覺性之自性，唯大乘證悟者所知，非諸未證藏識而執見聞知覺性爲眞之人所能知也，非唯離見聞覺知之性也。以見性等由無生之藏識所生起，故說「相起無生性」，見聞等性非一非異於藏識故。

復次，本來無生之藏識所現見聞知覺性等法，悉是無常，於眠熟、悶絕、正死位、二無心定等五位中，必定斷滅故，雖由無生之藏識所生，見聞知覺性之自身則是無常之法，無常是其常相—永遠是無常性故，永遠不能改易其無常性故。譬如海浪，雖由本來無生滅之海水所生，然諸海浪一向有生滅，依無生之海水而謂其無生，若離海水而單依海浪自身而言，即不得謂無生滅也。見聞知覺性亦復如是，依附於本來無生之自心藏識，可言其無生性，滅已隨生故，相相承繼而不變故；若離自心藏識，單依見聞知覺性自身而言，則是無常，相相生滅故，生滅不斷故，五位斷滅故。

然證悟菩薩亦可由另一現觀而言：「生滅不斷之見聞知覺性是常。」何以故？謂生滅不斷之無常性，是見聞知覺性之常性故—永遠是無常性故，無常性是其恆常不變之性故。是故佛說：「何故一切法常？謂相起無生性，無常常，故說一切法常。」《楞嚴經》卷一至卷五所述者，即是此義也。

「爾時世尊欲重宣此義而說偈言：『記論有四種：一向反詰問、分別及止論；以制諸外道。有及非有生，僧佉毘舍師，一切悉無記，彼如是顯示。正覺所分別，自性不可得，以離於言說，故說離自性』」：世尊爲衆生說法，共有四種記別之論：一向直答、反質問、分別答、置答，以此四種記論之善巧運用，以制服各種外道邪見論。

「有及非有生」者，謂僧佉師及毘舍師外道之邪見。僧佉係音譯，意譯爲數論；僧佉師即是數論外道師徒。云何名爲數論？僧佉意爲數故，以智慧數，數度諸法；依數之根本立名，從數起論，名爲數論；復次，論能生數，亦名數論。有數論外道入金耳國，以鐵片鎚成薄片束其腹，頭頂火盆，擊金耳國國王所設論鼓，求與佛教僧人論義，彼主張世界初有後無；時無僧人能出面摧伏其邪說，外道遂謗僧不如外道，乃造七十行頌，申述數論宗旨。金耳國王見勢，朋比彼外道，表揚之；更以金賜之，以爲贊助。彼外道欲彰顯己宗，遂名其七十行頌爲「金七十論」；其後，世親菩薩初始學道，未入佛法，曾爲其論而造長行。陳時眞諦三藏曾譯爲漢文，今收在大正藏五十四卷中，乃外道論也。

彼外道論以三法廣開爲二十五諦，三法者謂自性（亦名冥性）法、變易法、我知法。變易法復開爲二十三：大、我慢、五唯（色身香味觸）、五大（地水火風空）、五知根、五作業根（舌、手、足、小便處、大便處）、心平等根。前能生後，共二十五法，謂爲眞理，故謂自性二十五諦。彼金七十論，其理邪謬，《成唯識論》中已廣破之。

云何邪謬？謂其根本成邪，以虛妄想而建立之自性冥性，以之爲法界之根本，是故其餘引生之理隨之偏邪；此謂彼以三界有之知覺性自性，建立爲法界根本，墮於三界有之中，謂此有能生諸法，本質乃是無記論，與法界之眞實因無涉。

毘舍師者，或譯爲鞞世師、衛世師，意譯爲勝論師，亦是外道。彼論有六句。自謂他人諸論難與其匹敵，故云勝論；或謂勝人所造，故名勝論。造勝論者，名爲毘舍師、勝論師。

彼等相傳云：古有勝論師名爲米濟，多年修道而獲五通，以五通之證得而謂已證菩提，心欲入滅，但嗟所悟未有傳人，憫諸世人盲無慧目，乃立七德，具此七德者便傳其法：生於「中」國、父母俱是婆羅門種，有般涅槃性、身相具足、聰明辯捷、性行調柔、有大悲心。經無量時，無具德者。後經多劫（小劫），婆羅奈斯國有婆羅門儒童，名為五頂，雖具七德而善根遲熟，尚未可度；旋染妻孥，遂難化導；復經無量歲以俟其根熟，於後三千歲，五頂儒童因與妻室競花，故相諍忿，米濟仙人因此乘五通而化度之，然未成功。復三千年，亦不能度化。又三千年，五頂與妻室諍競更甚，極為厭惡，乃念仙人，米濟遂以神通來化之，迎往山中，為說其所悟六句義理：實、德、業、有、同異、和合。此宗後人惠月，更立十句義，以三門分別之：列總別名、出體性、諸門辨釋。此乃外道法，以妄想建立之實與德為法界因，子虛烏有，與法界因無涉，而謂彼子虛烏有之實德等能生一切法；彼如是顯示其義，佛說之為無記之論。《百論、成唯識論、唯識述記》中已廣破之，此處從略。

此偈佛意，謂諸外道悉依三界有及依非有法，建立為能生一切法之因，悉如數論外道及勝論外道所說之無記論，佛子不應隨從。譬如印順法師、達賴喇嘛所服膺之應成派中觀，妄想建立離見聞覺知之意識細心，以爲法界之因，謂爲能生六識之法；然實無有如是意識細心，乃虛妄建立非有之法，同於勝論外道之建立「實」法爲一切法之本源，同墮「有及非有生」之中，彼等所說皆是無記論，若依佛意，應予止論。

依正智覺悟之人，其所觀察分別者，乃是一切法無自性，悉依自心藏識而顯、而變易、而歸滅，滅已復由藏識別生他法，是故無有自性。復又觀察一切法之無常性，現觀一切法無有恆常不壞之自性。復次現觀一切法離言說，依於六塵相及受想行識「名」，而施設名身句身；然一切法自身實離言說（譬如顯境名言），言說實於一切法現行後，由意識思惟名身句身而後有；故一切法離言說，以離言說故、說一切法性離自性。

復說一切法之所依本際乃如來藏，如來藏自無始以來即離言說，不與言說相應；一切法既與藏識非一非異，不離藏識，故說一切法離言說；以離言說故，不可說一切法有自性，故說一切法離自性。是故佛子不應如印順法師等應成中觀師，計佛法名相言說自性爲佛法。（二〇〇〇年五月十四日完稿）

爾時大慧菩薩摩訶薩復白佛言……………

（詳續第五輯中疏解，半年後出版。）

楞伽經詳解第四輯附錄：

《中論正義》

聲聞世俗知他心、法類苦集滅道智，鈍利盡智無生智，麟覺十二因緣智，
若離眞如異熟識，不異外道無因論，雖出三界世應供，未解菩薩道種智。
佛說三乘一切法，皆依藏識密意說；離此眞如說中觀，必墮二乘緣起空。
一分大乘空見者，誤解大乘般若慧；遮遣名相謂中觀，撥無世出世間法。
有情空性如來藏，即佛般若所說空；證如來藏空性理，方具大乘中觀智。
證空性已無所住，遠離斷常一異俱，不墮外道無因論，是名大乘第一義。

唯識中觀非一異，皆由如來藏性顯；假名賢聖多爭議，執此非彼彼非此。
更造諸多中觀論，言不及義多戲論；後學隨諸謬論轉，名言遮遣更迷悶。
親證如來藏賢者，觸證藏識中觀性；非一非異離斷常，遠離有無去來義。
中觀類智無生忍，菩薩見道初證得；欲證中觀得類智，須證眞實如來藏。
八識心王一切法，皆由藏識中道顯；領納藏識中道義，即入七住無生忍。
轉彼類智無生忍，輾轉證驗法無我；隨入藏識一切種、五法三性七自性，
七第一義親領受，身證大乘入楞伽，方名無生法忍聖，初入菩薩歡喜地。
初地眞如道種智，麟覺羅漢無所知；智慧深廣眞微妙，常於三界作導首；
斯由藏識中觀智、八識五法三自性、一切種智之威德；非獨中觀所能成。

應成中觀雙遮遣，不許佛法諸名言；不立自宗專破他，相名皆除墮空無。
一法不立立自宗，同於外道斷滅空；爲遮他宗斷見譏，遂取空明靈知依。
執彼靈覺不生滅、不斷不常不來去；謂相見分與靈知，不一不異名中道；
然實五位常間斷，依他起性名意識；居五塵境及定相，時時分別一切法。
不異外道斷常見，有無生滅一異俱；自墮斷常而破他，應成中觀不應說。

自續中觀遮名言，欲弘眞實如來藏；然取無念靈知心，誤作不滅阿賴耶；
雖然不墮斷滅見，卻同應成常見論；謹遵聖教知見正，較勝中觀應成派。
惋惜自續諸行者，未曾親證了義心；任他應成斷滅見，澆熄唯識種智焰。
愚凡未證如來藏，不解中觀類智旨；一切種智道種智，異熟識中親領得。
諮請自續中觀者，如救頭燃尋藏識；勸彼應成中觀徒，當捨遮遣覓眞如。

愚造中論正義頌，非欲另造新中論；唯欲闡明龍樹義，彼此中道無差異。
若欲勝彼中論義，當依種智造種論；今欲匡正中觀義，龍樹中論已具義。
毋須別造新中論，更增中觀學者迷；謹遵龍樹中論旨，疏通正義示佛子。
以此功德普迴向，一切佛子生淨土；速證八地如幻智，不違安養入娑婆。
南無釋迦牟尼佛，南無無量光壽佛，南無常住第一義，南無十方佛聖眾。

——蕭平實謹頌——

一九九八、十、二十

佛菩提二主要道次第概要表——二道並修，以外無別佛法

佛菩提道——大菩提道

遠波羅蜜多

資糧位

十信位修集信心 —— 一劫乃至一萬劫

初住位修集布施功德（以財施爲主）。

二住位修集持戒功德。

三住位修集忍辱功德。

四住位修集精進功德。

五住位修集禪定功德。

六住位修集般若功德（熏習般若中觀及斷我見，加行位也）。

外門廣修六度萬行

見道位

七住位明心般若正觀現前，親證本來自性清淨涅槃。

八住位起於一切法現觀般若中道。漸除性障。

十住位眼見佛性，世界如幻觀成就。

一至十行位，於廣行六度萬行中，依般若中道慧，現觀陰處界猶如陽焰，至第十行滿心位，陽焰觀成就。

一至十迴向位熏習一切種智；修除性障，唯留最後一分思惑不斷。第十迴向滿心位成就菩薩道如夢觀。

內門廣修六度萬行

初地：第十迴向位滿心時，成就道種智一分（八識心王一一親證後，領受五法、三自性、七種第一義、七種性自性、二種無我法）復由勇發十無盡願，成通達位菩薩。復又永伏性障而不具斷，能證慧解脫而不取證，由大願故留惑潤生。此地主修法施波羅蜜多及百法明門。證「猶如鏡像」現觀，故滿初地心。

二地：初地功德滿足以後，再成就道種智一分而入二地；主修戒波羅蜜多及一切種智。滿心位成就「猶如光影」現觀，戒行自然清淨。

解脫道：二乘菩提

→ 斷三縛結，成初果解脫

→ 薄貪瞋癡，成二果解脫

→ 斷五下分結，成三果解脫

入地前的四加行令煩惱障現行悉斷，成四果解脫，留惑潤生。分段生死已斷，煩惱障習氣種子開始斷除，兼斷無始無明上煩惱。

圓滿成就究竟佛果

近波羅蜜多 ／ 大波羅蜜多 ／ 圓滿波羅蜜多

修道位 ／ 究竟位

三地：二地滿心再證道種智一分，故入三地。此地主修忍波羅蜜多及四禪八定、四無量心、五神通。能成就俱解脫果而不取證，留惑潤生。滿心位成就「猶如谷響」現觀及無漏妙定意生身。

四地：由三地再證道種智一分故入四地。主修精進波羅蜜多，於此土及他方世界廣度有緣，無有疲倦。進修一切種智，滿心位成就「如水中月」現觀。

五地：由四地再證道種智一分故入五地。主修禪定波羅蜜多及一切種智，斷除下乘涅槃貪。滿心位成就「變化所成」現觀。

六地：由五地再證道種智一分故入六地。此地主修般若波羅蜜多——依道種智現觀十二因緣一一有支及意生身化身，皆自心眞如變化所現，「非有似有」，成就細相觀，不由加行而自然證得滅盡定，成俱解脫大乘無學。

七地：由六地「非有似有」現觀，再證道種智一分故入七地。此地主修一切種智及方便波羅蜜多，由重觀十二有支一一支中之流轉門及還滅門一切細相，成就方便善巧，念念隨入滅盡定。滿心位證得「如犍闥婆城」現觀。

八地：由七地極細相觀成就故再證道種智一分而入八地。此地主修一切種智及願波羅蜜多。至滿心位純無相觀任運恆起，故於相土自在，滿心位復證「如實覺知諸法相意生身」故。

九地：由八地再證道種智一分故入九地。主修力波羅蜜多及一切種智，成就四無礙，滿心位證得「種類俱生無行作意生身」。

十地：由九地再證道種智一分故入此地。此地主修一切種智——智波羅蜜多。滿心位起大法智雲，及現起大法智雲所含藏種種功德，成受職菩薩。

等覺：由十地道種智成就故入此地。此地應修一切種智，圓滿等覺地無生法忍；於百劫中修集極廣大福德，以之圓滿三十二大人相及無量隨形好。

妙覺：示現受生人間已斷盡煩惱障一切習氣種子，並斷盡所知障一切隨眠，永斷變易生死無明，成就大般涅槃，四智圓明。人間捨壽後，報身常住色究竟天利樂十方地上菩薩；以諸化身利樂有情，永無盡期，成就究竟佛道。

七地滿心斷除故意保留之最後一分思惑時，煩惱障所攝色、受、想三陰有漏習氣種子全部斷盡。 →

煩惱障所攝行、識二陰無漏習氣種子任運漸斷，所知障所攝上煩惱任運漸斷。 →

斷盡變易生死成就大般涅槃

佛子蕭平實 謹製
（二〇〇九、〇二 修訂）
（二〇一二、〇二 增補）

佛教正覺同修會〈修學佛道次第表〉

第一階段

* 以憶佛及拜佛方式修習動中定力。
* 學第一義佛法及禪法知見。
* 無相拜佛功夫成就。
* 具備一念相續功夫—動靜中皆能看話頭。
* 努力培植福德資糧，勤修三福淨業。

第二階段

* 參話頭，參公案。
* 開悟明心，一片悟境。
* 鍛鍊功夫求見佛性。
* 眼見佛性〈餘五根亦如是〉親見世界如幻，成就如幻觀。
* 學習禪門差別智。
* 深入第一義經典。
* 修除性障及隨分修學禪定。
* 修證十行位陽焰觀。

第三階段

* 學一切種智真實正理—楞伽經、解深密經、成唯識論…。
* 參究末後句。
* 解悟末後句。
* 透牢關—親自體驗所悟末後句境界，親見實相，無得無失。
* 救護一切衆生迴向正道。護持了義正法，修證十迴向位如夢觀。
* 發十無盡願，修習百法明門，親證猶如鏡像現觀。
* 修除五蓋，發起禪定。持一切善法戒。親證猶如光影現觀。
* 進修四禪八定、四無量心、五神通。進修大乘種智，求證猶如谷響現觀。

佛教正覺同修會 共修現況 及 招生公告　2016/1/16

一、共修現況：（請在共修時間來電，以免無人接聽。）

台北正覺講堂 103 台北市承德路三段 277 號九樓 捷運淡水線圓山站旁
Tel..總機 02-25957295（晚上）（**分機：九樓**辦公室 10、11；知客櫃檯 12、13。 **十樓**知客櫃檯 15、16；書局櫃檯 14。 **五樓**辦公室 18；知客櫃檯 19。**二樓**辦公室 20；知客櫃檯 21。）
Fax..25954493

第一講堂　台北市承德路三段 277 號九樓

禪淨班：週一晚上班、週三晚上班、週四晚上班、週五晚上班、週六下午班、週六上午班（皆須報名建立學籍後始可參加共修，欲報名者詳見本公告末頁）

增上班：瑜伽師地論詳解：每月第一、三、五週之週末 17.50～20.50 平實導師講解（僅限已明心之會員參加）

禪門差別智：每月第一週日全天　平實導師主講（事冗暫停）。

佛藏經詳解　平實導師主講。已於 2013/12/17 開講，歡迎已發成佛大願的菩薩種性學人，攜眷共同參與此殊勝法會聽講。詳解 釋迦世尊於《佛藏經》中所開示的眞實義理，更爲今時後世佛子四眾，闡述佛陀演說此經的本懷。眞實尋求佛菩提道的有緣佛子，親承聽聞如是勝妙開示，當能如實理解經中義理，亦能了知於大乘法中：如何是諸法實相？善知識、惡知識要如何簡擇？如何才是清淨持戒？如何才能清淨說法？於此末法之世，眾生五濁益重，不知佛、不解法、不識僧，唯見表相，不信眞實，貪著五欲，諸方大師不淨說法，各各將導大量徒眾趣入三塗，如是師徒俱堪憐憫。是故，平實導師以大慈悲心，用淺白易懂之語句，佐以實例、譬喻而爲演說，普令聞者易解佛意，皆得契入佛法正道，如實了知佛法大藏。

此經中，對於實相念佛多所著墨，亦指出念佛要點：以實相爲依，念佛者應依止淨戒、依止清淨僧寶，捨離違犯重戒之師僧，應受學清淨之法，遠離邪見。本經是現代佛門大法師所厭惡之經典：一者由於大法師們已全都落入意識境界而無法親證實相，故於此經中所說實相全無所知，都不樂有人聞此經名，以免讀後提出問疑時無法回答；二者現代大乘佛法地區，已經普被藏密喇嘛教滲透，許多有名之大法師們大多已曾或繼續在修練雙身法，都已失去聲聞戒體及菩薩戒體，成爲地獄種姓人，已非眞正出家之人，本質只是身著僧衣而住在寺院中的世俗人。這些人對於此經都是讀不懂的，也是極爲厭惡的；他們尚不樂見此經之印行，何況流通與講解？今爲救護廣大學佛人，兼欲護持佛教血脈永續常傳，特選此經宣講之。每逢週二 18.50~20.50 開示，不限制聽講資格。會外人士需憑身分證件換證入內聽講（此是大樓管理處之安全規定，敬請見諒)。桃園、台中、台南、高雄等地講堂，亦於每週二晚上播放平實導師所講本經之 DVD，不必出示身分證件即可入內聽講，歡迎各地善信同霑法益。

第二講堂　台北市承德路三段 267 號十樓。

禪淨班：週一晚上班、週六下午班。

進階班：週三晚上班、週四晚上班、週五晚上班（禪淨班結業後轉入共修)。

佛藏經詳解：平實導師講解。每週二 18.50~20.50（影像音聲即時傳輸)。本會學員憑上課證進入聽講，會外學人請以身分證件換證進入聽講（此爲大樓管理處安全管理規定之要求，敬請諒解)。

第三講堂　台北市承德路三段 277 號五樓。

進階班：週一晚上班、週三晚上班、週四晚上班、週五晚上班。

佛藏經詳解：平實導師講解。每週二 18.50~20.50（影像音聲即時傳輸)。本會學員憑上課證進入聽講，會外學人請以身分證件換證進入聽講（此爲大樓管理處安全管理規定之要求，敬請諒解)。

第四講堂　台北市承德路三段 267 號二樓。

進階班：週一晚上班、週三晚上班、週四晚上班、週五晚上班（禪淨班結業後轉入共修)。

佛藏經詳解：平實導師講解。每週二 18.50~20.50（影像音聲即時傳輸)。本會學員憑上課證進入聽講，會外學人請以身分證件換證進入聽講（此爲大樓管理處安全管理規定之要求，敬請諒解)。

第五、第六講堂　爲**開放式講堂**，不需以身分證件換證即可進入聽講，台北市承德路三段 267 號地下一樓、地下二樓。已規劃整修完成，每逢週二晚上講經時段開放給會外人士自由聽經，請由大樓側面梯階逕行進入聽講。**聽講者請尊重講者的著作權及肖像權，請勿錄音錄影，以免違法；若有錄音錄影被查獲者，將依法處理。**

正覺祖師堂　大溪鎮美華里信義路 650 巷坑底 5 之 6 號（台 3 號省道 34 公里處　妙法寺對面斜坡道進入）電話 03-3886110　傳眞 03-3881692 本堂供奉　克勤圓悟大師，專供會員每年四月、十月各二次精進禪三共修，兼作本會出家菩薩掛單常住之用。除禪三時間以外，每逢單月第一週之週日 9:00~17:00 開放會內、外人士參訪，當天並提供午齋結緣。教內共修團體或道場，得另申請其餘時間作團體參訪，務請事先與常住確定日期，以便安排常住菩薩接引導覽，亦免妨礙常住菩薩之日常作息及修行。

桃園正覺講堂（第一、第二講堂）：桃園市介壽路 286、288 號 10 樓（陽明運動公園對面）電話：03-3749363(請於共修時聯繫，或與台北聯繫)

禪淨班：週一晚上班、週三晚上班、週四晚上班、週五晚上班。

進階班：週六上午班、週五晚上班。

佛藏經詳解：平實導師講解。每週二晚上，以台北正覺講堂所錄 DVD 放映；歡迎會外學人共同聽講，不需出示身分證件。

新竹正覺講堂 新竹市東光路 55 號二樓之一　電話 03-5724297（晚上）

第一講堂：

禪淨班：週一晚上班、週五晚上班、週六上午班。

進階班：週三晚上班、週四晚上班（由禪淨班結業後轉入共修）。

佛藏經詳解：平實導師講解。每週二晚上，以台北正覺講堂所錄 DVD 放映。歡迎會外學人共同聽講，不需出示身分證件。

第二講堂：

禪淨班：週三晚上班、週四晚上班。

佛藏經詳解：每週二晚上與第一講堂同時播放佛藏經詳解 DVD。

台中正覺講堂 04-23816090（晚上）

第一講堂 台中市南屯區五權西路二段 666 號 13 樓之四（國泰世華銀行樓上。鄰近縣市經第一高速公路前來者，由五權西路交流道可以快速到達，大樓旁有停車場，對面有素食館）。

禪淨班：週三晚上班、週四晚上班。

進階班：週一晚上班、週六上午班（由禪淨班結業後轉入共修）。

增上班：單週週末以台北增上班課程錄成 DVD 放映之，限已明心之會員參加。

佛藏經詳解：平實導師講解。每週二晚上，以台北正覺講堂所錄 DVD 放映。歡迎會外學人共同聽講，不需出示身分證件。

第二講堂 台中市南屯區五權西路二段 666 號 4 樓

禪淨班：週一晚上班、週三晚上班、週六上午班。

進階班：週五晚上班（由禪淨班結業後轉入共修）。

佛藏經詳解：每週二晚上與第一講堂同時播放佛藏經詳解 DVD。

第三講堂、第四講堂：台中市南屯區五權西路二段 666 號 4 樓。

嘉義正覺講堂 嘉義市友愛路 288 號八樓之一　電話：05-2318228

第一講堂：

禪淨班：週一晚上班、週四晚上班、週五晚上班。

進階班：週三晚上班（由禪淨班結業後轉入共修）。

佛藏經詳解：平實導師講解。每週二晚上，以台北正覺講堂所錄 DVD 放映。歡迎會外學人共同聽講，不需出示身分證件。

第二講堂 嘉義市友愛路 288 號八樓之二。

台南正覺講堂

第一講堂 台南市西門路四段 15 號 4 樓。06-2820541（晚上）

禪淨班：週一晚上班、週三晚上班、週四晚上班、週五晚上班、週六下午班。

增上班：單週週末下午，以台北增上班課程錄成 DVD 放映之，限已明心之會員參加。

佛藏經詳解：平實導師講解。每週二晚上，以台北正覺講堂所錄 DVD 放映。歡迎會外學人共同聽講，不需出示身分證件。

第二講堂　台南市西門路四段 15 號 3 樓。

佛藏經詳解：每週二晚上與第一講堂同時播放佛藏經詳解 DVD。

第三講堂　台南市西門路四段 15 號 3 樓。

進階班：週三晚上班、週四晚上班、週六上午班（由禪淨班結業後轉入共修）。

佛藏經詳解：每週二晚上與第一講堂同時播放佛藏經詳解 DVD。

高雄正覺講堂　高雄市新興區中正三路 45 號五樓 07-2234248（晚上）

第一講堂（五樓）：

禪淨班：週一晚上班、週三晚上班、週四晚上班、週五晚上班、週六上午班。

增上班：單週週末下午，以台北增上班課程錄成 DVD 放映之，限已明心之會員參加。

佛藏經詳解：平實導師講解。每週二晚上，以台北正覺講堂所錄 DVD 放映。歡迎會外學人共同聽講，不需出示身分證件。

第二講堂（四樓）：

進階班：週三晚上班、週四晚上班、週六上午班（由禪淨班結業後轉入共修）。

佛藏經詳解：每週二晚上與第一講堂同時播放佛藏經詳解 DVD。

第三講堂（三樓）：

進階班：週四晚上班（由禪淨班結業後轉入共修）。

香港正覺講堂　**☆已遷移新址☆**

九龍觀塘，成業街 10 號，電訊一代廣場 27 樓 E 室。

（觀塘地鐵站 B1 出口，步行約 4 分鐘）。電話：(852) 23262231

英文地址：Unit E, 27th Floor, TG Place, 10 Shing Yip Street, Kwun Tong, Kowloon

禪淨班：雙週六下午班 14:30-17:30，已經額滿。
雙週日下午班 14:30-17:30，2016 年 4 月底前尚可報名。

進階班：雙週五晚上班（由禪淨班結業後轉入共修）。

增上班：單週週末上午，以台北增上班課程錄成 DVD 放映之，限已明心之會員參加。

妙法蓮華經詳解：平實導師講解。雙週六 19:00-21:00，以台北正覺講堂所錄 DVD 放映；歡迎會外學人共同聽講，不需出示身分證件。

美國洛杉磯正覺講堂　☆已遷移新址☆

825 S. Lemon Ave Diamond Bar, CA 91798 U.S.A.

Tel. (909) 595-5222（請於週六 9:00~18:00 之間聯繫）

Cell. (626) 454-0607

禪淨班：每逢週末 15：30~17：30 上課。

進階班：每逢週末上午 10：00~12：00 上課。

佛藏經詳解：平實導師講解。每週六下午 13：00~15：00，以台北正覺講堂所錄 DVD 放映。歡迎各界人士共享第一義諦無上法益，不需報名。

二、招生公告　**本會台北講堂及全省各講堂，每逢四月、十月下旬開新班，每週共修一次**（每次二小時。開課日起三個月內仍可插班）；**但美國洛杉磯共修處之禪淨班得隨時插班共修。各班共修期間皆為二年半，欲參加者請向本會函索報名表**（各共修處皆於共修時間方有人執事，非共修時間請勿電詢或前來洽詢、請書），**或直接從本會官方網站**(http://www.enlighten.org.tw/newsflash/class)**或成佛之道網站下載報名表**。共修期滿時，若經報名禪三審核通過者，可參加四天三夜之禪三精進共修，有機會明心、取證如來藏，發起般若實相智慧，成為實義菩薩，脫離凡夫菩薩位。

三、新春禮佛祈福 農曆**年假**期間停止共修：自農曆新年前七天起停止共修與弘法，正月 8 日起回復共修、弘法事務。新春期間正月初一～初七 9.00～17.00 開放台北講堂、正月初一~初三開放新竹講堂、台中講堂、台南講堂、高雄講堂，以及大溪禪三道場（正覺祖師堂），方便會員供佛、祈福及會外人士請書。美國洛杉磯共修處之休假時間，請逕詢該共修處。

密宗四大派修雙身法，是外道性力派的邪法；又以生滅的識陰作為常住法，是常見外道，是假的藏傳佛教。

西藏覺囊巴以他空見弘揚第八識如來藏勝法，才是真藏傳佛教

佛教正覺同修會　弘法行事表

2017/03/31

1、**禪淨班**　以無相念佛及拜佛方式修習動中定力，實證一心不亂功夫。傳授解脫道正理及第一義諦佛法，以及參禪知見。共修期間：二年六個月。每逢四月、十月開新班，詳見招生公告表。

2、**《佛藏經》**詳解　平實導師主講。已於 2013/12/17 開講，歡迎已發成佛大願的菩薩種性學人，攜眷共同參與此殊勝法會聽講。詳解 釋迦世尊於《佛藏經》中所開示的眞實義理，更爲今時後世佛子四眾，闡述 佛陀演說此經的本懷。眞實尋求佛菩提道的有緣佛子，親承聽聞如是勝妙開示，當能如實理解經中義理，亦能了知於大乘法中：如何是諸法實相？善知識、惡知識要如何簡擇？如何才是清淨持戒？如何才能清淨說法？於此末法之世，眾生五濁益重，不知佛、不解法、不識僧，唯見表相，不信眞實，貪著五欲，諸方大師不淨說法，各各將導大量徒眾趣入三塗，如是師徒俱堪憐憫。是故，平實導師以大慈悲心，用淺白易懂之語句，佐以實例、譬喻而爲演說，普令聞者易解佛意，皆得契入佛法正道，如實了知佛法大藏。每逢週二 18.50~20.50 開示，不限制聽講資格。會外人士需憑身分證件換證入內聽講（此是大樓管理處之安全規定，敬請見諒）。桃園、新竹、台中、台南、高雄等地講堂，亦於每週二晚上播放平實導師講經之 DVD，不必出示身分證件即可入內聽講，歡迎各地善信同霑法益。

有某道場專弘淨土法門數十年，於教導信徒研讀《佛藏經》時，往往告誡信徒曰：「後半部不許閱讀。」由此緣故坐令信徒失去提升念佛層次之機緣，師徒只能低品位往生淨土，令人深覺愚癡無智。由有多人建議故，平實導師開始宣講《佛藏經》，藉以轉易如是邪見，並提升念佛人之知見與往生品位。此經中，對於實相念佛多所著墨，亦指出念佛要點：以實相爲依，念佛者應依止淨戒、依止清淨僧寶，捨離違犯重戒之師僧，應受學清淨之法，遠離邪見。本經是現代佛門大法師所厭惡之經典：一者由於大法師們已全都落入意識境界而無法親證實相，故於此經中所說實相全無所知，都不樂有人聞此經名，以免讀後提出問疑時無法回答；二者現代大乘佛法地區，已經普被藏密喇嘛教滲透，許多有名之大法師們大多已曾或繼續在修練雙身法，都已失去聲聞戒體及菩薩戒體，成爲地獄種姓人，已非眞正出家之人，本質上只是身著僧衣而住在寺院中的世俗人。這些人對於此經都是讀不懂的，也是極爲厭惡的；他們尚不樂見此經之印行，何況流通與講解？今爲救護廣大學佛人，兼欲護持佛教血脈永續常傳，特選此經宣講之，主講者平實導師。

3、**瑜伽師地論**詳解　詳解論中所言凡夫地至佛地等 17 師之修證境界與理論，從凡夫地、聲聞地……宣演到諸地所證一切種智之眞實正理。由平實導師開講，每逢一、三、五週之週末晚上開示，僅限已明心之會員參加。

4、**精進禪三**　主三和尚：平實導師。於四天三夜中，以克勤圓悟大師及大慧宗杲之禪風，施設機鋒與小參、公案密意之開示，幫助會員剋期取證，親證不生不滅之眞實心——人人本有之如來藏。每年四月、十月各舉辦二個梯次；平實導師主持。僅限本會會員參加禪淨班共修期滿，報名審核通過者，方可參加。並選擇會中定力、慧力、福德三條件皆已具足之已明心會員，給以指引，令得眼見自己無形無相之佛性遍佈山河大地，眞實而無障礙，得以肉眼現觀世界身心悉皆如幻，具足成就如幻觀，圓滿十住菩薩之證境。

5、**大法鼓經**詳解　詳解末法時代大乘佛法修行之道。佛教正法消毒妙藥塗於大鼓而以擊之，凡有眾生聞之者，一切邪見鉅毒悉皆消殞；此經即是大法鼓之正義，凡聞之者，所有邪見之毒悉皆滅除，見道不難；亦能發起菩薩無量功德，是故諸大菩薩遠從諸方佛土來此娑婆聞修此經。

本經破「有」而顯涅槃，以此名爲眞法；若墮在「有」中，皆名「非法」；若人如是宣揚佛法，名爲擊大法鼓；如是依「法」而捨「非法」，據以建立山門而爲眾說法，方可名爲法鼓山。此經中說，以「此經」爲菩薩道之本，以證得「此經」之正知見及法門作爲度人之「法」，方名眞實佛法，否則盡名「非法」。本經中對法與非法、有與涅槃，有深入之闡釋，歡迎教界一切善信（不論初機或久學菩薩），一同親沐 如來聖教，共沾法喜。由平實導師詳解。不限制聽講資格。

6、**不退轉法輪經**詳解　本經所說妙法極爲甚深難解，時至末法，已然無有知者；而其甚深絕妙之法，流傳至今依舊多人可證，顯示佛學眞是義學而非玄談，其中甚深極妙令人拍案稱絕之第一義諦妙義，平實導師將會加以解說。待《大法鼓經》宣講完畢時繼續宣講此經。

7、**阿含經**詳解　選擇重要之阿含部經典，依無餘涅槃之實際而加以詳解，令大眾得以現觀諸法緣起性空，亦復不墮斷滅見中，顯示經中所隱說之涅槃實際—如來藏—確實已於四阿含中隱說；令大眾得以聞後觀行，確實斷除我見乃至我執，證得**見到**眞現觀，乃至**身證**……等眞現觀；已得大乘或二乘見道者，亦可由此聞熏及聞後之觀行，除斷我所之貪著，成就慧解脫果。由平實導師詳解。不限制聽講資格。

8、**解深密經**詳解　重講本經之目的，在於令諸已悟之人明解大乘法道之成佛次第，以及悟後進修一切種智之內涵，確實證知三種自性性，並得據此證解七眞如、十眞如等正理。每逢週二 18.50~20.50 開示，由平實導師詳解。將於《大法鼓經》講畢後開講。不限制聽講資格。

9、**成唯識論**詳解　詳解一切種智眞實正理，詳細剖析一切種智之微細深妙廣大正理；並加以舉例說明，使已悟之會員深入體驗所證如來藏之微密行相；及證驗見分相分與所生一切法，皆由如來藏—阿賴耶識—直接或展轉而生，因此證知一切法無我，證知無餘涅槃之本際。將於增上班《瑜伽師地論》講畢後，由平實導師重講。僅限已明心之會員參加。

10、**精選如來藏系經典**詳解　精選如來藏系經典一部，詳細解說，以此完全印證會員所悟如來藏之眞實，得入不退轉住。另行擇期詳細解說之，由平實導師講解。僅限已明心之會員參加。

11、**禪門差別智**　藉禪宗公案之微細淆訛難知難解之處，加以宣說及剖析，以增進明心、見性之功德，啓發差別智，建立擇法眼。每月第一週日全天，由平實導師開示，僅限破參明心後，復又眼見佛性者參加（事冗暫停）。

12、**枯木禪**　先講智者大師的《小止觀》，後說《釋禪波羅蜜》，詳解四禪八定之修證理論與實修方法，細述一般學人修定之邪見與岔路，及對禪定證境之誤會，消除枉用功夫、浪費生命之現象。已悟般若者，可以藉此而實修初禪，進入大乘通教及聲聞教的三果心解脫境界，配合應有的大福德及後得無分別智、十無盡願，即可進入初地心中。親教師：平實導師。未來緣熟時將於大溪正覺寺開講。不限制聽講資格。

註：本會例行年假，自 2004 年起，改爲每年農曆新年前七天開始停息弘法事務及共修課程，農曆正月 8 日回復所有共修及弘法事務。新春期間（每日 9.00~17.00）開放台北講堂，方便會員禮佛祈福及會外人士請書。大溪區的正覺祖師堂，開放參訪時間，詳見〈正覺電子報〉或成佛之道網站。本表得因時節因緣需要而隨時修改之，不另作通知。

佛教正覺同修會　贈閱書籍 目錄　2015/09/29

1.**無相念佛**　平實導師著　回郵 10 元
2.**念佛三昧修學次第**　平實導師述著　回郵 25 元
3.**正法眼藏—護法集**　平實導師述著　回郵 35 元
4.**真假開悟簡易辨正法&佛子之省思**　平實導師著　回郵 3.5 元
5.**生命實相之辨正**　平實導師著　回郵 10 元
6.**如何契入念佛法門**（附：印順法師否定極樂世界）平實導師著　回郵 3.5 元
7.**平實書箋**—答元覽居士書　平實導師著　回郵 35 元
8.**三乘唯識**—如來藏系經律彙編　平實導師編　回郵 80 元
（精裝本　長 27 cm　寬 21 cm　高 7.5 cm　重 2.8 公斤）
9.**三時繫念全集**—修正本　回郵掛號 40 元（長 26.5 cm×寬 19 cm）
10.**明心與初地**　平實導師述　回郵 3.5 元
11.**邪見與佛法**　平實導師述著　回郵 20 元
12.**菩薩正道**—回應義雲高、釋性圓…等外道之邪見　正燦居士著　回郵 20 元
13.**甘露法雨**　平實導師述　回郵 20 元
14.**我與無我**　平實導師述　回郵 20 元
15.**學佛之心態**—修正錯誤之學佛心態始能與正法相應　孫正德老師著　回郵35元
附錄：平實導師著**《略說八、九識並存…等之過失》**
16.**大乘無我觀**—《悟前與悟後》別說　平實導師述著　回郵 20 元
17.**佛教之危機**—中國台灣地區現代佛教之真相（附錄：公案拈提六則）
平實導師著　回郵 25 元
18.**燈　影**—燈下黑（覆「求教後學」來函等）　平實導師著　回郵 35 元
19.**護法與毀法**—覆上平居士與徐恒志居士網站毀法二文
張正圜老師著　回郵 35 元
20.**淨土聖道**—兼評**選擇本願念佛**　正德老師著　**由正覺同修會購贈**　回郵 25 元
21.**辨唯識性相**—對「紫蓮心海《辯唯識性相》書中否定阿賴耶識」之回應
正覺同修會 台南共修處法義組 著　回郵 25 元
22.**假如來藏**—對法蓮法師《如來藏與阿賴耶識》書中否定阿賴耶識之回應
正覺同修會 台南共修處法義組 著　回郵 35 元
23.**入不二門**—公案拈提集錦 第一輯（於平實導師公案拈提諸書中選錄約二十則，
合輯爲一冊流通之）平實導師著　回郵 20 元
24.**真假邪說**—西藏密宗索達吉喇嘛《破除邪說論》真是邪說
釋正安法師著　回郵 35 元
25.**真假開悟**—真如、如來藏、阿賴耶識間之關係　平實導師述著　回郵 35 元
26.**真假禪和**—辨正釋傳聖之謗法謬說　孫正德老師著　回郵 30 元

27.**眼見佛性**—駁慧廣法師眼見佛性的含義文中謬說
游正光老師著　回郵 25 元

28.**普門自在**—公案拈提集錦 第二輯（於平實導師公案拈提諸書中選錄約二十則，合輯爲一冊流通之）平實導師著　回郵 25 元

29.**印順法師的悲哀**—以現代禪的質疑為線索　恒毓博士著　回郵 25 元

30.**識蘊真義**—現觀識蘊內涵、取證初果、親斷三縛結之具體行門。
—依《成唯識論》及《惟識述記》正義，略顯安慧《大乘廣五蘊論》之邪謬
平實導師著　回郵 35 元

31.**正覺電子報** 各期紙版本　免附回郵　每次最多函索三期或三本。
（已無存書之較早各期，不另增印贈閱）

32.**現代人應有的宗教觀**　蔡正禮老師 著　回郵 3.5 元

33.**遠惑趣道**—正覺電子報般若信箱問答錄　第一輯　回郵 20 元

34.**遠惑趣道**—正覺電子報般若信箱問答錄　第二輯　回郵 20 元

35.**確保您的權益**—器官捐贈應注意自我保護　游正光老師 著　回郵 10 元

36.**正覺教團電視弘法三乘菩提 DVD 光碟（一）**
由正覺教團多位親教師共同講述錄製 DVD 8 片，MP3 一片，共 9 片。有二大講題：一爲「三乘菩提之意涵」，二爲「學佛的正知見」。內容精闢，深入淺出，精彩絕倫，幫助大眾快速建立三乘法道的正知見，免被外道邪見所誤導。有志修學三乘佛法之學人不可不看。（製作工本費 100 元，回郵 25 元）

37.**正覺教團電視弘法 DVD 專輯（二）**
總有二大講題：一爲「三乘菩提之念佛法門」，一爲「學佛正知見（第二篇）」，由正覺教團多位親教師輪番講述，內容詳細闡述如何修學念佛法門、實證念佛三昧，以及學佛應具有的正確知見，可以幫助發願往生西方極樂淨土之學人，得以把握往生，更可令學人快速建立三乘法道的正知見，免於被外道邪見所誤導。有志修學三乘佛法之學人不可不看。（一套 17 片，工本費 160 元。回郵 35 元）

38.**佛藏經** 燙金精裝本 每冊回郵 20 元。正修佛法之道場欲大量索取者，請正式發函並蓋用大印寄來索取（2008.04.30 起開始敬贈）

39.**喇嘛性世界**—揭開假藏傳佛教譚崔瑜伽的面紗　張善思 等人合著
由正覺同修會購贈　回郵 20 元

40.**假藏傳佛教的神話**—性、謊言、喇嘛教　張正玄教授編著　回郵 20 元
由正覺同修會購贈　回郵 20 元

41.**隨 緣**—理隨緣與事隨緣　平實導師述　回郵 20 元。

42.**學佛的覺醒**　正枝居士 著　回郵 25 元

43.**導師之真實義**　蔡正禮老師 著　回郵 10 元

44.**淺談達賴喇嘛之雙身法**—兼論解讀「密續」之達文西密碼
吳明芷居士 著　回郵 10 元

45.**魔界轉世**　張正玄居士 著　回郵 10 元

46.**一貫道與開悟**　蔡正禮老師 著　回郵 10 元

47.**博愛**—愛盡天下女人　正覺教育基金會 編印　回郵 10 元
48.**意識虛妄經教彙編**—實證解脫道的關鍵經文　正覺同修會編印　回郵 25 元
49.**邪箭囈語**—破斥藏密外道多識仁波切《破魔金剛箭雨論》之邪說
陸正元老師著　上、下冊回郵各 30 元
50.**真假沙門**—依 佛聖教闡釋佛教僧寶之定義
蔡正禮老師著　俟正覺電子報連載後結集出版
51.**真假禪宗**—藉評論釋性廣《印順導師對變質禪法之批判
及對禪宗之肯定》以顯示真假禪宗
附論一：凡夫知見 無助於佛法之信解行證
附論二：世間與出世間一切法皆從如來藏實際而生而顯
余正偉老師著　俟正覺電子報連載後結集出版　回郵未定
52.**假鋒虛焰金剛乘**—揭示顯密正理，兼破索達吉師徒《般若鋒兮金剛焰》。
釋正安 法師著　俟正覺電子報連載後結集出版

★ 上列贈書之郵資，係台灣本島地區郵資，大陸、港、澳地區及外國地區，請另計酌增（大陸、港、澳、國外地區之郵票不許通用）。尚未出版之書，請勿先寄來郵資，以免增加作業煩擾。

★ 本目錄若有變動，唯於後印之書籍及「成佛之道」網站上修正公佈之，不另行個別通知。

函索書籍請寄：佛教正覺同修會　103 台北市承德路 3 段 277 號 9 樓
台灣地區函索書籍者請附寄郵票，無時間購買郵票者可以等值現金抵用，但不接受郵政劃撥、支票、匯票。大陸地區得以人民幣計算，國外地區請以美元計算（請勿寄來當地郵票，在台灣地區不能使用）。欲以掛號寄遞者，請另附掛號郵資。

親自索閱：正覺同修會各共修處。　★請於共修時間前往取書，餘時無人在道場，請勿前往索取；共修時間與地點，詳見書末正覺同修會共修現況表（以近期之共修現況表為準）。

註：正智出版社發售之局版書，請向各大書局購閱。若書局之書架上已經售出而無陳列者，請向書局櫃台指定洽購；若書局不便代購者，請於正覺同修會共修時間前往各共修處請購，正智出版社已派人於共修時間送書前往各共修處流通。 郵政劃撥購書及 大陸地區 購書，請詳別頁正智出版社發售書籍目錄最後頁之說明。

成佛之道 網站：http://www.a202.idv.tw　正覺同修會已出版之結緣書籍，多已登載於 成佛之道 網站，若住外國、或住處遙遠，不便取得正覺同修會贈閱書籍者，可以從本網站閱讀及下載。　書局版之《宗通與說通》亦已上網，台灣讀者可向書局洽購，售價 300 元。《狂密與眞密》第一輯~第四輯，亦於 2003.5.1.全部於本網站登載完畢；台灣地區讀者請向書局洽購，每輯約 400 頁，售價 300 元（網站下載紙張費用較貴，容易散失，難以保存，亦較不精美）。

＊＊假藏傳佛教修雙身法，非佛教＊＊

正智出版社 籌募弘法基金發售書籍目錄 2017/04/22

1.**宗門正眼**—公案拈提 第一輯 重拈 平實導師著 500元
因重寫內容大幅度增加故，字體必須改小，並增爲 576 頁 主文 546 頁。比初版更精彩、更有內容。初版《禪門摩尼寶聚》之讀者，可寄回本公司免費調換新版書。免附回郵，亦無截止期限。（2007 年起，每冊附贈本公司精製公案拈提〈超意境〉CD 一片。市售價格 280 元，多購多贈。）
2.**禪淨圓融** 平實導師著 200 元（第一版舊書可換新版書。）
3.**真實如來藏** 平實導師著 400 元
4.**禪—悟前與悟後** 平實導師著 上、下冊，每冊 250 元
5.**宗門法眼**—公案拈提 第二輯 平實導師著 500 元
（2007 年起，每冊附贈本公司精製公案拈提〈超意境〉CD 一片）
6.**楞伽經詳解** 平實導師著 全套共 10 輯 每輯 250 元
7.**宗門道眼**—公案拈提 第三輯 平實導師著 500 元
（2007 年起，每冊附贈本公司精製公案拈提〈超意境〉CD 一片）
8.**宗門血脈**—公案拈提 第四輯 平實導師著 500 元
（2007 年起，每冊附贈本公司精製公案拈提〈超意境〉CD 一片）
9.**宗通與說通**—成佛之道 平實導師著 主文 381 頁 全書 400 頁售價 300 元
10.**宗門正道**—公案拈提 第五輯 平實導師著 500 元
（2007 年起，每冊附贈本公司精製公案拈提〈超意境〉CD 一片）
11.**狂密與真密 一～四輯** 平實導師著 西藏密宗是人間最邪淫的宗教，本質不是佛教，只是披著佛教外衣的印度教性力派流毒的喇嘛教。此書中將西藏密宗密傳之男女雙身合修樂空雙運所有祕密與修法，毫無保留完全公開，並將全部喇嘛們所不知道的部分也一併公開。內容比大辣出版社喧騰一時的《西藏慾經》更詳細。並且函蓋藏密的所有祕密及其錯誤的中觀見、如來藏見……等，藏密的所有法義都在書中詳述、分析、辨正。每輯主文三百餘頁 每輯全書約 400 頁 售價每輯 300 元
12.**宗門正義**—公案拈提 第六輯 平實導師著 500 元
（2007 年起，每冊附贈本公司精製公案拈提〈超意境〉CD 一片）
13.**心經密意**—心經與解脫道、佛菩提道、祖師公案之關係與密意 平實導師述 300 元
14.**宗門密意**—公案拈提 第七輯 平實導師著 500 元
（2007 年起，每冊附贈本公司精製公案拈提〈超意境〉CD 一片）
15.**淨土聖道**—兼評「選擇本願念佛」 正德老師著 200 元
16.**起信論講記** 平實導師述著 共六輯 每輯三百餘頁 售價各 250 元
17.**優婆塞戒經講記** 平實導師述著 共八輯 每輯三百餘頁 售價各 250 元
18.**真假活佛**—略論附佛外道盧勝彥之邪說（對前岳靈犀網站主張「盧勝彥是證悟者」之修正） 正犀居士（岳靈犀）著 流通價 140 元
19.**阿含正義**—唯識學探源 平實導師著 共七輯 每輯 300 元

20.**超意境** CD 以平實導師公案拈提書中超越意境之頌詞，加上曲風優美的旋律，錄成令人嚮往的超意境歌曲，其中包括正覺發願文及平實導師親自譜成的黃梅調歌曲一首。詞曲雋永，殊堪翫味，可供學禪者吟詠，有助於見道。內附設計精美的彩色小冊，解說每一首詞的背景本事。每片 280 元。【每購買公案拈提書籍一冊，即贈送一片。】

21.**菩薩底憂鬱** CD 將菩薩情懷及禪宗公案寫成新詞，並製作成超越意境的優美歌曲。 1.主題曲〈菩薩底憂鬱〉，描述地後菩薩能離三界生死而迴向繼續生在人間，但因尚未斷盡習氣種子而有極深沈之憂鬱，非三賢位菩薩及二乘聖者所知，此憂鬱在七地滿心位方才斷盡；本曲之詞中所說義理極深，昔來所未曾見；此曲係以優美的情歌風格寫詞及作曲，聞者得以激發嚮往諸地菩薩境界之大心，詞、曲都非常優美，難得一見；其中勝妙義理之解說，已印在附贈之彩色小冊中。 2.以各輯公案拈提中直示禪門入處之頌文，作成各種不同曲風之超意境歌曲，值得玩味、參究；聆聽公案拈提之優美歌曲時，請同時閱讀內附之印刷精美說明小冊，可以領會超越三界的證悟境界；未悟者可以因此引發求悟之意向及疑情，眞發菩提心而邁向求悟之途，乃至因此眞實悟入般若，成眞菩薩。 3.正覺總持咒新曲，總持佛法大意；總持咒之義理，已加以解說並印在隨附之小冊中。本 CD 共有十首歌曲，長達 63 分鐘。每盒各附贈二張購書優惠券。每片 280 元。

22.**禪意無限** CD 平實導師以公案拈提書中偈頌寫成不同風格曲子，與他人所寫不同風格曲子共同錄製出版，幫助參禪人進入禪門超越意識之境界。盒中附贈彩色印製的精美解說小冊，以供聆聽時閱讀，令參禪人得以發起參禪之疑情，即有機會證悟本來面目而發起實相智慧，實證大乘菩提般若，能如實證知般若經中的眞實意。本 CD 共有十首歌曲，長達 69 分鐘，每盒各附贈二張購書優惠券。每片 280 元。

23.**我的菩提路**第一輯　釋悟圓、釋善藏等人合著　售價 300 元

24.**我的菩提路**第二輯　郭正益、張志成等人合著　售價 300 元

25.**我的菩提路**第三輯　王美伶等人合著　預定 2017/6/30 發行　售價 300 元

26.**鈍鳥與靈龜**—考證後代凡夫對大慧宗杲禪師的無根誹謗。
平實導師著 共 458 頁 售價 350 元

27.**維摩詰經講記** 平實導師述 共六輯 每輯三百餘頁 售價各 250 元

28.**真假外道**—破劉東亮、杜大威、釋證嚴常見外道見　正光老師著　200 元

29.**勝鬘經講記**—兼論印順《勝鬘經講記》對於《勝鬘經》之誤解。
平實導師述　共六輯　每輯三百餘頁　售價 250 元

30.**楞嚴經講記** 平實導師述 共 **15** 輯，每輯三百餘頁 售價 300 元

31.**明心與眼見佛性**—駁慧廣〈蕭氏「眼見佛性」與「明心」之非〉文中謬說
正光老師著　共 448 頁　售價 300 元

32.**見性與看話頭** 黃正倖老師 著，本書是禪宗參禪的方法論。
內文 375 頁，全書 416 頁，售價 300 元。

33.**達賴真面目**—玩盡天下女人 白正偉老師 等著 中英對照彩色精裝大本 800 元
34.**喇嘛性世界**—揭開假藏傳佛教譚崔瑜伽的面紗　張善思 等人著　200 元
35.**假藏傳佛教的神話**—性、謊言、喇嘛教　正玄教授編著　200 元
36.**金剛經宗通**　平實導師述　共九輯　每輯售價 250 元。
37.**空行母**—性別、身分定位，以及藏傳佛教。
珍妮・坎貝爾著 呂艾倫 中譯 售價 250 元
38.**末代達賴**—性交教主的悲歌　張善思、呂艾倫、辛燕編著 售價 250 元
39.**霧峰無霧**—給哥哥的信　辨正釋印順對佛法的無量誤解
游宗明 老師著　售價 250 元
40.**第七意識與第八意識？**—穿越時空「超意識」
平實導師述　每冊 300 元
41.**黯淡的達賴**—失去光彩的諾貝爾和平獎
正覺教育基金會編著　每冊 250 元
42.**童女迦葉考**—論呂凱文〈佛教輪迴思想的論述分析〉之謬。
平實導師 著 定價 180 元
43.**人間佛教**—實證者必定不悖三乘菩提
平實導師 述，定價 400 元
44.**實相經宗通**　平實導師述　共八輯　每輯 250 元
45.**真心告訴您(一)**—達賴喇嘛在幹什麼？
正覺教育基金會編著　售價 250 元
46.**中觀金鑑**—詳述應成派中觀的起源與其破法本質
孫正德老師著　分爲上、中、下三冊，每冊 250 元
47.**佛法入門**—迅速進入三乘佛法大門，消除久學佛法漫無方向之窘境。
○○居士著　將於正覺電子報連載後出版。售價 250 元
48.**藏傳佛教要義**—《狂密與真密》之簡體字版　平實導師 著 上、下冊
僅在大陸流通　每冊 300 元
49.**法華經講義**　平實導師述　共二十五輯　每輯 300 元
已於 2015/05/31 起開始出版，每二個月出版一輯
50.**西藏「活佛轉世」制度**—附佛、造神、世俗法
許正豐、張正玄老師合著　定價 150 元
51.**廣論三部曲**　郭正益老師著　定價 150 元
52.**真心告訴您(二)**—達賴喇嘛是佛教僧侶嗎？
—補祝達賴喇嘛八十大壽
正覺教育基金會編著　售價 300 元
53.**廣論之平議**—宗喀巴《菩提道次第廣論》之平議　正雄居士著
約二或三輯　俟正覺電子報連載後結集出版　書價未定
54.**末法導護**—對印順法師中心思想之綜合判攝　正慶老師著　書價未定
55.**菩薩學處**—菩薩四攝六度之要義　陸正元老師著　出版日期未定。
56.**八識規矩頌**詳解　○○居士 註解　出版日期另訂　書價未定。

57.**印度佛教史**—法義與考證。依法義史實評論印順《印度佛教思想史、佛教史地考論》之謬說　正偉老師著　出版日期未定　書價未定

58.**中國佛教史**—依中國佛教正法史實而論。 ○○老師 著　書價未定。

59.**中論正義**—釋龍樹菩薩《中論》頌正理。
孫正德老師著　出版日期未定　書價未定

60.**中觀正義**—註解平實導師《中論正義頌》。
○○法師（居士）著　出版日期未定　書價未定

61.**佛藏經講記**　平實導師述　出版日期未定　書價未定

62.**阿含經講記**—將選錄四阿含中數部重要經典全經講解之，講後整理出版。
平實導師述　約二輯　每輯300元　出版日期未定

63.**寶積經講記**　平實導師述　每輯三百餘頁 優惠價300元 出版日期未定

64.**解深密經講記**　平實導師述 約四輯　將於重講後整理出版

65.**成唯識論略解**　平實導師著　五～六輯　每輯300元　出版日期未定

66.**修習止觀坐禪法要講記**　平實導師述　每輯三百餘頁
將於正覺寺建成後重講、以講記逐輯出版　出版日期未定

67.**無門關**—《無門關》公案拈提　平實導師著　出版日期未定

68.**中觀再論**—兼述印順《中觀今論》謬誤之平議。 正光老師著 出版日期未定

69.**輪迴與超度**—佛教超度法會之真義。
○○法師（居士）著　出版日期未定　書價未定

70.**《釋摩訶衍論》平議**—對偽稱龍樹所造《釋摩訶衍論》之平議
○○法師（居士）著　出版日期未定　書價未定

71.**正覺發願文**註解—以真實大願為因 得證菩提
正德老師著　出版日期未定　書價未定

72.**正覺總持咒**—佛法之總持　正圜老師著　出版日期未定　書價未定

73.**涅槃**—論四種涅槃　平實導師著　出版日期未定　書價未定

74.**三自性**—依四食、五蘊、十二因緣、十八界法，說三性三無性。
作者未定　出版日期未定

75.**道品**—從三自性說大小乘三十七道品　作者未定　出版日期未定

76.**大乘緣起觀**—依四聖諦七真如現觀十二緣起 作者未定　出版日期未定

77.**三德**—論解脫德、法身德、般若德。　作者未定　出版日期未定

78.**真假如來藏**—對印順《如來藏之研究》謬說之平議　作者未定 出版日期未定

79.**大乘道次第**　作者未定　出版日期未定　書價未定

80.**四緣**—依如來藏故有四緣。　作者未定　出版日期未定

81.**空之探究**—印順《空之探究》謬誤之平議　作者未定 出版日期未定

82.**十法義**—論阿含經中十法之正義　作者未定　出版日期未定

83.**外道見**—論述外道六十二見　作者未定　出版日期未定

正智出版社有限公司 書籍介紹

禪淨圓融：言淨土諸祖所未曾言，示諸宗祖師所未曾示；禪淨圓融，另闢成佛捷徑，兼顧自力他力，闡釋淨土門之速行易行道，亦同時揭櫫聖教門之速行易行道；令廣大淨土行者得免緩行難證之苦，亦令聖道門行者得以藉著淨土速行道而加快成佛之時劫。乃前無古人之超勝見地，非一般弘揚禪淨法門典籍也，先讀爲快。平實導師著 200元。

宗門正眼—公案拈提第一輯：繼承克勤圜悟大師碧巖錄宗旨之禪門鉅作。先則舉示當代大法師之邪說，消弭當代禪門大師鄉愿之心態，摧破當今禪門「世俗禪」之妄談；次則旁通教法，表顯宗門正理；繼以道之次第，消弭古今狂禪；後藉言語及文字機鋒，直示宗門入處。悲智雙運，禪味十足，數百年來難得一睹之禪門鉅著也。平實導師著　500元（原初版書《禪門摩尼寶聚》，改版後補充爲五百餘頁新書，總計多達二十四萬字，內容更精彩，並改名爲《宗門正眼》，讀者原購初版《禪門摩尼寶聚》皆可寄回本公司免費換新，免附回郵，亦無截止期限）（2007年起，凡購買公案拈提第一輯至第七輯，每購一輯皆贈送本公司精製公案拈提〈超意境〉CD一片，市售價格280元，多購多贈）。

禪—悟前與悟後：本書能建立學人悟道之信心與正確知見，圓滿具足而有次第地詳述禪悟之功夫與禪悟之內容，指陳參禪中細微淆訛之處，能使學人明自眞心、見自本性。若未能悟入，亦能以正確知見辨別古今中外一切大師究係眞悟？或屬錯悟？便有能力揀擇，捨名師而選明師，後時必有悟道之緣。一旦悟道，遲者七次人天往返，便出三界，速者一生取辦。學人欲求開悟者，不可不讀。　平實導師著。上、下冊共500元，單冊250元。

眞實如來藏：如來藏眞實存在，乃宇宙萬有之本體，並非印順法師、達賴喇嘛等人所說之「唯有名相、無此心體」。如來藏是涅槃之本際，是一切有智之人竭盡心智、不斷探索而不能得之生命實相；是古今中外許多大師自以爲悟而當面錯過之生命實相。如來藏即是阿賴耶識，乃是一切有情本自具足、不生不滅之眞實心。當代中外大師於此書出版之前所未能言者，作者於本書中盡情流露、詳細闡釋。眞悟者讀之，必能增益悟境、智慧增上；錯悟者讀之，必能檢討自己之錯誤，免犯大妄語業；未悟者讀之，能知參禪之理路，亦能以之檢查一切名師是否眞悟。此書是一切哲學家、宗教家、學佛者及欲昇華心智之人必讀之鉅著。　平實導師著　售價400元。

宗門法眼—公案拈提第二輯：列舉實例，闡釋土城廣欽老和尙之悟處；並直示這位不識字的老和尙妙智橫生之根由，繼而剖析禪宗歷代大德之開悟公案，解析當代密宗高僧卡盧仁波切之錯悟證據，並例舉當代顯宗高僧、大居士之錯悟證據（凡健在者，爲免影響其名聞利養，皆隱其名）。藉辨正當代名師之邪見，向廣大佛子指陳禪悟之正道，彰顯宗門法眼。悲勇兼出，強捋虎鬚；慈智雙運，巧探驪龍；摩尼寶珠在手，直示宗門入處，禪味十足；若非大悟徹底，不能爲之。禪門精奇人物，允宜人手一冊，供作參究及悟後印證之圭臬。本書於2008年4月改版，增寫爲大約500頁篇幅，以利學人研讀參究時更易悟入宗門正法，以前所購初版首刷及初版二刷舊書，皆可免費換取新書。平實導師著　500元（2007年起，凡購買公案拈提第一輯至第七輯，每購一輯皆贈送本公司精製公案拈提〈超意境〉CD一片，市售價格280元，多購多贈）。

宗門道眼—公案拈提第三輯：繼宗門法眼之後，再以金剛之作略、慈悲之胸懷、犀利之筆觸，舉示寒山、拾得、布袋三大士之悟處，消弭當代錯悟者對於寒山大士……等之誤會及誹謗。　亦舉出民初以來與虛雲和尙齊名之蜀郡鹽亭袁煥仙夫子——南懷瑾老師之師，其「悟處」何在？並蒐羅許多眞悟祖師之證悟公案，顯示禪宗歷代祖師之睿智，指陳部分祖師、奧修及當代顯密大師之謬悟，作爲殷鑑，幫助禪子建立及修正參禪之方向及知見。假使讀者閱此書已，一時尙未能悟，亦可一面加功用行，一面以此宗門道眼辨別眞假善知識，避開錯誤之印證及歧路，可免大妄語業之長劫慘痛果報。欲修禪宗之禪者，務請細讀。平實導師著　售價500元（2007年起，凡購買公案拈提第一輯至第七輯，每購一輯皆贈送本公司精製公案拈提〈超意境〉CD一片，市售價格280元，多購多贈）。

楞伽經詳解：本經是禪宗見道者印證所悟眞僞之根本經典，亦是禪宗見道者悟後起修之依據經典；故達摩祖師於印證二祖慧可大師之後，將此經典連同佛缽祖衣一併交付二祖，令其依此經典佛示金言、進入修道位，修學一切種智。由此可知此經對於眞悟之人修學佛道，是非常重要之一部經典。此經能破外道邪說，亦破佛門中錯悟名師之謬說，亦破禪宗部分祖師之狂禪：不讀經典、一向主張「一悟即成究竟佛」之謬執。並開示愚夫所行禪、觀察義禪、攀緣如禪、如來禪等差別，令行者對於三乘禪法差異有所分辨；亦糾正禪宗祖師古來對於如來禪之誤解，嗣後可免以訛傳訛之弊。此經亦是法相唯識宗之根本經典，禪者悟後欲修一切種智而入初地者，必須詳讀。　平實導師著，全套共十輯，已全部出版完畢，每輯主文約320頁，每冊約352頁，定價250元。

宗門血脈—公案拈提第四輯：末法怪象—許多修行人自以爲悟，每將無念靈知認作眞實；崇尚二乘法諸師及其徒衆，則將外於如來藏之緣起性空—無因論之無常空、斷滅空、一切法空—錯認爲　佛所說之般若空性。這兩種現象已於當今海峽兩岸及美加地區顯密大師之中普遍存在；人人自以爲悟，心高氣壯，便敢寫書解釋祖師證悟之公案，大多出於意識思惟所得，言不及義，錯誤百出，因此誤導廣大佛子同陷大妄語之地獄業中而不能自知。彼等書中所說之悟處，其實處處違背第一義經典之聖言量。彼等諸人不論是否身披袈裟，都非佛法宗門血脈，或雖有禪宗法脈之傳承，亦只徒具形式；猶如螟蛉，非眞血脈，未悟得根本眞實故。禪子欲知　佛、祖之眞血脈者，請讀此書，便知分曉。平實導師著，主文452頁，全書464頁，定價500元（2007年起，凡購買公案拈提第一輯至第七輯，每購一輯皆贈送本公司精製公案拈提〈超意境〉CD一片，市售價格280元，多購多贈）。

宗通與說通：古今中外，錯誤之人如麻似粟，每以常見外道所說之靈知心，認作眞心；或妄想虛空之勝性能量爲眞如，或錯認物質四大元素藉冥性（靈知心本體）能成就吾人色身及知覺，或認初禪至四禪中之了知心爲不生不滅之涅槃心。此等皆非通宗者之見地。復有錯悟之人一向主張「宗門與教門不相干」，此即尚未通達宗門之人也。其實宗門與教門互通不二，宗門所證者乃是眞如與佛性，教門所說者乃說宗門證悟之眞如佛性，故教門與宗門不二。本書作者以宗教二門互通之見地，細說「宗通與說通」，從初見道至悟後起修之道、細說分明；並將諸宗諸派在整體佛教中之地位與次第，加以明確之教判，學人讀之即可了知佛法之梗概也。欲擇明師學法之前，允宜先讀。平實導師著，主文共381頁，全書392頁，只售成本價300元。

宗門正道—公案拈提第五輯：修學大乘佛法有二果須證—解脫果及大菩提果。二乘人不證大菩提果，唯證解脫果；此果之智慧，名為聲聞菩提、緣覺菩提。大乘佛子所證二果之菩提果為佛菩提，故名大菩提果，其慧名為一切種智—函蓋二乘解脫果。然此大乘二果修證，須經由禪宗之宗門證悟方能相應。而宗門證悟極難，自古已然；其所以難者，咎在古今佛教界普遍存在三種邪見：1.以修定認作佛法，　2.以無因論之緣起性空—否定涅槃本際如來藏以後之一切法空作為佛法，　3.以常見外道邪見（離語言妄念之靈知性）作為佛法。　如是邪見，或因自身正見未立所致，或因邪師之邪教導所致，或因無始劫來虛妄熏習所致。若不破除此三種邪見，永劫不悟宗門真義、不入大乘正道，唯能外門廣修菩薩行。　平實導師於此書中，有極為詳細之說明，有志佛子欲摧邪見、入於內門修菩薩行者，當閱此書。主文共496頁，全書512頁。售價500元（2007年起，凡購買公案拈提第一輯至第七輯，每購一輯皆贈送本公司精製公案拈提〈超意境〉CD一片，市售價格280元，多購多贈）。

狂密與真密：密教之修學，皆由有相之觀行法門而入，其最終目標仍不離顯教經典所說第一義諦之修證；若離顯教第一義經典、或違背顯教第一義經典，即非佛教。西藏密教之觀行法，如灌頂、觀想、遷識法、寶瓶氣、大聖歡喜雙身修法、喜金剛、無上瑜伽、大樂光明、樂空雙運等，皆是印度教兩性生生不息思想之轉化，自始至終皆以如何能運用交合淫樂之法達到全身受樂為其中心思想，純屬欲界五欲的貪愛，不能令人超出欲界輪迴，更不能令人斷除我見；何況大乘之明心與見性，更無論矣！故密宗之法絕非佛法也。而其明光大手印、大圓滿法教，又皆同以常見外道所說離語言妄念之無念靈知心錯認為佛地之真如，不能直指不生不滅之真如。西藏密宗所有法王與徒眾，都尚未開頂門眼，不能辨別真偽，以依人不依法、依密續不依經典故，不肯將其上師喇嘛所說對照第一義經典，純依密續之藏密祖師所說為準，因此而誇大其證德與證量，動輒謂彼祖師上師為究竟佛、為地上菩薩；如今台海兩岸亦有自謂其師證量高於　釋迦文佛者，然觀其師所述，猶未見道，仍在觀行即佛階段，尚未到禪宗相似即佛、分證即佛階位，竟敢標榜為究竟佛及地上法王，誑惑初機學人。凡此怪象皆是狂密，不同於真密之修行者。近年狂密盛行，密宗行者被誤導者極眾，動輒自謂已證佛地真如，自視為究竟佛，陷於大妄語業中而不知自省，反謗顯宗真修實證者之證量粗淺；或如義雲高與釋性圓…等人，於報紙上公然誹謗真實證道者為「騙子、無道人、人妖、癩蛤蟆…」等，造下誹謗大乘勝義僧之大惡業；或以外道法中有為有作之甘露、魔術……等法，誑騙初機學人，狂言彼外道法為真佛法。如是怪象，在西藏密宗及附藏密之外道中，不一而足，舉之不盡，學人宜應慎思明辨，以免上當後又犯毀破菩薩戒之重罪。密宗學人若欲遠離邪知邪見者，請閱此書，即能了知密宗之邪謬，從此遠離邪見與邪修，轉入真正之佛道。　平實導師著　共四輯　每輯約400頁（主文約340頁）每輯售價300元。

宗門正義—公案拈提第六輯：佛教有六大危機，乃是藏密化、世俗化、膚淺化、學術化、宗門密意失傳、悟後進修諸地之次第混淆；其中尤以宗門密意之失傳，爲當代佛教最大之危機。由宗門密意失傳故，易令 世尊本懷普被錯解，易令 世尊正法被轉易爲外道法，以及加以淺化、世俗化，是故宗門密意之廣泛弘傳與具緣佛弟子，極爲重要。然而欲令宗門密意之廣泛弘傳予具緣之佛弟子者，必須同時配合錯誤知見之解析、普令佛弟子知之，然後輔以公案解析之直示入處，方能令具緣之佛弟子悟入。而此二者，皆須以公案拈提之方式爲之，方易成其功、竟其業，是故平實導師續作宗門正義一書，以利學人。 全書500餘頁，售價500元（2007年起，凡購買公案拈提第一輯至第七輯，每購一輯皆贈送本公司精製公案拈提〈超意境〉CD一片，市售價格280元，多購多贈）。

心經密意—心經與解脫道、佛菩提道、祖師公案之關係與密意。 二乘菩提所證之解脫道，實依第八識心之斷除煩惱障現行而立解脫之名；大乘菩提所證之佛菩提道，實依親證第八識如來藏之涅槃性、清淨自性、及其中道性而立般若之名；禪宗祖師公案所證之眞心，即是此第八識如來藏；是故三乘佛法所修所證之三乘菩提，皆依此如來藏心而立名也。此第八識心，即是《心經》所說之心也。證得此如來藏已，即能漸入大乘佛菩提道，亦可因證知此心而了知二乘無學所不能知之無餘涅槃本際，是故《心經》之密意，與三乘佛菩提之關係極爲密切、不可分割，三乘佛法皆依此心而立名故。今者平實導師以其所證解脫道之無生智及佛菩提之般若種智，將《心經》與解脫道、佛菩提道、祖師公案之關係與密意，以演講之方式，用淺顯之語句和盤托出，發前人所未言，呈三乘菩提之眞義，令人藉此《心經密意》一舉而窺三乘菩提之堂奧，迴異諸方言不及義之說；欲求眞實佛智者、不可不讀！主文317頁，連同跋文及序文…等共384頁，售價300元。

宗門密意—公案拈提第七輯：佛教之世俗化，將導致學人以信仰作爲學佛，則將以感應及世間法之庇祐，作爲學佛之主要目標，不能了知學佛之主要目標爲親證三乘菩提。大乘菩提則以般若實相智慧爲主要修習目標，以二乘菩提解脫道爲附帶修習之標的；是故學習大乘法者，應以禪宗之證悟爲要務，能親入大乘菩提之實相般若智慧中故，般若實相智慧非二乘聖人所能知故。此書則以台灣世俗化佛教之三大法師，說法似是而非之實例，配合眞悟祖師之公案解析，提示證悟般若之關節，令學人易得悟入。平實導師著，全書五百餘頁，售價500元（2007年起，凡購買公案拈提第一輯至第七輯，每購一輯皆贈送本公司精製公案拈提〈超意境〉CD一片，市售價格280元，多購多贈）。

淨土聖道—兼評選擇本願念佛：佛法甚深極廣，般若玄微，非諸二乘聖僧所能知之，一切凡夫更無論矣！所謂一切證量皆歸淨土是也！是故大乘法中「聖道之淨土、淨土之聖道」，其義甚深，難可了知；乃至眞悟之人，初心亦難知也。今有正德老師眞實證悟後，復能深探淨土與聖道之緊密關係，憐憫眾生之誤會淨土實義，亦欲利益廣大淨土行人同入聖道，同獲淨土中之聖道門要義，乃振奮心神、書以成文，今得刊行天下。主文279頁，連同序文等共301頁，總有十一萬六千餘字，正德老師著，成本價200元。

起信論講記：詳解大乘起信論心生滅門與心眞如門之眞實意旨，消除以往大師與學人對起信論所說心生滅門之誤解，由是而得了知眞心如來藏之非常非斷中道正理；亦因此一講解，令此論以往隱晦而被誤解之眞實義，得以如實顯示，令大乘佛菩提道之正理得以顯揚光大；初機學者亦可藉此正論所顯示之法義，對大乘法理生起正信，從此得以眞發菩提心，眞入大乘法中修學，世世常修菩薩正行。平實導師演述，共六輯，都已出版，每輯三百餘頁，售價各250元。

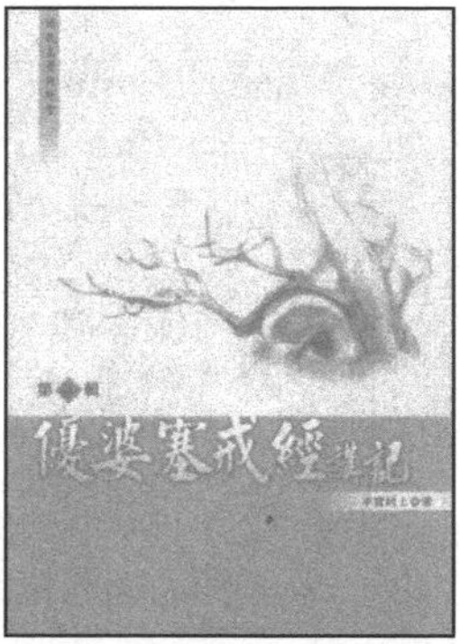

優婆塞戒經講記：本經詳述在家菩薩修學大乘佛法，應如何受持菩薩戒？對人間善行應如何看待？對三寶應如何護持？應如何正確地修集此世後世證法之福德？應如何修集後世「行菩薩道之資糧」？並詳述第一義諦之正義：五蘊非我非異我、自作自受、異作異受、不作不受……等深妙法義，乃是修學大乘佛法、行菩薩行之在家菩薩所應當了知者。出家菩薩今世或未來世登地已，捨報之後多數將如華嚴經中諸大菩薩，以在家菩薩身而修行菩薩行，故亦應以此經所述正理而修之，配合《楞伽經、解深密經、楞嚴經、華嚴經》等道次第正理，方得漸次成就佛道；故此經是一切大乘行者皆應證知之正法。平實導師講述，每輯三百餘頁，售價各250元；共八輯，已全部出版。

真假活佛—略論附佛外道盧勝彥之邪說：人人身中都有眞活佛，永生不滅而有大神用，但衆生都不了知，所以常被身外的西藏密宗假活佛籠罩欺瞞。本來就眞實存在的眞活佛，才是眞正的密宗無上密！諾那活佛因此而說禪宗是大密宗，但藏密的所有活佛都不知道、也不曾實證自身中的眞活佛。本書詳實宣示眞活佛的道理，舉證盧勝彥的「佛法」不是眞佛法，也顯示盧勝彥是假活佛，直接的闡釋第一義佛法見道的眞實正理。眞佛宗的所有上師與學人們，都應該詳細閱讀，包括盧勝彥個人在內。正犀居士著，優惠價140元。

阿含正義—唯識學探源：廣說四大部《阿含經》諸經中隱說之眞正義理，一一舉示佛陀本懷，令阿含時期初轉法輪根本經典之眞義，如實顯現於佛子眼前。並提示末法大師對於阿含眞義誤解之實例，一一比對之，證實唯識增上慧學確於原始佛法之阿含諸經中已隱覆密意而略說之，證實 世尊確於原始佛法中已曾密意而說第八識如來藏之總相；亦證實 世尊在四阿含中已說此藏識是名色十八界之因、之本—證明如來藏是能生萬法之根本心。佛子可據此修正以往受諸大師（譬如西藏密宗應成派中觀師：印順、昭慧、性廣、大願、達賴、宗喀巴、寂天、月稱、……等人）誤導之邪見，建立正見，轉入正道乃至親證初果而無困難；書中並詳說三果所證的心解脫，以及四果慧解脫的親證，都是如實可行的具體知見與行門。全書共七輯，已出版完畢。平實導師著，每輯三百餘頁，售價300元。

超意境CD：以平實導師公案拈提書中超越意境之頌詞，加上曲風優美的旋律，錄成令人嚮往的超意境歌曲，其中包括正覺發願文及平實導師親自譜成的黃梅調歌曲一首。詞曲雋永，殊堪翫味，可供學禪者吟詠，有助於見道。內附設計精美的彩色小冊，解說每一首詞的背景本事。每片280元。【每購買公案拈提書籍一冊，即贈送一片。】

我的菩提路第一輯：凡夫及二乘聖人不能實證的佛菩提證悟，末法時代的今天仍然有人能得實證，由正覺同修會釋悟圓、釋善藏法師等二十餘位實證如來藏者所寫的見道報告，已爲當代學人見證宗門正法之絲縷不絕，證明大乘義學的法脈仍然存在，爲末法時代求悟般若之學人照耀出光明的坦途。由二十餘位大乘見道者所繕，敘述各種不同的學法、見道因緣與過程，參禪求悟者必讀。全書三百餘頁，售價300元。

我的菩提路第二輯：由郭正益老師等人合著，書中詳述彼等諸人歷經各處道場學法，一一修學而加以檢擇之不同過程以後，因閱讀正覺同修會、正智出版社書籍而發起抉擇分，轉入正覺同修會中修學；乃至學法及見道之過程，都一一詳述之。其中張志成等人係由前現代禪轉進正覺同修會，張志成原爲現代禪副宗長，以前未閱本會書籍時，曾被人藉其名義著文評論 平實導師（詳見《宗通與說通》辨正及《眼見佛性》書末附錄…等）；後因偶然接觸正覺同修會書籍，深覺以前聽人評論平實導師之語不實，於是投入極多時間閱讀本會書籍、深入思辨，詳細探索中觀與唯識之關聯與異同，認爲正覺之法義方是正法，深覺相應；亦解開多年來對佛法的迷雲，確定應依八識論正理修學方是正法。乃不顧面子，毅然前往正覺同修會面見平實導師懺悔，並正式學法求悟。今已與其同修王美伶（亦爲前現代禪傳法老師），同樣證悟如來藏而證得法界實相，生起實相般若眞智。此書中尚有七年來本會第一位眼見佛性者之見性報告一篇，一同供養大乘佛弟子。全書四百頁，售價300元。

我的菩提路第三輯：由王美伶老師等人合著。自從正覺同修會成立以來，每年夏初、冬初都舉辦精進禪三共修，藉以助益會中同修們得以證悟明心發起般若實相智慧；凡已實證而被平實導師印證者，皆書具見道報告用以證明佛法之眞實可證而非玄學，證明佛法並非純屬思想、理論而無實質，是故每年都能有人證明正覺同修會的「實證佛教」主張並非虛語。特別是眼見佛性一法，自古以來中國禪宗祖師實證者極寡，較之明心開悟的證境更難令人信受；至2017年初，正覺同修會中的證悟明心者已近五百人，然而其中眼見佛性者至今唯十餘人爾，可謂難能可貴，是故明心後欲冀眼見佛性者實屬不易。黃正倖老師是懸絕七年無人見性後的第一人，她於2009年的見性報告刊於本書的第二輯中，爲大眾證明佛性確實可以眼見；其後七年之中求見性者都屬解悟佛性而無人眼見，幸而又經七年後的2016冬初，以及2017夏初的禪三，復有三人眼見佛性，希冀鼓舞四眾佛子求見佛性之大心，今則具載一則於書末，顯示求見佛性之事實經歷，供養現代佛教界欲得見性之四眾弟子。全書四百頁，售價300元，預定2017年6月30日發行。

鈍鳥與靈龜：鈍鳥及靈龜二物，被宗門證悟者說爲二種人：前者是精修禪定而無智慧者，也是以定爲禪的愚癡禪人；後者是或有禪定、或無禪定的宗門證悟者，凡已證悟者皆是靈龜。但後來被人虛造事實，用以嘲笑大慧宗杲禪師，說他雖是靈龜，卻不免被天童禪師預記「患背」痛苦而亡：「鈍鳥離巢易，靈龜脫殼難。」藉以貶低大慧宗杲的證量。同時將天童禪師實證如來藏的證量，曲解爲意識境界的離念靈知。自從大慧禪師入滅以後，錯悟凡夫對他的不實毀謗就一直存在著，不曾止息，並且捏造的假事實也隨著年月的增加而越來越多，終至編成「鈍鳥與靈龜」的假公案、假故事。本書是考證大慧與天童之間的不朽情誼，顯現這件假公案的虛妄不實；更見大慧宗杲面對惡勢力時的正直不阿，亦顯示大慧對天童禪師的至情深義，將使後人對大慧宗杲的誣謗至此而止，不再有人誤犯毀謗賢聖的惡業。書中亦舉證宗門的所悟確以第八識如來藏爲標的，詳讀之後必可改正以前被錯悟大師誤導的參禪知見，日後必定有助於實證禪宗的開悟境界，得階大乘眞見道位中，即是實證般若之賢聖。全書459頁，售價350元。

維摩詰經講記：本經係　世尊在世時，由等覺菩薩維摩詰居士藉疾病而演說之大乘菩提無上妙義，所說函蓋甚廣，然極簡略，是故今時諸方大師與學人讀之悉皆錯解，何況能知其中隱含之深妙正義，是故普遍無法爲人解說；若強爲人說，則成依文解義而有諸多過失。今由平實導師公開宣講之後，詳實解釋其中密意，令維摩詰菩薩所說大乘不可思議解脫之深妙正法得以正確宣流於人間，利益當代學人及與諸方大師。書中詳實演述大乘佛法深妙不共二乘之智慧境界，顯示諸法之中絕待之實相境界，建立大乘菩薩妙道於永遠不敗不壞之地，以此成就護法偉功，欲冀永利娑婆人天。已經宣講圓滿整理成書流通，以利諸方大師及諸學人。全書共六輯，每輯三百餘頁，售價各250元。

真假外道：本書具體舉證佛門中的常見外道知見實例，並加以教證及理證上的辨正，幫助讀者輕鬆而快速的了知常見外道的錯誤知見，進而遠離佛門內外的常見外道知見，因此即能改正修學方向而快速實證佛法。游正光老師著　。成本價200元。

勝鬘經講記：如來藏爲三乘菩提之所依，若離如來藏心體及其含藏之一切種子，即無三界有情及一切世間法，亦無二乘菩提緣起性空之出世間法；本經詳說無始無明、一念無明皆依如來藏而有之正理，藉著詳解煩惱障與所知障間之關係，令學人深入了知二乘菩提與佛菩提相異之妙理；聞後即可了知佛菩提之特勝處及三乘修道之方向與原理，邁向攝受正法而速成佛道的境界中。平實導師講述，共六輯，每輯三百餘頁，售價各250元。

楞嚴經講記：楞嚴經係密教部之重要經典，亦是顯教中普受重視之經典；經中宣說明心與見性之內涵極爲詳細，將一切法都會歸如來藏及佛性—妙眞如性；亦闡釋佛菩提道修學過程中之種種魔境，以及外道誤會涅槃之狀況，旁及三界世間之起源。然因言句深澀難解，法義亦復深妙寬廣，學人讀之普難通達，是故讀者大多誤會，不能如實理解佛所說之明心與見性內涵，亦因是故多有悟錯之人引爲開悟之證言，成就大妄語罪。今由平實導師詳細講解之後，整理成文，以易讀易懂之語體文刊行天下，以利學人。全書十五輯，全部出版完畢。每輯三百餘頁，售價每輯300元。

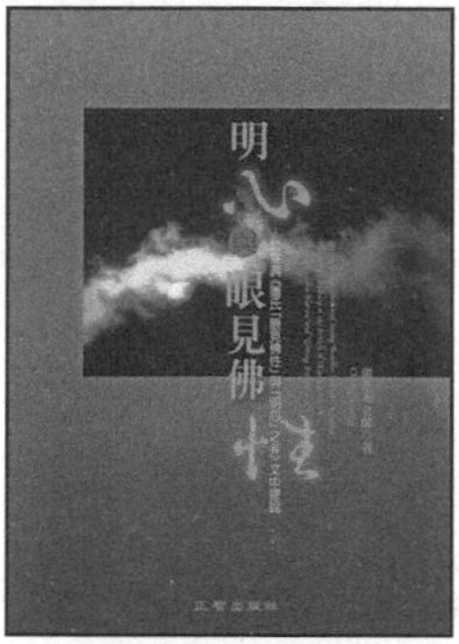

明心與眼見佛性：本書細述明心與眼見佛性之異同，同時顯示了中國禪宗破初參明心與重關眼見佛性二關之間的關聯；書中又藉法義辨正而旁述其他許多勝妙法義，讀後必能遠離佛門長久以來積非成是的錯誤知見，令讀者在佛法的實證上有極大助益。也藉慧廣法師的謬論來教導佛門學人回歸正知正見，遠離古今禪門錯悟者所墮的意識境界，非唯有助於斷我見，也對未來的開悟明心實證第八識如來藏有所助益，是故學禪者都應細讀之。游正光老師著　共448頁　售價300元。

菩薩底憂鬱CD：將菩薩情懷及禪宗公案寫成新詞，並製作成超越意境的優美歌曲。1.主題曲〈菩薩底憂鬱〉，描述地後菩薩能離三界生死而迴向繼續生在人間，但因尚未斷盡習氣種子而有極深沈之憂鬱，非三賢位菩薩及二乘聖者所知，此憂鬱在七地滿心位方才斷盡；本曲之詞中所說義理極深，昔來所未曾見；此曲係以優美的情歌風格寫詞及作曲，聞者得以激發嚮往諸地菩薩境界之大心，詞、曲都非常優美，難得一見；其中勝妙義理之解說，已印在附贈之彩色小冊中。2.以各輯公案拈提中直示禪門入處之頌文，作成各種不同曲風之超意境歌曲，值得玩味、參究；聆聽公案拈提之優美歌曲時，請同時閱讀內附之印刷精美說明小冊，可以領會超越三界的證悟境界；未悟者可以因此引發求悟之意向及疑情，眞發菩提心而邁向求悟之途，乃至因此眞實悟入般若，成眞菩薩。3.正覺總持咒新曲，總持佛法大意；總持咒之義理，已加以解說並印在隨附之小冊中。本CD共有十首歌曲，長達63分鐘，附贈二張購書優惠券。每片280元。

禪意無限CD：平實導師以公案拈提書中偈頌寫成不同風格曲子，與他人所寫不同風格曲子共同錄製出版，幫助參禪人進入禪門超越意識之境界。盒中附贈彩色印製的精美解說小冊，以供聆聽時閱讀，令參禪人得以發起參禪之疑情，即有機會證悟本來面目，實證大乘菩提般若。本CD共有十首歌曲，長達69分鐘，每盒各附贈二張購書優惠券。每片280元。

金剛經宗通：三界唯心，萬法唯識，是成佛之修證內容，是諸地菩薩之所修；般若則是成佛之道（實證三界唯心、萬法唯識）的入門，若未證悟實相般若，即無成佛之可能，必將永在外門廣行菩薩六度，永在凡夫位中。然而實相般若的發起，全賴實證萬法的實相；若欲證知萬法的眞相，則必須探究萬法之所從來，則須實證自心如來—金剛心如來藏，然後現觀這個金剛心的金剛性、眞實性、如如性、清淨性、涅槃性、能生萬法的自性性、本住性，名爲證眞如；進而現觀三界六道唯是此金剛心所成，人間萬法須藉八識心王和合運作方能現起。如是實證

《華嚴經》的「三界唯心、萬法唯識」以後，由此等現觀而發起實相般若智慧，繼續進修第十住位的如幻觀、第十行位的陽焰觀、第十迴向位的如夢觀，再生起增上意樂而勇發十無盡願，方能滿足三賢位的實證，轉入初地；自知成佛之道而無偏倚，從此按部就班、次第進修乃至成佛。第八識自心如來是般若智慧之所依，般若智慧的修證則要從實證金剛心自心如來開始；《金剛經》則是解說自心如來之經典，是一切三賢位菩薩所應進修之實相般若經典。這一套書，是將平實導師宣講的《金剛經宗通》內容，整理成文字而流通之；書中所說義理，迥異古今諸家依文解義之說，指出大乘見道方向與理路，有益於禪宗學人求開悟見道，及轉入內門廣修六度萬行。講述完畢後結集出版，總共9輯，每輯約三百餘頁，售價各250元。

空行母—性別、身分定位，以及藏傳佛教：本書作者為蘇格蘭哲學家，因為嚮往佛教深妙的哲學內涵，於是進入當年盛行於歐美的假藏傳佛教密宗，擔任卡盧仁波切的翻譯工作多年以後，被邀請成為卡盧的空行母（又名佛母、明妃），開始了她在密宗裡的實修過程；後來發覺在密宗雙身法中的修行，其實無法使自己成佛，也發覺密宗對女性岐視而處處貶抑，並剝奪女性在雙身法中擔任一半角色時應有的身分定位。當她發覺自己只是雙身法中被喇嘛利用的工具，沒有獲得絲毫應有的尊重與基本定位時，發現了密宗的父權社會控制女性的本質；於是作者傷心地離開了卡盧仁波切與密宗，但是卻被恐嚇不許講出她在密宗裡的經歷，也不許她說出自己對密宗的教義與教制下對女性剝削的本質，否則將被咒殺死亡。後來她去加拿大定居，十餘年後方才擺脫這個恐嚇陰影，下定決心將親身經歷的實情及觀察到的事實寫下來並且出版，公諸於世。出版之後，她被流亡的達賴集團人士大力攻訐，誣指她為精神狀態失常、說謊……等。但有智之士並未被達賴集團的政治操作及各國政府政治運作吹捧達賴的表相所欺，使她的書銷售無阻而又再版。正智出版社鑑於作者此書是親身經歷的事實，所說具有針對「藏傳佛教」而作學術研究的價值，也有使人認清假藏傳佛教剝削佛母、明妃的男性本位實質，因此洽請作者同意中譯而出版於華人地區。珍妮·坎貝爾女士著，呂艾倫 中譯，每冊250元。

霧峰無霧—給哥哥的信　本書作者藉兄弟之間信件往來論義，略述佛法大義；並以多篇短文辨義，舉出釋印順對佛法的無量誤解證據，並一一給予簡單而清晰的辨正，令人一讀即知。久讀、多讀之後即能認清楚釋印順的六識論見解，與眞實佛法之牴觸是多麼嚴重；於是在久讀、多讀之後，於不知不覺之間提升了對佛法的極深入理解，正知正見就在不知不覺間建立起來了。當三乘佛法的正知見建立起來之後，對於三乘菩提的見道條件便將隨之具足，於是聲聞解脫道的見道也就水到渠成；接著大乘見道的因緣也將次第成熟，未來自然也會有親見大乘菩提之道的因緣，悟入大乘實相般若也將自然成功，自能通達般若系列諸經而成實義菩薩。作者居住於南投縣霧峰鄉，自喻見道之後不復再見霧峰之霧，故鄉原野美景一一明見，於是立此書名爲《霧峰無霧》；讀者若欲撥霧見月，可以此書爲緣。游宗明 老師著 售價250元。

假藏傳佛教的神話—性、謊言、喇嘛教：本書編著者是由一首名叫「阿姊鼓」的歌曲爲緣起，展開了序幕，揭開假藏傳佛教—喇嘛教—的神秘面紗。其重點是蒐集、摘錄網路上質疑「喇嘛教」的帖子，以揭穿「假藏傳佛教的神話」爲主題，串聯成書，並附加彩色插圖以及說明，讓讀者們瞭解西藏密宗及相關人事如何被操作爲「神話」的過程，以及神話背後的眞相。作者：張正玄教授。售價200元。

達賴真面目—玩盡天下女人：假使您不想戴綠帽子，請記得詳細閱讀此書；假使您不想讓好朋友戴綠帽子，請您將此書介紹給您的好朋友。假使您想保護家中的女性，也想要保護好朋友的女眷，請記得將此書送給家中的女性和好友的女眷都來閱讀。本書爲印刷精美的大本彩色中英對照精裝本，爲您揭開達賴喇嘛的眞面目，內容精彩不容錯過，爲利益社會大眾，特別以優惠價格嘉惠所有讀者。編著者：白志偉等。大開版雪銅紙彩色精裝本。售價800元。

童女迦葉考—論呂凱文〈佛教輪迴思想的論述分析〉之謬：童女迦葉是佛世率領五百大比丘遊行於人間的歷史事實，是以童貞行而依止菩薩戒弘化於人間的大菩薩，不依別解脫戒（聲聞戒）來弘化於人間。這是大乘佛教與聲聞佛教同時存在於佛世的歷史明證，證明大乘佛教不是從聲聞法中分裂出來的部派佛教的產物，卻是聲聞佛教分裂出來的部派佛教聲聞凡夫僧所不樂見的史實；於是古今聲聞法中的凡夫都欲加以扭曲而作詭說，更是末法時代高聲大呼「大乘非佛說」的六識論聲聞凡夫極力想要扭曲的佛教史實之一，於是想方設法扭曲迦葉菩薩爲聲聞僧，以及扭曲迦葉童女爲比丘僧等荒謬不實之論著便陸續出現，古時聲聞僧寫作的《分別功德論》是最具體之事例，現代之代表作則是呂凱文先生的〈佛教輪迴思想的論述分析〉論文。鑑於如是假藉學術考證以籠罩大眾之不實謬論，未來仍將繼續造作及流竄於佛教界，繼續扼殺大乘佛教學人法身慧命，必須舉證辨正之，遂成此書。平實導師 著，每冊180元。

末代達賴—性交教主的悲歌：簡介從藏傳僞佛教（喇嘛教）的修行核心—性力派男女雙修，探討達賴喇嘛及藏傳僞佛教的修行內涵。書中引用外國知名學者著作、世界各地新聞報導，包含：歷代達賴喇嘛的祕史、達賴六世修雙身法的事蹟，以及《時輪續》中的性交灌頂儀式……等；達賴喇嘛書中開示的雙修法、達賴喇嘛的黑暗政治手段；達賴喇嘛所領導的寺院爆發喇嘛性侵兒童；新聞報導《西藏生死書》作者索甲仁波切性侵女信徒、澳洲喇嘛秋達公開道歉、美國最大假藏傳佛教組織領導人邱陽創巴仁波切的性氾濫，等等事件背後眞相的揭露。作者：張善思、呂艾倫、辛燕。售價250元。

黯淡的達賴—失去光彩的諾貝爾和平獎：本書舉出很多證據與論述，詳述達賴喇嘛不爲世人所知的一面，顯示達賴喇嘛並不是眞正的和平使者，而是假借諾貝爾和平獎的光環來欺騙世人；透過本書的說明與舉證，讀者可以更清楚的瞭解，達賴喇嘛是結合暴力、黑暗、淫欲於喇嘛教裡的集團首領，其政治行爲與宗教主張，早已讓諾貝爾和平獎的光環染污了。　本書由財團法人正覺教育基金會寫作、編輯，由正覺出版社印行，每冊250元。

第七意識與第八意識？—穿越時空「超意識」：「三界唯心，萬法唯識」是佛教中應該實證的聖教，也是《華嚴經》中明載而可以實證的法界實相。唯心者，三界一切境界、一切諸法唯是一心所成就，即是每一個有情的第八識如來藏，不是意識心。唯識者，即是人類各各都具足的八識心王——眼識、耳鼻舌身意識、意根、阿賴耶識，第八阿賴耶識又名如來藏，人類五陰相應的萬法，莫不由八識心王共同運作而成就，故說萬法唯識。依聖教量及現量、比量，都可以證明意識是二法因緣生，是由第八識藉意根與法塵二法為因緣而出生，又是夜夜斷滅不存之生滅心，即無可能反過來出生第七識意根、第八識如來藏，當知不可能從生滅性的意識心中，細分出恆審思量的第七識意根，更無可能細分出恆而不審的第八識如來藏。本書是將演講內容整理成文字，細說如是內容，並已在〈正覺電子報〉連載完畢，今彙集成書以廣流通，欲幫助佛門有緣人斷除意識我見，跳脫於識陰之外而取證聲聞初果；嗣後修學禪宗時即得不墮外道神我之中，得以求證第八識金剛心而發起般若實智。平實導師 述，每冊300元。

中觀金鑑—詳述應成派中觀的起源與其破法本質：學佛人往往迷於中觀學派之不同學說，被應成派與自續派所迷惑；修學般若中觀二十年後自以為實證般若中觀了，卻仍不曾入門，甫聞實證般若中觀者之所說，則茫無所知，迷惑不解；隨後信心盡失，不知如何實證佛法；凡此，皆因惑於這二派中觀學說所致。自續派中觀所說同於常見，以意識境界立為第八識如來藏之境界，應成派所說則同於斷見，但又同立意識為常住法，故亦具足斷常二見。今者孫正德老師有鑑於此，乃將起源於密宗的應成派中觀學說，追本溯源，詳考其來源之外，亦一一舉證其立論內容，詳加辨正，令密宗雙身法祖師以識陰境界而造之應成派中觀學說本質，詳細呈現於學人眼前，令其維護雙身法之目的無所遁形。若欲遠離密宗此二大派中觀謬說，欲於三乘菩提有所進道者，允宜具足閱讀並細加思惟，反覆讀之以後將可捨棄邪道返歸正道，則於般若之實證即有可能，證後自能現觀如來藏之中道境界而成就中觀。本書分上、中、下三冊，每冊250元，全部出版完畢。

人間佛教—實證者必定不悖三乘菩提：「大乘非佛說」的講法似乎流傳已久，卻只是日本人企圖擺脫中國正統佛教的影響，而在明治維新時期才開始提出來的說法；台灣佛教、大陸佛教的淺學無智之人，由於未曾實證佛法而迷信日本人錯誤的學術考證，錯認爲這些別有用心的日本佛學考證的講法爲天竺佛教的眞實歷史；甚至還有更激進的反對佛教者提出「釋迦牟尼佛並非眞實存在，只是後人捏造的假歷史人物」，竟然也有少數人願意跟著「學術」的假光環而信受不疑，於是開始有一些佛教界人士造作了反對中國佛教而推崇南洋小乘佛教的行爲，使佛教的信仰者難以檢擇，導致一般大陸人士開始轉入基督教的盲目迷信中。在這些佛教及外教人士之中，也就有一分人根據此邪說而大聲主張「大乘非佛說」的謬論，這些人以「人間佛教」的名義來抵制中國正統佛教，公然宣稱中國的大乘佛教是由聲聞部派佛教的凡夫僧所創造出來的。這樣的說法流傳於台灣及大陸佛教界凡夫僧之中已久，卻非眞正的佛教歷史中曾經發生過的事，只是繼承六識論的聲聞法中凡夫僧依自己的意識境界立場，純憑臆想而編造出來的妄想說法，卻已經影響許多無智之凡夫僧俗信受不移。本書則是從佛教的經藏法義實質及實證的現量內涵本質立論，證明大乘佛法本是佛說，是從《阿含正義》尚未說過的不同面向來討論「人間佛教」的議題，證明「大乘眞佛說」。閱讀本書可以斷除六識論邪見，迴入三乘菩提正道發起實證的因緣；也能斷除禪宗學人學禪時普遍存在之錯誤知見，對於建立參禪時的正知見有很深的著墨。 平實導師 述，內文488頁，全書528頁，定價400元。

喇嘛性世界—揭開假藏傳佛教譚崔瑜伽的面紗：這個世界中的喇嘛，號稱來自世外桃源的香格里拉，穿著或紅或黃的喇嘛長袍，散布於我們的身邊傳教灌頂，吸引了無數的人嚮往學習；這些喇嘛虔誠地爲大眾祈福，手中拿著寶杵（金剛）與寶鈴（蓮花），口中唸著咒語：「唵．嘛呢．叭咪．吽……」，咒語的意思是說：「我至誠歸命金剛杵上的寶珠伸向蓮花寶穴之中」！「喇嘛性世界」是什麼樣的「世界」呢？本書將爲您呈現喇嘛世界的面貌。當您發現眞相以後，您將會唸：「噢！喇嘛．性．世界，譚崔性交嘛！」作者：張善思、呂艾倫。售價200元。

見性與看話頭：黃正倖老師的《見性與看話頭》於《正覺電子報》連載完畢，今結集出版。書中詳說禪宗看話頭的詳細方法，並細說看話頭與眼見佛性的關係，以及眼見佛性者求見佛性前必須具備的條件。本書是禪宗實修者追求明心開悟時參禪的方法書，也是求見佛性者作功夫時必讀的方法書，內容兼顧眼見佛性的理論與實修之方法，是依實修之體驗配合理論而詳述，條理分明而且極爲詳實、周全、深入。本書內文375頁，全書416頁，售價300元。

實相經宗通：學佛之目的在於實證一切法界背後之實相，禪宗稱之爲本來面目或本地風光，佛菩提道中稱之爲實相法界；此實相法界即是金剛藏，又名佛法之祕密藏，即是能生有情五陰、十八界及宇宙萬有（山河大地、諸天、三惡道世間）的第八識如來藏，又名阿賴耶識心，即是禪宗祖師所說的眞如心，此心即是三界萬有背後的實相。證得此第八識心時，自能瞭解般若諸經中隱說的種種密意，即得發起實相般若——實相智慧。每見學佛人修學佛法二十年後仍對實相般若茫然無知，亦不知如何入門，茫無所趣；更因不知三乘菩提的互異互同，是故越是久學者對佛法越覺茫然，都肇因於尙未瞭解佛法的全貌，亦未瞭解佛法的修證內容即是第八識心所致。本書對於修學佛法者所應實證的實相境界提出明確解析，並提示趣入佛菩提道的入手處，有心親證實相般若的佛法實修者，宜詳讀之，於佛菩提道之實證即有下手處。平實導師述著，共八輯，已全部出版完畢，每輯成本價250元。

真心告訴您（一）**——達賴喇嘛在幹什麼？**這是一本報導篇章的選集，更是「破邪顯正」的暮鼓晨鐘。「破邪」是戳破假象，說明達賴喇嘛及其所率領的密宗四大派法王、喇嘛們，弘傳的佛法是仿冒的佛法；他們是假藏傳佛教，是坦特羅（譚崔性交）外道法和藏地崇奉鬼神的苯教混合成的「喇嘛教」，推廣的是以所謂「無上瑜伽」的男女雙身法冒充佛法的假佛教，詐財騙色誤導眾生，常常造成信徒家庭破碎、家中兒少失怙的嚴重後果。「顯正」是揭櫫眞相，指出眞正的藏傳佛教只有一個，就是覺囊巴，傳的是　釋迦牟尼佛演繹的第八識如來藏妙法，稱爲他空見大中觀。正覺教育基金會即以此古今輝映的如來藏正法正知見，在眞心新聞網中逐次報導出來，將箇中原委「眞心告訴您」，如今結集成書，與想要知道密宗眞相的您分享。售價250元。

法華經講義：此書為平實導師始從2009/7/21演述至2014/1/14之講經錄音整理所成。世尊一代時教，總分五時三教，即是華嚴時、聲聞緣覺教、般若教、種智唯識教、法華時；依此五時三教區分為藏、通、別、圓四教。本經是最後一時的圓教經典，圓滿收攝一切法教於本經中，是故最後的圓教聖訓中，特地指出無有三乘菩提，其實唯有一佛乘；皆因眾生愚迷故，方便區分為三乘菩提以助眾生證道。世尊於此經中特地說明如來示現於人間的唯一大事因緣，便是為有緣眾生「開、示、悟、入」諸佛的所知所見——第八識如來藏妙真如心，並於諸品中隱說「妙法蓮花」如來藏心的密意。然因此經所說甚深難解，真義隱晦，古來難得有人能窺堂奧；平實導師以知如是密意故，特為末法佛門四眾演述《妙法蓮華經》中各品蘊含之密意，使古來未曾被古德註解出來的「此經」密意，如實顯示於當代學人眼前。乃至〈藥王菩薩本事品〉、〈妙音菩薩品〉、〈觀世音菩薩普門品〉、〈普賢菩薩勸發品〉中的微細密意，亦皆一併詳述之，開前人所未曾言之密意，示前人所未見之妙法。最後乃至以〈法華大意〉而總其成，全經妙旨貫通始終，而依佛旨圓攝於一心如來藏妙心，厥為曠古未有之大說也。平實導師述　已於2015/5/31起開始出版，每二個月出版一輯，共25輯。每輯300元。

西藏「活佛轉世」制度——附佛、造神、世俗法：歷來關於喇嘛教活佛轉世的研究，多針對歷史及文化兩部分，於其所以成立的理論基礎，較少系統化的探討。尤其是此制度是否依據「佛法」而施設？是否合乎佛法真實義？現有的文獻大多含糊其詞，或人云亦云，不曾有明確的闡釋與如實的見解。因此本文先從活佛轉世的由來，探索此制度的起源、背景與功能，並進而從活佛的尋訪與認證之過程，發掘活佛轉世的特徵，以確認「活佛轉世」在佛法中應具足何種果德。定價150元。

真心告訴您（二）——達賴喇嘛是佛教僧侶嗎？補祝達賴喇嘛八十大壽：這是一本針對當今達賴喇嘛所領導的喇嘛教，冒用佛教名相、於師徒間或師兄姊間，實修男女邪淫，而從佛法三乘菩提的現量與聖教量，揭發其謊言與邪術，證明達賴及其喇嘛教是仿冒佛教的外道，是「假藏傳佛教」。藏密四大派教義雖有「八識論」與「六識論」的表面差異，然其實修之內容，皆共許「無上瑜伽」四部灌頂爲究竟「成佛」之法門，也就是共以男女雙修之邪淫法爲「即身成佛」之密要，雖美其名曰「欲貪爲道」之「金剛乘」，並誇稱其成就超越於（應身佛）釋迦牟尼佛所傳之顯教般若乘之上；然詳考其理論，則或以意識離念時之粗細心爲第八識如來藏，或以中脈裡的明點爲第八識如來藏，或如宗喀巴與達賴堅決主張第六意識爲常恆不變之眞心者，分別墮於外道之常見與斷見中；全然違背 佛說能生五蘊之如來藏的實質。售價300元。

佛法入門：學佛人往往修學二十年後仍不知如何入門，茫無所入漫無方向，不知如何實證佛法；更因不知三乘菩提的互異互同之處，導致越是久學者越覺茫然，都是肇因於尚未瞭解佛法的全貌所致。本書對於佛法的全貌提出明確的輪廓，並說明三乘菩提的異同處，讀後即可輕易瞭解佛法全貌，數日內即可明瞭三乘菩提入門方向與下手處。○○菩薩著 出版日期未定。

修習止觀坐禪法要講記：修學四禪八定之人，往往錯會禪定之修學知見，欲以無止盡之坐禪而證禪定境界，卻不知修除性障之行門才是修證四禪八定不可或缺之要素，故智者大師云「性障初禪」；性障不除，初禪永不現前，云何修證二禪等？又：行者學定，若唯知數息，而不解六妙門之方便善巧者，欲求一心入定，未到地定極難可得，智者大師名之爲「事障未來」：障礙未到地定之修證。又禪定之修證，不可違背二乘菩提及第一義法，否則縱使具足四禪八定，亦不能實證涅槃而出三界。此諸知見，智者大師於《修習止觀坐禪法要》中皆有闡釋。作者平實導師以其第一義之見地及禪定之實證證量，曾加以詳細解析。將俟正覺寺竣工啓用後重講，不限制聽講者資格；講後將以語體文整理出版。欲修習世間定及增上定之學者，宜細讀之。平實導師述著。

解深密經講記：本經係 世尊晚年第三轉法輪，宣說地上菩薩所應熏修之唯識正義經典，經中所說義理乃是大乘一切種智增上慧學，以阿陀那識—如來藏—阿賴耶識爲主體。禪宗之證悟者，若欲修證初地無生法忍乃至八地無生法忍者，必須修學《楞伽經、解深密經》所說之八識心王一切種智；此二經所說正法，方是眞正成佛之道；印順法師否定第八識如來藏之後所說萬法緣起性空之法，是以誤會後之二乘解脫道取代大乘眞正成佛之道，尙且不符二乘解脫道正理，亦已墮於斷滅見中，不可謂爲成佛之道也。平實導師曾於本會郭故理事長往生時，於喪宅中從首七開始宣講，於每一七各宣講三小時，至第十七而快速略講圓滿，作爲郭老之往生佛事功德，迴向郭老早證八地、速返娑婆住持正法。茲爲今時後世學人故，將擇期重講《解深密經》，以淺顯之語句講畢後，將會整理成文，用供證悟者進道；亦令諸方未悟者，據此經中佛語正義，修正邪見，依之速能入道。平實導師述著，全書輯數未定，每輯三百餘頁，將於未來重講完畢後逐輯出版。

阿含經講記—小乘解脫道之修證：數百年來，南傳佛法所說證果之不實，所說解脫道之虛妄，所弘解脫道法義之世俗化，皆已少人知之；從南洋傳入台灣與大陸之後，所說法義虛謬之事，亦復少人知之；今時台灣全島印順系統之法師居士，多不知南傳佛法數百年來所說解脫道之義理已然偏斜、已然世俗化、已非眞正之二乘解脫正道，猶極力推崇與弘揚。彼等南傳佛法近代所謂之證果者多非眞實證果者，譬如阿迦曼、葛印卡、帕奧禪師、一行禪師……等人，悉皆未斷我見故。近年更有台灣南部大願法師，高抬南傳佛法之二乘修證行門爲「捷徑究竟解脫之道」者，然而南傳佛法縱使眞修實證，得成阿羅漢，至高唯是二乘菩提解脫之道，絕非究竟解脫，無餘涅槃中之實際尙未得證故，法界之實相尙未了知故，習氣種子待除故，一切種智未實證故，焉得謂爲「究竟解脫」？即使南傳佛法近代眞有實證之阿羅漢，尙且不及三賢位中之七住明心菩薩本來自性清淨涅槃智慧境界，則不能知此賢位菩薩所證之無餘涅槃實際，仍非大乘佛法中之見道者，何況普未實證聲聞果乃至未斷我見之人？謬充證果已屬逾越，更何況是誤會二乘菩提之後，以未斷我見之凡夫知見所說之二乘菩提解脫偏斜法道，焉可高抬為「究竟解脫」？而且自稱「捷徑之道」？又妄言解脫之道即是成佛之道，完全否定般若實智、否定三乘菩提所依之如來藏心體，此理大大不通也！平實導師為令修學二乘菩提欲證解脫果者，普得迴入二乘菩提正見、正道中，是故選錄四阿含諸經中，對於二乘解脫道法義有具足圓滿說明之經典，預定未來十年內將會加以詳細講解，令學佛人得以了知二乘解脫道之修證理路與行門，庶免被人誤導之後，未證言證，干犯道禁，成大妄語，欲升反墮。本書首重斷除我見，以助行者斷除我見而實證初果為著眼之目標，若能根據此書內容，配合平實導師所著《識蘊眞義》《阿含正義》內涵而作實地觀行，實證初果非為難事，行者可以藉此三書自行確認聲聞初果為實際可得現觀成就之事。此書中除依二乘經典所說加以宣示外，亦依斷除我見等之證量，及大乘法中道種智之證量，對於意識心之體性加以細述，令諸二乘學人必定得斷我見、常見，免除三縛結之繫縛。次則宣示斷除我執之理，欲令升進而得薄貪瞋痴，乃至斷五下分結…等。平實導師述，共二冊，每冊三百餘頁。每輯300元。

＊喇嘛教修外道雙身法，墮識陰境界，非佛教＊

＊弘揚如來藏他空見的覺囊派才是真正藏傳佛教＊

總經銷： 飛鴻 國際行銷股份有限公司

231 新北市新店市中正路 501 之 9 號 2 樓

Tel.02－82186688（五線代表號） Fax.02-82186458、82186459

零售：1.**全台連鎖經銷書局：**

三民書局、誠品書局、何嘉仁書店

敦煌書店、紀伊國屋、金石堂書局、建宏書局

2.**台北市：**佛化人生 羅斯福路 3 段 325 號 6 樓之 4 台電大樓對面

3.**新北市：**春大地書店 **蘆洲**中正路 117 號

4.**桃園市縣：**誠品書局 **桃園市**中正路 20 號遠東百貨地下室一樓

金石堂 **桃園市**大同路 24 號 金石堂 **桃園**八德市介壽路 1 段 987 號

諾貝爾圖書城 **桃園市**中正路 56 號地下室 御書堂 **龍潭**中正路 123 號

墊腳石文化書店 **中壢市**中正路 89 號

5.**新竹市縣：**大學書局 **新竹**建功路 10 號 誠品書局 **新竹**東區信義街 68 號

誠品書局 新竹東區中央路 229 號 5 樓 誠品書局 **新竹**東區力行二路 3 號

墊腳石文化書店 **新竹**中正路 38 號

6.**台中市：** **瑞成**書局、各大連鎖書店。

詠春書局 **台中市**永春東路 884 號 文春書局 **霧峰**中正路 1087 號

7.**彰化市縣：**心泉佛教流通處 **彰化市**南瑤路 286 號

員林鎮：墊腳石圖書文化廣場 中山路 2 段 49 號（04-8338485）

8.**台南市：**博大書局 **新營**三民路 128 號

藝美書局 **善化**中山路 436 號 宏欣書局 **佳里**光復路 214 號

9.**高雄市：**各大連鎖書店、**瑞成**書局

政大書城 **三民區**明仁路 161 號 政大書城 **苓雅區**光華路 148-83 號

明儀書局 **三民區**明福街 2 號 明儀書局 三多四路 63 號

青年書局 青年一路 141 號

10.**宜蘭縣市：**金隆書局 宜蘭市中山路 3 段 43 號

宋太太梅鋪 羅東鎮中正北路 101 號（039-534909）

11.**台東市：**東普佛教文物流通處 台東市博愛路 282 號

12.**其餘鄉鎮市經銷書局：**請電詢總經銷**飛鴻**公司。

13.**大陸地區請洽：**

香港：樂文書店

旺角店 :香港九龍旺角西洋菜街 62 號 3 樓

電話 : (852) 2390 3723 email: luckwinbooks@gmail.com

銅鑼灣店 :香港銅鑼灣駱克道 506 號 2 樓

電話 : (852) 2881 1150 email: luckwinbs@gmail.com

廈門：廈門外圖臺灣書店有限公司

地址：廈門市思明區湖濱南路809 號 廈門外圖書城3 樓 郵編：361004

電話：0592-5061658（臺灣地區請撥打 86-592-5061658）

E-mail：JKB118＠188.COM

14.**美國：世界日報圖書部：**紐約圖書部　電話 7187468889#6262

洛杉磯圖書部　電話 3232616972#202

15.**國內外地區網路購書：**

正智出版社 書香園地　http://books.enlighten.org.tw/

（書籍簡介、直接聯結下列網路書局購書）

三民 網路書局　http://www.Sanmin.com.tw

誠品 網路書局　http://www.eslitebooks.com

博客來 網路書局　http://www.books.com.tw

金石堂 網路書局　http://www.kingstone.com.tw

飛鴻 網路書局　http://fh6688.com.tw

附註：1.請儘量向各經銷書局購買：郵政劃撥需要十天才能寄到（本公司在您劃撥後第四天才能接到劃撥單，次日寄出後第四天您才能收到書籍，此八天中一定會遇到週休二日，是故共需十天才能收到書籍）若想要早日收到書籍者，請劃撥完畢後，將劃撥收據貼在紙上，旁邊寫上您的姓名、住址、郵區、電話、買書詳細內容，直接傳眞到本公司 02-28344822，並來電 02-28316727、28327495 確認是否已收到您的傳眞，即可提前收到書籍。 2.因台灣每月皆有五十餘種宗教類書籍上架，書局書架空間有限，故唯有新書方有機會上架，通常每次只能有一本新書上架；本公司出版新書，大多上架不久便已售出，若書局未再叫貨補充者，書架上即無新書陳列，則請直接向書局櫃台訂購。 3.若書局不便代購時，可於晚上共修時間向正覺同修會各共修處請購（共修時間及地點，詳閱**共修現況表**。每年例行年假期間請勿前往請書，年假期間請見共修現況表）。 4.郵購：郵政劃撥帳號 19068241。 5.正覺同修會會員購書都以八折計價（戶籍台北市者爲一般會員，外縣市爲護持會員）都可獲得優待，欲一次購買全部書籍者，可以考慮入會，節省書費。入會費一千元（第一年初加入時才需要繳），年費二千元。**6.尚未出版之書籍，請勿預先郵寄書款與本公司，謝謝您！** 7.若欲一次購齊本公司書籍，或同時取得正覺同修會贈閱之全部書籍者，請於正覺同修會共修時間，親到各共修處請購及索取；**台北市讀者**請洽：103 台北市承德路三段 267 號 10 樓（捷運淡水線 圓山站旁）請書時間：週一至週五爲 18.00~21.00，第一、三、五週週六爲 10.00~21.00，雙週之週六爲 10.00~18.00 請購處專線電話：25957295-分機 14（於請書時間方有人接聽）。

敬告大陸讀者：

大陸讀者購書、索書捷徑（尚未在大陸出版的書籍，以下二個途徑都可以購得，電子書另包括結緣書籍）：

1.廈門外國圖書公司：廈門市思明區湖濱南路 809 號 廈門外圖書城 3F
郵編：361004　電話：0592-5061658　網址：JKB118@188.COM

2.電子書：正智出版社有限公司及正覺同修會在台灣印行的各種局版書、結緣書，已有『**正覺電子書**』陸續上線中，提供讀者於手機、平板電腦上購書、下載、閱讀正智出版社、正覺同修會及正覺教育基金會所出版之電子書，詳細訊息敬請參閱『正覺電子書』專頁：http://books.enlighten.org.tw/ebook

關於平實導師的書訊，請上網查閱：
成佛之道　http://www.a202.idv.tw
正智出版社 書香園地　http://books.enlighten.org.tw/

中國網採訪佛教正覺同修會、正覺教育基金會訊息：

http://big5.china.com.cn/gate/big5/fangtan.china.com.cn/2014-06/19/content_32714638.htm

http://pinpai.china.com.cn/

★ 正智出版社有限公司售書之稅後盈餘，全部捐助財團法人正覺寺籌備處、佛教正覺同修會、正覺教育基金會，供作弘法及購建道場之用；懇請諸方大德支持，功德無量。

★ 聲　明 ★

本社於 2015/01/01 開始調整本目錄中部分書籍之售價，以因應各項成本的持續增加。

＊ 喇嘛教修外道雙身法、墮識陰境界，非佛教 ＊

＊ 弘揚如來藏他空見的覺囊派才是真正藏傳佛教 ＊

售後服務—換書啓事(免附回郵)　　2012/09/24

《楞嚴經講記》第 14 輯初版首刷本免費調換新書啓事：本講記第 14 輯出版前因 平實導師諸事繁忙，未將之重新閱讀而只改正校對時發現的錯別字，故未能發覺十年前所說法義有部分錯誤，於第 15 輯付印前重閱時才發覺第 14 輯中有部分錯誤尚未改正。今已重新審閱修改並已重印完成，煩請所有讀者將以前所購第 14 輯初版首刷本，寄回本社免費換新（初版二刷本無錯誤），本社將於寄回新書時同時附上您寄書回來換新時所付的郵資，並在此向所有讀者致上最誠懇的歉意。

《心經密意》初版書免費調換二版新書啓事：本書係演講錄音整理成書，講時因時間所限，省略部分段落未講。後於再版時補寫增加 13 頁，維持原價流通之。茲爲顧及初版讀者權益，自 2003/9/30 開始免費調換新書，原有初版一刷、二刷書籍，皆可寄來本來公司換書。

《宗門法眼》已經增寫改版爲 464 頁新書，2008 年 6 月中旬出版。讀者原有初版之第一刷、第二刷書本，都可以寄回本社免費調換改版新書。改版後之公案及錯悟事例維持不變，但將內容加以增說，較改版前更具有廣度與深度，將更能助益讀者參究實相。

換書者**免附回郵**，亦無截止期限；舊書請寄：111 台北郵政 73-151 號信箱 或 103 台北市承德路三段 267 號 10 樓 正智出版社有限公司。舊書若有塗鴨、殘缺、破損者，仍可換取新書；但缺頁之舊書至少應仍有五分之三頁數，方可換書。所有讀者不必顧念本公司是否有盈餘之問題，都請踴躍寄來換書；本公司成立之目的不是營利，只要能眞實利益學人，即已達到成立及運作之目的。若以郵寄方式換書者，免附回郵；並於寄回新書時，由本社附上您寄來書籍時耗用的郵資。造成您不便之處，再次致上萬分的歉意。

正智出版社有限公司 啓

國家圖書館出版品預行編目資料

楞伽經詳解／平實導師著. 初版
台北市：正智，1999-　〔民 88-　〕
冊；　公分
ISBN 957-98597-7-9（第一輯：平裝）
ISBN 957-97840-2-7（第二輯：平裝）
ISBN 957-97840-4-3（第三輯：平裝）
ISBN 957-97840-6-X（第四輯：平裝）
ISBN 957-97840-8-6（第五輯：平裝）
ISBN 957-30019-0-X（第六輯：平裝）
ISBN 957-30019-3-4（第七輯：平裝）
ISBN 957-30019-7-7（第八輯：平裝）
ISBN 957-28743-0-1（第九輯：平裝）
ISBN 957-28743-4-9（第十輯：平裝）
1. 經集部
221.75　　　　88004768

楞伽經詳解

——第四輯

作　　者：平實導師
校　　對：游世光 章乃鈞 方明慧 陳暖玉
義務打字：三寶弟子四人
出 版 者：**正智出版社**有限公司
電話：〇二 28327495　28316727（白天）
傳眞：〇二 28344822
111 台北郵政 73-151 號信箱
郵政劃撥帳號：一九〇六八二四一
正覺講堂：總機〇二 25957295（夜間）
總 經 銷：飛鴻國際行銷股份有限公司
231 新北市新店區中正路 501-9 號 2 樓
電話：〇二 82186688（五線代表號）
傳眞：〇二 82186458　82186459
初　　版：公元二〇〇〇年十一月　二千冊
初版七刷：公元二〇一七年四月　二千冊
定　　價：二五〇元